康乐哲学文存

学海拾贝又十年

冯达文 ◎ 著

XUEHAI SHIBEI YOU SHINIAN

中山大学出版社
·广州·

版权所有　翻印必究

图书在版编目（CIP）数据

学海拾贝又十年/冯达文著. —广州：中山大学出版社，2020.10
（康乐哲学文存）
ISBN 978 - 7 - 306 - 06911 - 5

Ⅰ.①学…　Ⅱ.①冯…　Ⅲ.①儒学—文集 ②道家—文集
Ⅳ.①B222.05 - 53 ②B223.05 - 53

中国版本图书馆 CIP 数据核字（2020）第 131772 号

出 版 人：	王天琪
策划编辑：	嵇春霞
责任编辑：	陈　芳
封面设计：	曾　斌
责任校对：	张陈卉子
责任技编：	何雅涛
出版发行：	中山大学出版社
电　　话：	编辑部 020 - 84110771，84110283，84111997，84110771
	发行部 020 - 84111998，84111981，84111160
地　　址：	广州市新港西路 135 号
邮　　编：	510275　传　真：020 - 84036565
网　　址：	http://www.zsup.com.cn　E-mail：zdcbs@ mail.sysu.edu.cn
印 刷 者：	佛山家联印刷有限公司
规　　格：	787mm×1092mm　1/16　19.75 印张　334 千字
版次印次：	2020 年 10 月第 1 版　2020 年 10 月第 1 次印刷
定　　价：	72.00 元

如发现本书因印装质量影响阅读，请与出版社发行部联系调换

康乐哲学文存

主　编　张　伟

编　委（按姓氏笔画排序）

　　　　马天俊　方向红　冯达文　朱　刚　吴重庆

　　　　陈少明　陈立胜　周春健　赵希顺　徐长福

　　　　黄　敏　龚　隽　鞠实儿

康乐哲学文存

总　序

中山大学哲学系创办于 1924 年，是中山大学创建之初最早培植的学系之一。1952 年逢全国高校院系调整而撤销建制，1960 年复办至今。先后由黄希声、冯友兰、傅斯年、朱谦之、杨荣国、刘嵘、李锦全、胡景钊、林铭钧、章海山、黎红雷、鞠实儿、张伟等担任系主任。

早期的中山大学哲学系名家云集，奠立了极为深厚的学术根基。其中，冯友兰先生的中国哲学研究、吴康先生的西方哲学研究、朱谦之先生的比较哲学研究、李达先生与何思敬先生的马克思主义哲学研究、陈荣捷先生的朱子学研究、马采先生的美学研究等，均在学界产生了重要影响，也奠定了中山大学哲学系在全国的领先地位。

日月其迈，逝者如斯。迄于今岁，中山大学哲学系复办恰满一甲子。60 年来，哲学系同仁勠力同心、继往开来，各项事业蓬勃发展，取得了长足进步。目前，我系是教育部确定的全国哲学研究与人才培养基地之一，具有一级学科博士学位授予权，拥有国家重点学科 2 个、全国高校人文社会科学重点研究基地 2 个。2002 年教育部实行学科评估以来，稳居全国高校前列。2017 年，中山大学哲学学科成功入选国家"双一流"建设名单，我系迎来了跨越式发展的重要机遇。

近年来，中山大学哲学学科的人才队伍不断壮大，且越来越呈现出年轻化、国际化的特色。哲学系各位同仁研精覃思、深造自得，在各自的研究领域均取得了丰硕的成果，不少著述产生了国际性影响，中山大学哲学系已逐渐发展成为全国哲学研究的重镇之一。

为庆祝中山大学哲学系复办60周年，我系隆重推出"康乐哲学文存"系列图书。本系列共计八种，主要收录正在或曾在中山大学哲学系执教的、60岁以上学者的自选文集。这些学者皆造诣深厚，在学界产生了较大影响，也为哲学系的发展做出了重要贡献。

位于珠江之畔的中山大学，树木扶疏，环境优雅。南北朝著名山水诗人谢灵运（世称谢康乐）曾居于此，校园因称"康乐园"。本系列定名为"康乐哲学文存"，亦藉以表达对各位学者的敬意，并冀望永续康乐哲缘。

"康乐哲学文存"的出版，得到中山大学出版社、华夏出版社和生活·读书·新知三联书店的鼎力支持，在此谨致以诚挚谢意！

中山大学哲学系
2020年6月20日

序：学海拾贝又十年

70岁那年，有幸为香港中文大学刘笑敢教授惦记，在他主编的《中国哲学与文化》（第九辑）中刊出了记录个人学行的文章：《走在学思的路途上》。一不经意又过了10年。其间已分别由中华书局和中山大学出版社出版过两种选集。系里说为了庆祝哲学系复办60周年，还得再选编一本。无可奈何，只得把近10年所写的一点文字，汇为本书。顺便也把这期间在浩瀚学海中拾得的点滴东西略说于下，权以为序。

学界许多人大概都知道，我是在1977年才开始从事中国哲学的教学与研究工作的，那时已年届三十有六。在这个年纪，多少人已功成名就，而我才学步。这一步从何迈出，是必须考虑的问题。

毫无疑问，应当求助于前辈已有的成果，并且在这些成果的引领下，回归到原典的释读。最初几年的学习给我的最大启悟是，一方面，一定要努力把中国先贤思考社会与人生的逻辑过程及其逻辑演变还原出来，赋予知识与形式的框架，否则便没有"哲学的"意味；另一方面，又必须把不同的逻辑思考过程和演变法则，把不同的知识与形式框架所支持的价值信念呈现出来，揭示这样一种支持如何可能与是否切适，否则即便具足"哲学味"，也已不是"中国的"。

如何确保自己所论所写既是"哲学的"，又是"中国的"，这种追求从那时至今，可以说，萦绕于心40年。当然也包括这10年。

本论集收入的儒学论作的第一篇《孔子思想的哲学解读——以〈论语〉为文本》便是要说明，为什么说孔子是哲学家，为什么说《论语》是哲学文本。那是因为，如果哲学是以普遍性、先验性作为基本要求，那么孔子于世间生活之随时随处随情随事指点为仁（人）之道，恰恰满足了这种要求。也可以说，孔子是从没有被知识理性分解过，没有被加到"类"的框架做过抽象处理的"原情""原事"，即"原人"出发，来引申出价值信念的。这就使孔子哲学得以守护着人的本真性。对孔子原创的这种学问及其所支持的价值信念，我不取"仁学体系"为说，而更多地以为，孔子的这一思想体系呈现出一种在理性与信仰之间维系平衡与保持张力的特色。孟子基本上也是护持着这样一种特色。这一特色意味着，下来的儒学可以分别从理性和信仰两个方向予以展开，从而使儒学得以不断地走向繁富。

把孔子和孟子开创的儒学往理性方向展开，最有成就的无疑是战国晚期的荀子和两宋时期的朱子。

孔子生活并活动于春秋之际，他随时随处所感受所心仪的是贵族性的精神风范。然而，来到战国，荀子随时随处所触及所无奈的却是世俗间的残酷争夺。因之他不得不直面现实，重视对现实纷争的经验认知与驾驭，由之而走向理性。他认为，认知要通过感官接触外界，要借助心的分疏予以分判，都表现出理性的色彩。他以为"名"是"约定俗成"的，这特别揭示了以名词概念表达出来的认知的相对性。从认知的这种相对性引申价值信念（义），他把价值信念的形成建基于人类群体生活（群）和维系这种生活的社会分工（分）的必要性上，也使价值信念受制于群体生活与分工的变化而只具相对性。尤其是，当他把群体生活与社会分工的决定权一概留给君主之时，价值信念更加不可能获得超越性与正义性。显见，荀子从经验认知的立场去给出儒学价值追求的正当性，难以为人们普遍地接受。价值追求必须具客观的与超越的意义，必须是先验的，才是可靠的。

朱子显然意识到荀子的这种不足。作为理性的追求者，朱子也从经验认知开始。他以共相与殊相的关系区分理与事，即使用了经验认知中的归纳方法。然而，朱子并不把"理"视作人为的、相对的与经验的。他指"理"为"天理"，在未有人物之前已然存在，有了人物之后可下贯来支配人物。这就使"天理"获得客观绝对的与先验的意义。而"天理"的内容，就是仁、义、礼、智、信等价值信念。朱子以此去确保价值信念的客观性、绝对性与先验性。只是，依知识理性的形式推导，"天理"作为天地万物的"共相"，必须舍弃天地万物的所有"殊相"才能建立。也就是说，天地万物为"有"，"天理"作为共同本质必当是"无"。把仁、义、礼、智、信这些特殊的东西放进"天理"中去，在逻辑上是不允许的。这里暴露的，或者可以说就是客观事实与主体价值认取的矛盾性。而且在价值被赋予客观、绝对与划一的意义之后，人的活泼泼的感性生活，便被视作"形气之私"了。

显然，理性的向度有其可取处，也有其局限性。

把孔子开创的儒学往信仰方向展开，则是借助宇宙论而得以实现的。

这里所谓"借助",即意味着宇宙论不是孔子乃至孟子本创的,它是从别人那里弄来的。这个所谓"别人",就是道家创立人老子及其弘扬者庄子。

本论集在道家系列中的第一篇论作即《老庄道家的批判精神》。老子建构起宇宙论为形上学,把从形上之"道"生化万物视为往下坠落,表达了对充满矛盾争夺的形下世间的鄙弃,而以"归根复命"作为价值追求。但最值得重视的还是老子特别是庄子对知识论的检讨。他们(包括王弼)认为,用语言词谓(名)构造而成的种种知识,都仅仅是人根据自己的需要,选取复杂事物中某一特定对待关系或某一特定功用而给出的,并不能呈现事物的本来面目。语言的界限不仅不是世界的界限,恰恰相反,语言把我们带入一个虚假的、荒诞的世界。庄子的这一揭露不仅深入地触及人类认知的局限性,而且对当今借人工语言设置、借符号交变建构起来的虚拟世界所可能带来的后果,尤有深刻的警示意义。

在老子、庄子通过拒斥一切人为地设置的东西而以"回归自然"——自然而然、自己而然——作为价值诉求的影响下,另有一帮道家人物却通过对"自然"的创新解释,把老庄道家对社会与文化的批判立场,转变为正面建构的立场。这就开启了黄老思潮。这一思潮从《黄帝四经》,到《管子》诸篇,再到《吕氏春秋》,下及《淮南子》,蔚为大观。学界以往多以"杂家"贬斥之,而实际上,这一思潮以元气、阴阳、四时、五行等一套观念追踪大自然变迁的节律,并依从这种节律对天地万物做"类"的归入,还依从这种节律拟定从国家政治到日常生活的种种施设,形成了影响中国人至深的、特有的认识方式与思想信仰。对这种认知方式的评价,不应该以西方近代推重的分解—分析方式为判准,我个人以"类归方式"标识之。这种认知方式的正当性在于:生活在地球上的所有生命体与生物种类,都必须适应阴阳四时五行(五方)这种时空的节律变迁,才得以生成与繁衍;时间、空间的节律变迁,已经内化为所有生命体与生物种类的结构与功能;古典宇宙论所显示的"类归方式"正是捕捉大自然时空变迁节律对生命体的生理、病理、治理与药理的影响乃至决定作用。显然,宇宙论并不是从重构大自然,而是从适应大自然来获得其在认知上的正当性的。如果承认人自身就是大自然的创造物,那么"类归性"的认知方式就是无可非议的。而从这种认知方式延伸出来的价值信念,便当以效法自然为所尚。这是道家也是引进宇宙论的儒家的共同立场。

儒家价值观的创立,如上所说,孔子是以随时随处生发的原情、原事为根基，即从未被分解的原人出发的。孔子和孟子都不太顾及"客观性"。孔子"与命与仁"的说法所指的"命"，无疑还隐含有"客观面"的一种限制性。当需要把这种限制性转换为支持性的时候，借取宇宙论来正面解释"命"是什么、"命"如何就成为孔孟之后儒家学者的责任担当。

比较早取用宇宙论支持孔孟创立的价值信念的，当为《易传》。然《易传》受制于筮法，缺少"五行"观念，即未顾及空间。及汉代董仲舒，他充分吸取了从《吕氏春秋》到《淮南子》的宇宙论，才使儒家脉络的宇宙论得以成为系统。董仲舒架构的儒家的宇宙论与《淮南子》承传的道家黄老思潮的宇宙论，在论及宇宙生化的过程或阶段上存在的最大差别，是《淮南子》把宇宙生化的最初源头上溯于"虚廓""空无"，并通过"返性之初"即回归宇宙生化的源头安顿价值。由于价值追求被置于未散落为万物的源头上，则对已散落的万物的种种事理可以取一种客观与平等的态度，所以道家有万物一齐的平等意识。而董仲舒不讲"空无"，不以为宇宙论源出于"虚空"，自也不以回归宇宙生化的源头为价值认取。他讲"参天地之化育"，以依一年四季的变迁付出人的努力去证取仁、义、礼、智、信等种种价值。由于仁、义、礼、智、信等价值信念得以挂搭到宇宙生化的节律上，价值信念被客观化与信实化，这就使这些价值信念在农业文明社会有更广泛的受纳性。但与此同时，客观世界因之也被价值化、目的化与灵性化了，这诚然便是孔孟儒学向信仰方向的开展。经学的神学化与谶纬神学的流行，即其中之体现。但这种信仰与一神教信仰仍然不同。它既是从对天地宇宙及其变迁的敬畏与感恩引出的，其功能亦只在依天地宇宙及其变迁节律为杂乱的日常生活建构秩序，为平庸的日常劳作提供意义。只是在被奉作意识形态之后，才不免蜕变为争权夺利的工具。儒家引入宇宙论，走向神学，因为有工具化这一向度，被近人鄙弃，自亦无可非议。

但是，儒家传承的宇宙论，并不是只有董仲舒一脉。宇宙论在宋、元、明、清时期仍然广为流行，当今学人称之为"气学"。只可惜人们把周敦颐、张载所讲的"气"与清初王夫之、戴震所讲的"气"混为一谈，其实二者有着不同的理路和不同的价值指引。

就张载而言，毫无疑问，张载亦以"气化流行"论天地万物的生成长养，但他不取董仲舒的做法，把仁、义、礼、智、信挂搭到四时五行中，去做种种次第的区分。张载强调的是"以天体身"，把价值追求直接上达于"天";"天"化生万物是无私的,人"以天体身"便亦当"无我"。我们知道孔子、孟子不讲"无我"。"老吾老以及人之老,幼吾幼以及人之幼"是讲从我推出,以己及人。推己及人不得不顾及远近亲疏,难免"爱有差等"。张载显然有取于道家,由"无我"而"大其心",由"大其心"成就"一体之仁",开创了儒学的最高境界。

宇宙论讲天地万物的自然生化及其节律,本属存在论。儒家学者包括董仲舒和张载,之所以能够从中证取价值论,关键不在于认知,不涉及事实与价值的关系问题,从而不会出现像朱子的那种逻辑缺失。宇宙论之所以可以被用来证成价值,源于人对天地宇宙生化的敬畏与感恩。天地宇宙把我们人类创造为最聪明、最优秀的一族,难道不应该敬畏与感恩吗?天地宇宙不仅创造了我们,还年复一年生长百物养育我们,难道不应当敬畏与感恩吗?从敬畏与感恩出发,以效天法地为至德,就是当然之事。

降及王夫之特别是戴震,戴震没有借力于宇宙论让我们怀有敬畏、感恩之情并通过效天法地而把价值信念往上提升。恰恰相反,他认为天地宇宙生化人人物物既为一正当过程,则对于人来说,有身体、有情欲也是无可非议的。戴震这是借宇宙论往下确认每个个人感性欲求的正当性。由之,戴震强烈批评程(颐)、朱(熹)、陆(九渊)、王(阳明)等先贤"复初""去欲""主静"的主张,斥之为"援儒入释"之论。在力主于人我之情欲平衡间求"理"之时,戴震已从形而上回落到形而下,从先验性的价值信仰回落到经验性的认知理性。但是,他仍然持守着儒家传统的仁、义、礼、智的价值追求,只是,在他把这些价值追求确立在认知的基础上,又回到了荀子。

从上可见,孔子、孟子从人的情性引申出来的价值意识借引入宇宙论和对宇宙论的不同解释,也呈现出不同的向度。这些不同的解释框架和不同的价值信念,无疑都从某一维度推动了儒学的发展。

但是,从思想史的视角省察儒家和道家走过的历程,我们可以发现,那是一个把"原人"个别化与各别化,而去寻找公共性、普遍性的过程。这个过程的背后,无疑有历史的、具体的变迁因由,只是寻找这种因由是历史社会学的事情,不是哲学所关注的。哲学所关注的,是在寻找公共性、普遍性的过程中,必须对种种各别个体性、特殊性逐层地予以舍弃;或各别个体性、特殊性的存在物,必须把自己交给一种具有普遍意义的东西予以支配、加以制宰。如果这种具有支配、制宰意义的东西,是天地宇宙的生化及其节律，那么，人作为天地宇宙的生化物，他有身体，有在不同时空节律生成长养下的个体的特殊性，还是得以保留的。汉唐人讲"天生才情"，就是承认各别个体性；及至清初中期之戴震以"性之欲也，原于天地之化者也"为说，更是承认个体欲求的正当性。这表明，宇宙论虽然已把各别个人挂搭到外在的、公共的领域去，从公共的领域、从类的归入去寻找人的生存的正当性，但是还没有完全抽离人的情感生活与感性活动。

来到宋明理学，借助知识理性能力的提升，个别与一般、特殊与普遍的关系真正成为哲学思考的中心话题。在程（颐）子、朱（熹）子视"气"为形而下、"理"为形而上，赋予"理"以"天"的意义，贬斥"形气"属各别个人之"私"有，更以"存天理，灭人欲"为价值追求时，我们看到，他们把中国哲学往知识化、形式化方向推进的过程，实际上也就是把人带着身体有感性欲求的活泼泼的生活与交往抽离开去的过程。哲学史界很少有人关切明末泰州学人"即事是道""身也者，天地万物之本也"等论说的哲学意蕴，我个人先后以"情本论""事本论"开显其价值，也算是一点标新立异的东西吧！

但是，究其实，以"事""情"为本体，其价值绝不止于对程朱"理"本论的一种反叛。程朱理学是以知识化、形式化走向推动中国哲学的变迁的。知识化、形式化走向以归纳法为基本方法，这也是近代科学所取的方法。归纳法通过抽离具体个别性，而给出公共普遍性。具体个别性本是活泼泼的，抽离而后给出的公共普遍性自是划一的、刻板的。但不管如何抽离、给出什么东西，它总保有某一些客观的内容，如朱熹以仁、义、礼、智为"理"即是。这种"理"还必须回落到具体个别中去才能发挥效用，故朱子又以"理一分殊"为说。然而，知识化、形式化的进一步的演变却可以完全摆脱任何内容。符号化体现了这种演变。据说，当今时兴的人工智能已经把归纳法看作过时的方法。人工智能所用的符号是人为设置的；所谓知识不是别的，就只是符号与符号之间如何建立联系和如何运作。人与物，都只是一个符号、一组数字，受着符号和数字变换规则的支配。由此带出的大结局，一种可能是，人的情感生活、人的私人交往（包括隐私）、一切属于人为人原本有的东西，都交付给大数据、人工智能，社会历史由是真正进入绝对专制的时代，一种非人化的由技术操控一切的专制时代；另一种可能是，像时下许多人关切的，可不可以把情感、价值意识输入人工智能。可是，不同宗教信仰、不同价值取向的人各自输入不同的价值观，也只不过是要把人的冲突转嫁到人工智能中去，而且由于机器人没有肉身，不会产生痛楚的感觉，从中引发的争夺只会来得比人类更加残酷！

稍作反省不难意识到，人类不久将迎来的这样一种结局，并不源自别的，就源于人"趋乐避苦"的不竭追求。为了获得最大的感官快乐，为了逃避哪怕是一丁点的辛劳，人们不断地运用自己的才智去做种种发明，而最终很可能是被自己的发明谋杀。

由是，不能不重新提起历史上许多哲学家反复提出却至今依然无解的问题：人是什么？我们是谁？我们究竟需要什么？

目　录

走在学思的路途上
　　——走进70后 ··· 1

儒学研究

孔子思想的哲学解读
　　——以《论语》为文本 ································ 41
与命与仁：孔子所创儒学的观念架构 ······················ 56
儒学传统：在理性与信仰之间的建构与开展
　　——孔孟荀合论 ···································· 70
重评中国古典哲学的宇宙论 ······························ 91
儒家系统的宇宙论及其变迁
　　——董仲舒、张载、戴震之比较研究 ················ 112
个人·社群·自然
　　——为回归古典儒学提供一个说法 ················· 136
回归生活世界的价值诉求
　　——儒学变迁史略说 ······························· 153

道家研究

老庄道家的批判精神 ····································· 183
庄子与郭象
　　——从《逍遥游》《齐物论》及郭注谈起 ············ 200

《淮南子》：道家式的"内圣外王"论 …………………… 219
试论道家的"平等"观 ……………………………………… 235
王弼《老子注》与王夫之《老子衍》的比较与评述 ……… 250
早期道教的宇宙论及其价值 ………………………………… 266
禅道汇通的观念建构与境界追求 …………………………… 281

走在学思的路途上
——走进70后

人生诚如"白驹之过隙"（庄子语），许多事情感觉还没有开始，就已经"被从教45年"，且预贺七十大寿了。

几十年前，一个乡村的穷孩子不去选择一些脚踏实地的行当，而好高骛远地以在当时少有闻及，即便闻及也被认作故弄玄虚的哲学为终身事业，现在想来也不禁有唏嘘之叹！

一、纯真岁月

广东罗定（今罗定市）在明代虽已为直隶州，但天地宇宙把它圈为山区至今无法改变。1949年以前，许多人要跑到梧州去谋生。我就出生于这个山区县的一个小镇里。那是1941年，抗日战争正进入最为艰苦的时期。家乡似乎并没有直接为日寇所蹂躏，但是直至中年，我还经常梦到被带着逃往深山迷路的险恶情形。1949年年底广东解放，不久父亲却不幸病逝，母亲拉扯着三个小孩，生活之艰苦不难想象。

记得幼小的时候是姐姐带着我上蒙学的。学校设在一个庙堂里，不知是古典乡村的遗风——庙堂承担着敬神与教化的双重功能，还是近代破除迷信的产物——把宗教场所改设为学校。大概蒙学读了一年，即遇时代变迁。不久转入公设学校，似乎一下子就上三年级，再一跳又是五年级。因为学制的无序，数学考试常常得零分。六年级读了三次，才得以入读罗定一中。及至初中，不知怎样地脑子开窍了，数学、物理经常考第一。初中毕业，轻易地考上罗定中学。新中国成立前，这所中学曾为广东省立第八中学，小有名气。

那时候年纪小，一颗纯真、质朴的心灵，并未感受到大社会的风风雨雨，只想着要努力地去学习，尽快地去成长，将来尽可能为国家的繁荣富强做贡献。中学的生活是很艰苦的。初中时要从家里挑着米菜走四十里路到城里自己做饭吃；高中二、三年级供应的粮食一个月二十二斤，只好一天吃两顿。然而，中学的生活却又是最活泼、最无邪、最富于幻想与最具可塑性的。白天经常到大街上做各种文艺宣传活动，晚上则到附近乡村教人读书识字；"大跃进"时热火朝天地投入土法炼钢运动，尽管把钢铁炼成了渣滓；又曾尝试去做从厕所里收集沼气以做燃料的实验，并到山村里学习造纸技术以图寻找半工半读的道路……进入高三，得回到课桌前准备高考了。但是，因为那时高中毕业已算得上是知识分子，考不上大学会安排工作，所以同学们并没有过分的焦虑。

哲学家苏格拉底说，不懂得反省的人生是不值得过的人生。我大概是不太会反省的一类人，所以虽然致力于研究哲学史，终无法成为哲学家。不过，过分的反省会使人变得郁闷与沉重，所以不做哲学家也罢！在往后的岁月里，不管遇到什么挫折，心里总是怀有一分激情，抱有一线希望，这大概还得感激中学时期的馈赠！

二、热血青年

1960 年夏，我高中毕业，收到的录取通知书为"留苏预备生"。10 月初，我告别家乡，准备北上。首站来到广东省高等教育局，才知道苏联去不成了，让我在本省选一个学校与专业。于是，我入读中山大学哲学系，从此与哲学再也无法分离。

20 世纪 50 年代流行的口号是："学会数理化，走遍天下都不怕。"我的数理化并不差，却何以不去选择一些热门的学科，而去读一个对当时的学生来说还很陌生的专业呢？那要感谢罗定中学的图书管理员。她看我是个乖学生，就给我一些特别的优惠：我可以随意进入藏书库看书。高二之时，她特意介绍我阅读艾思奇的《大众哲学》。艾思奇的这本著作，在后来无疑被认作意识形态极浓的读物，但当时对于一个好奇的学生来说，却像打开了一片新的视野：具体学科都只关涉具体领域，哲学作为世界观捕捉着自然与社会的总规则。这诚然能够诱发一个既有志于社会科学，又不愿放弃数理化的青年学子的兴趣。

大学学习的五年，就个人而言，一直还是在理想与梦想的照耀下努力付出的一段时光。

很难说老师们当时给我们传授的知识对我们此后的治学有多少启示，他们所处的那种政治环境必以意识形态为指引对哲学、哲学史、哲学经典做判释，这在今天看来是不合时宜的了。但是，前辈老师们传道授业的风采依旧在我们心中留驻：杨荣国教授、李锦全教授随口征引历史文献显示的训习，刘嵘教授概括问题显露的才气，罗克汀教授在讲台上不停走动的身影，丁宝兰教授在外观形象上表现的儒雅，陈玉森教授在剖析孔子思想时表现的细密……这些都表明，即便前辈传达的知识技能于今天可能已经被超越，但是作为后辈的我们永远不应该忘却，正是得益于他们的言传身教，我们才得以更上一层楼，有所进步。

在大学期间得益的，还有发现问题的能力与从事理论写作的能力。就当时而言，问题的发现是通过理论与现实的比较、理论与理论的比较，以及理论评价的差异的比较而做出的。只有发现问题，才能有突破性的研究。写作能力的培养，则是通过反复阅读具有典范意义的论作而实现的。逻辑思考习惯奠定了日后严谨的写作方式。不过，那个时代大多青年学子对未来生活的理想和激情并没有被销蚀。记得1965年大学毕业的时候我就没有想过要留下来教书，"到农村去，到边疆去，到祖国最需要的地方去"，这首流行歌所表达的就是我们当时的真实信念。

后来，我还是留下来了。因为我没有在哪一个学科上表现得特别优秀与执迷，于是被安排在哲学教研室，准备教授哲学原理。可惜，我还没有真正走上讲台，"文化大革命"就爆发了。

三、教学生涯

（一）转向

我真正的教学生涯，是从1977年开始的。也是在这一年，我才进入中国哲学的学科领域。

1965年7月留校，我虽被分配到哲学原理教研室，却为学校宣传部门征用，而后是"文化大革命"，接着是下放到"五七干校"。当时接管学校的军宣队、工宣队告诉我们，所谓大学就是大家都来学，只需要培养思想宣传员、文艺员；知识分子为"臭老九"，唯一出路是"上山下乡"接受改造。中山大学先是选择乐昌县的天堂山为干校场地，后来因为山太陡峭，粮油难以为继，1969年春改赴英德虹桥茶场。这一"改造"就是四年。

即便如此，我还是坚信"天生我材必有用"。闲暇时，便去读范文澜的《中国通史》、郭沫若主编的《中国史稿》、杨宽的《战国史》，还有就

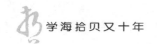

是司马迁的《史记》。这算是与历史沾上边了。

1973年年初，哲学系恢复原建制，我被召回。大概系领导看到我什么学科都还没有进入，最好调配，于是让我转入西方哲学教研室。刚刚捧起周一良、吴于廑主编的《世界史》做哲学史的背景以图有所了解，却又爆发了"批儒评法"的运动。从1973年到1976年，专攻中国哲学史的老师们都得在外面应付宣讲任务，系里的中国哲学史课无人承担，只好转交给西方哲学史教研室，于是我被分派讲授汉唐哲学。大学读本科时，中外哲学史虽都修习了两年，可是已经荒废了七八年，如何应付得来？我现在也不知道那时到底讲了些什么。

1976年年底，"四人帮"倒台了，大学回归正常教育。我的西方哲学史还没有起步，且原先只学俄语，做西学难以有成，还不如就转入中国哲学。

那一年，已经36岁了。

（二）初阶

刚刚接触中国哲学的古典文献时，其中许多提法难以理解。例如，《大学》的"格物、致知、诚意、正心、修身、齐家、治国、平天下"八个条目，"格物致知"属于认知范畴，"诚意正心"属于修德（价值）范畴，二者是不同的，何以能够连贯起来呢？又且，"修身齐家"成为道德高尚的人，一定就可以做得了"治国平天下"的领导人吗？儒家学者却坚信八个条目是连贯的，那么，我们如何去理解、去说明它们的关联性呢？

又如《老子·三十九章》所说的"天得一以清，地得一以宁"，这个"一"是什么？它不是万能的神，却比神还万能？老子的这类话语显然不是胡言乱语，老子的说法被古代人们普遍地接受，显然表明老子与古典社会的思想信念有自己的逻辑。

一门哲学史课，要讲得让学生理解、接受，自当要寻绎出每个哲学家、每个哲学派别以至哲学演变历程固有的内在逻辑。这大概就是我从事哲学史教学与研究的前10年所倾注的努力。

就中国哲学的源头而言，最早最具形上意义的无疑是"帝"的观念。我曾经花去半年的时间研读包括王国维、郭沫若、陈梦家等一批古文字学家的相关成果。从"帝"的观念的形成看，我们虽然没有足够的材料说明它是殷人祖先神升格的产物，但是，甲骨文的用语基本上可以概括为"帝令(弗令)某"这样一种语式予以表征。这一语式显示,"帝"对天地万物的管治是绝对的、无条件的。这很近似于《尚书·盘庚》篇所传达的,殷人对其他部族的绝对统领权。和周人比较,周人以为一个部族之获得或失去统领权,与是否修德有关。这就是说,是有条件的。这已经是"帝(天)为某令(弗令)某"了。这个"为某",就是指条件性。有条件意味着,"帝"或"天"是有选择的,"帝"与"天"被理性化了;"帝"或"天"选择的"条件"为"德","德"的观念的提出显示"帝"或"天"对各部族是平等的。由是,"帝"或"天"得以脱去祖先神的印记,它与各部族的关系不再是血缘关系,它主持着部族间的公平与正义。就社会历史而言,实际上唯淡化血缘讲求"正义",才真正踏上文明的通途。而"德"是属于人,由人—主体自己去认定、去修习的。因而,"德"的确立标志着人—主体意识的开启。

思想史的发展踏入春秋时期,随着"德"的观念的进一步提升,相应地便是"帝""天"地位的下降,出现了人之"德"与"天"之"命"的紧张性。孔子说:"道之将行也与,命也;道之将废也与,命也。"① 孔子的这一说法揭明了这种紧张性。孔子再也无法从"天""天命"那里寻找人道—"仁学"的依据。他与孟子一方面把人道—"仁学"诉诸人的世间情感(不安之心、不忍人之心),似乎缺失了形上学的支撑,但另一方面使人—主体的地位得以极大地确立。在主体的内涵进一步往认知方面拓展之后,便有荀子的"制天命而用之"的豪言壮语。至于"天""天命",由于不再与价值意识、目的意识相连,则蜕变为一种客观盲目必然性。老子、庄子把它展开,建构为宇宙论。老子说:"天地不仁,以万物为刍狗。"所指的即是天地宇宙的客观盲目性。老子进而说:"圣人不仁,以百姓为刍狗。"② 所昭示的则是面对世间功利争夺的无情性与残酷性而不得不讲求的"客观精神"。法家面对社会人生的残酷无情进而往下拽落,力主严刑峻法。它把人看作利欲个体,以赏罚为驾驭二柄。此道既不是具形上意义的天道,也不是凸显价值主体的人道。"道"蜕变为手段。手段是暂时的、随机的,无正当性可言。在法家为秦王朝赢得胜利又很快败亡之后,思想家又终于警醒,必须重新寻绎那具有恒久意义的"天道""人

---

① 《论语·宪问》。
② 《老子·五章》。

道"及其"相与"关系。于是思想史入汉,翻开了新的一页。

以上所述,是我从最初进入中国哲学史行当,并向77级、78级等各年级同学讲授中国哲学史所追求的严谨性,通过审视各思想家的内在理路、思想流派之间的逻辑关联和哲学思想发展史的逻辑进程,而形成的一种看法。在文献的支持上是否充分、在理论的解释与判释上是否得当,毫无疑问是可以有许多争论的。我自己在后来也有不少看法上的改变。作为审视的角度与方法,那时候我很关切的是如下两点:第一点,不再以四大块(本体论、发展论、认识论、社会历史观)作为框架去肢解思想家的思想体系,而以揭明思想家的问题意识作为逻辑起点。问题意识或源于上一代哲学家、哲学思潮在内在思路上的缺失,或源于社会历史变迁对上一代哲学家、哲学思潮的挑战。下一代哲学家、哲学思潮就从提出问题与解决问题展开其思想过程。第二点,不侧重于材料的简单罗列与归纳,而更有意于概念的内在结构与演绎。一个思想家在不同场景会有不同说法,材料的罗列也会肢解思想家的思想体系。唯有舍弃在个别、偶然场景中的一些说法,才可以演绎出一个思想家符合其运思逻辑的体系来。也许,那些被舍弃的,被认为是个别、偶然的说法,恰恰可能是最有创意、最能构成问题意识的,但它也只是下一代哲学家的起点,还是得被排除在这一代哲学家的体系之外。

这是我入行最初10年围绕教学所做的研究工作和研究所得。这份所得,见诸1989年由中山大学出版社出版的《中国哲学的探索与困惑:殷周—魏晋》一书中。该书于1998年经修订,由广东人民出版社出版,易名为《早期中国哲学略论》。

(三) **拓展**

书名既为"中国哲学的探索与困惑",并且只涉及殷周至魏晋,自当另有下文。原来的设想无疑是这样。可是一打开佛教的典籍,才知道接下来的工作不是轻而易举的事。由此我想到像胡适那样有学问,何以他的《中国哲学史大纲》只有"卷上";冯友兰那样有卓见,何以他的《中国哲学史》(上、下册)涉及佛教其论释亦常常只有寥寥数语。佛学实在名相太多且各宗派说法非常不同。用功两年之后,我仍然没有头绪,只有暂且打住,跳到宋明儒学去。

涉足宋明儒学,除了必须面对比先秦两汉多得多的古典文献,还得面对20世纪以来大量的且非常精到的研究成果。如果不能深入地研读别人的著述，很可能自己做的只是重复别人的工作；要都能关涉别人的成果，在时间上又是不允许的。为此，我的研究更多地以冯友兰、侯外庐、牟宗三等前辈和新锐陈来诸家的相关著作为参照系。我从他们的著作中吸纳良多，在此无法一一开列。

较之于前人有所不同、自认为有创意的，是我对宋明儒学的分系（派）。

20世纪下半叶以来国内学者比较认同的说法，是把宋明儒学区分为由张载到王夫之的"气学"、由程颐到朱熹的"理学"、由陆九渊到王阳明的"心学"三系（派）。我经过研究发现，主"气学"—宇宙论者，便有许多不同。汉唐时期的宇宙论以董仲舒为代表，是直接为价值赋予存在意义，以便通过把价值存在化的方式确保价值的正当性。如董子说"天两有阴阳之施，身亦两有贪仁之性"① 即是。宋初周敦颐、张载诸子有别。他们并不强调天地宇宙对人的价值信念的给定性。他们确认宇宙世界是客观自然世界，人的价值信念只从人对天地宇宙的敬仰、敬畏与敬祈中成就。张载称"天地则何意于仁？鼓万物而已。圣人则仁尔，此其为能弘道也"② 即是。及清初王夫之，其"气"概念则更多地不是在化生的"本原"上使用，而是在泛指"存在"的意义上使用。张载是在对天地宇宙生生不息的敬仰、敬畏、敬祈中给出价值信念，便带有信仰性。在王夫之严格区分人、物、心、性而一以"心有所取正以为正"③ 然后始能成德的功夫论中，我们可以看到他已经以知识论为基本导向。无疑，在所谓"气学"一系中，张载与王夫之、戴震也有区别。

中国台湾学者牟宗三对宋明儒学亦做三系判分，不过判分内容和标准与大陆说法大殊。在他看来，第一系为五峰（胡宏）蕺山（刘宗周）系。这一系"客观地讲性体"和"主观地讲心体"，主"以心著性"以明心性为一，为最圆满的一系。第二系为象山（陆九渊）阳明（王守仁）系。这一系讲"一心之朗现，一心之申展，一心之遍润"，偏重于主体方面。第三系为伊川（程颐）朱子（朱熹）系。这一系讲心、性二分，主、客

---

① 《春秋繁露·深察名号》。
② 《横渠易说·系辞上》。
③ 《读四书大全说》卷一《大学》。

二分，以性体为"只存有而不活动"之理，心则为知识心，在儒学史上实属异出，可称"别子为宗"。①

牟宗三的这一判分，其精到处随处可见，然其中透露出来的颇令人不满意之点，是牟先生拒绝思想史的立场。从思想史及其变迁的角度看，伊川朱子系将价值客观规则化（理），以确保价值的普遍有效性，象山阳明系将价值收归本心用以凸显价值的主体认信性，其实各自都在把儒学向不同的向度做了展开，从而丰富了儒学的内涵。因此，是则各自在儒学思想发展史上都有其独特的价值而不可轻易予以褒贬。及五峰蕺山系之蕺山刘宗周，已为晚明人物。晚明思想史的变迁以王艮之泰州及其后学为主导，由于在俗世化的道路上迈出了一步，从而得与社会历史的近代走向相衔接。因之，思想史的研究揭示这一思潮的特质与价值，较之留滞于内在心性的讨论更有意义。可见，宋明儒学的派系与转易，亦有再予讨论的余地。

我的研究试图将宋明儒学因应历史的变迁区分为五系。

第一系以周敦颐、张载为代表。他们力图借宇宙论来证成儒家的价值论（成德论）。儒家的价值论在其创始人孔子、孟子那里，是从世间情感中引申出来与提升起来的。情感为人—主体的。走向宇宙论意味着力图使价值论获得存在论的支撑。存在论取宇宙论为框架，源自农业社会的生存处境与生命体验。在农业社会的生存处境与生命体验中，这种价值意识便具客观普遍意义，但是离开农业社会这种独特条件又将如何呢？

第二系以程颐、朱熹为代表。他们不依托于生命体验，而以认知为入路，借认知方式将儒学的价值信念赋予天地宇宙共相的意义，从而使这种价值信念超越农业社会的特定时空以获得客观普遍绝对必然性，自亦最具普遍有效性。然而，价值毕竟是人—主体认取的，主体到哪里去了？

第三系以陆九渊、王阳明为代表，他们拒斥程朱的客观化路子而力图将价值意识收归为本心的认取。价值因被赋予信仰的意义而获得极大的提升，主体亦因在价值认取上的自主自决自证性而获得极大的凸显。然而，主体的过分凸显并力图把某个主体认取的价值信念视为应然而要强加给外在世界之时，外在世界（包括社会他人）能够接纳吗？

---

① 参见牟宗三《心体与性体》（第1册），台湾正中书局1987年版，第一部"综论"第一章第四节。

第四系以王艮的泰州学派及其后学为代表。他们不再把"心"界定为价值信念而仅认作天然—本然性的活泼情感。孔孟原创儒学就立足于世间情感。在往后的儒学发展过程中，为了予以这种情感及由之引申出来的价值信念合理性的说明，价值信念便有可能剥离情感而被理性化乃至知识化。理性化意味着刻板划一化，知识化更使价值信念失去生活实践意义。泰州学回归情感，似乎回到了原创儒学，但泰州学人面对的生活世界，已带有市民社会的色彩。在情感下落为欲望，进而走入凡俗生活之时，泰州学开启了近世思想的先声。

第五系以黄宗羲、王夫之、戴震等人为代表。在回落凡俗世间直面经验世界这一向度上，他们与上一思潮有相通之处。但上一思潮追求天然—本然，强调个体情感—情欲的释放与自由。这一思潮认允情欲与个体，但主张仍然需要讲求在个体与情欲之间寻求平衡与节制的公共之"理"。在这一思潮并未赋予这种"理"以形上先验意义而仅以形下经验视之时，这一可称为"经世致用"的思潮又得以与近世经验理性的走向渐相契接。

这是我个人对宋明儒学所做的"五系"判分。因为感觉以这样的判分叙述这一段时期的思想史，在逻辑的进程上比较清晰又与历史的演变有所关联。所以，在给研究生讲课的过程中逐渐整理成书，便有1997年《宋明新儒学略论》（广东人民出版社）的出版。

（四）承担

1996年年底，《宋明新儒学略论》刚刚脱稿，我就被哲学系委派筹组宗教学硕士点，并随即开始招收研究生。诚然，中山大学老一辈学者，如已故的陈寅恪教授，在世的蔡鸿生教授、姜伯勤教授，他们对佛教、道教的历史与文献的研究，都甚有成就，但是宗教学作为哲学的一个学科，在哲学系其研究力量却显得单薄。所以，当时面临的紧迫任务，其一是招揽人才，其二便是开出课程。

在招揽人才方面，在校内，得陈立胜、李兰芬、冯焕珍、李桦和刘昭瑞诸君的加入；在校外海外，得刘小枫、张宪、张贤勇、龚隽诸学人陆续到来，这个学科点创建5年已具规模。这当中还需要衷心感谢香港道教学院、香港基督教文化学会、香港汉语基督教文化研究所、香港中国神学研究院、香港信义神学院和台湾中华佛学研究所、台湾中华儒道研究协会、台湾佛陀教育基金会等机构与团体的支持。在他们的支持下，学科点建立了自己的图书资料库,设立了专题讲座,还先后办有教授梵文、巴利文、希腊文、希伯来文、拉丁文等多种古典语文的学习班。2000 年,该学科点组建为中山大学比较宗教研究所。2004 年,该学科点又升格为博士点。学科点成立以来,已先后培养出数十名获得博士或硕士学位的青年学子。

在课程开设方面,学科点建立的最初几年,实际上是十分困难的。1997 年第一届招来的是专攻佛学的硕士生。为了给他们开课,我不得不重新捡起当年舍弃的佛学,也兼及一点道教。所以,那两三年几乎写不成文章。幸好在佛学方面后来有冯焕珍、龚隽二君接手,在道教方面有李大华、刘昭瑞、王承文、万毅诸君支持,才日渐获得解救。

因为毕竟讲过几年佛教思想史,虽然难以成书,不免也有若干感悟。我的讨论是紧扣佛陀的"十二因缘"说开展的。这是佛陀立教的基本信念。小乘佛教在中国的影响不大。传入中国的大乘佛教,依印顺法师的判分,主要为般若学、唯识学和如来藏学三系。般若学(大乘空宗)主"缘起性空",实际上是指点出何谓"无明"。在般若学以知识心为"无明",通过辩证认知与存在的无对应性而证得一切被执认为"存有"实属"假名有"之后,般若学便仅以"不可得"为归结。这有消解佛教作为宗教信仰的危险,于是有唯识学。唯识学(大乘有宗)主"万法唯识",对存有界有了一个正面的解释,但是以"无明"为起点无疑即以"性恶"为本根。这意味着人堕落是必然的,得救是偶然的。大概佛陀这是有感于现实世间的苦难深重,借以"无明"乃至"无始无明"暴露人性的劣根性,证成佛道的艰难性和证入之后的崇高性吧。然而,根性本恶,便失去内驱力;证成太难,便失却自信性。故唯识学无法为比较乐观、比较自信的中国古人广泛地接受,倒是如来藏学传入后才真正形成中国的佛教。如来藏学(佛性论)或主"无明即法性"(天台宗),或以本心为"一真法界"(华严宗),即不再以"无明"论人的本性,而以"明觉"论性。由之把向善与证入佛道赋予必然意义,把堕落视为偶然的缺失。然而,本性的向善只为一"理"(正因佛性),还有待每个个体心之"觉解"。然则,"理"(正因佛性)与"觉解"(了因佛性)还是二分的。依原始佛教,今生个我心之主观(十二因缘之爱、取二支)追求也是"恶"(我爱、我执、我见、我慢)的,证入佛道无疑仍有相当的艰难性。及禅宗顿教以"本觉"论"心"说"性",才真正消解了"心"与"理"的对置,而认肯个体本心的圆足性与证入佛道的当下性。佛教发展至禅宗顿教,就成为乐观、洒脱和以境界追求为的矢的宗教。就其以"本心即佛"说为认信基点而言，无疑有似于儒家的"性善论"；就其"一任清风送白云"（怀海诗）那种无牵无挂之境为佛境而言，显然又有得于道家的"逍遥游"。及入于宋明，本心为"理"还是为"觉"之分别，便延伸与展开为程朱理学与陆王心学论争的一个重要论题。朱子著《仁说》并以为，认"心"为"觉"难免有认"欲"为"理"之偏失。阳明子于《传习录》中却揭明，"心"与"理"二分必导致"知"与"行"二分而使"理"蜕变为"知识"，唯认"觉"为"心"，以"心即理"，此"理"才具真知真行的品格。然而，在阳明后学那里，我们还是看到了朱子所说认"心"为"觉"难免有认"欲"为"理"之失的这一指摘提示的意义。

数年间断断续续修读佛学粗浅之得，于2009年收入由巴蜀书社出版的《理性与觉性——佛学与儒学论丛》一书中，该书同时也收入了我2002年以来数篇讨论儒学的论作。

（五）放下

至20世纪90年代，我系从事中国哲学教学与研究的老一辈学者陆续退休。我是以中国哲学博士—硕士学科点负责人的身份兼顾宗教学学科点的。1999年中国哲学学科点组建为中山大学中国哲学研究所，2000年宗教学学科点组建为中山大学比较宗教研究所。由于负担两个学科点、两个研究所，不免繁忙。加之性情近于道家，喜欢清静与闲适，繁忙便变成"烦忙"。幸好，2002年中山大学中国哲学研究所与学科点由陈少明教授接力，中山大学比较宗教研究所由刘小枫教授担纲，公共事务得以减少。而且按学校规定，60岁以上的教师不再计算工作量，不需要为在什么级别的刊物上发表多少文章、承担多少课程折腾。由之，开始有"放下"与"解放"的自由感。

自知入行太迟，缺少文献考辨的训练与资料的系统耙梳，便希望有所补救。至于西学训练的缺乏，则再也无法挽回了。

但是，文献补课的心愿还是没有办法实现。武汉大学中国哲学学科与中山大学中国哲学学科的老师共同承担由教育部下达的重新编写中国哲学史教材的任务，我和郭齐勇教授分别负责上、下册。2002年至2003年，为教材上册的统稿花了近两年时间。此教材以我和郭齐勇教授为主编，以《新编中国哲学史》（上、下册）之名由人民出版社于2004年出版。《新编中国哲学史》(上、下册)吸收了20世纪八九十年代的研究成果,已经有了新的视角与新的讨论。因之,得为海内外多所高校用作教材或教学参考书。然而,教材近60万字,分量较大;由多人编撰,观点也不完全一致。这引发我一个新的想法:还是自己单独编写一个简明读本,以为有志了解中国哲学、中国文化精神的读者们提供一个参照。

2007年至2008年,这一想法得以实现。广东人民出版社于2009年为我出版了《中国古典哲学略述》一书。该书无疑集合了个人从事中国哲学研究30多年的心得。但由于"简明"的要求,许多想法无法充分展开。下面我把几个主要的问题的研究所得做一点交代,也算是对尚在途中的学思历程的一个阶段性小结吧!

四、理论思索

(一)关于孔孟原创儒学的特质与价值

孔孟原创儒学的核心思想无疑是它的"仁学",但"仁"从何开出,"仁学"如何确立,许多学者并未详究。诚是牟宗三先生说得最明确:"孔子从哪个地方指点仁呢?就从你的心安不安这个地方来指点仁。"[①]唐君毅称:"吾意孟子之心,要为一性情心或德性心。"[②]此亦甚是。然而,牟先生不满足于从不安、不忍处指点为仁之道,而一定要在心外悬挂一个"天命实体",使此仁此道获得宗教的神秘性,以为唯如是才可以确保仁道的正当性,此却不然。

无疑,不安之心、不忍人之心,以至孟子所说的"四端",都属情感范畴。孔孟从世间日常情感所在所到处指点为仁之道,乃至为礼之则,这是孔孟儒学之特出处。这点古人已有明确提示。如司马迁《史记·礼书》录其父司马谈的一段话语即称:"洋洋美德乎……观三代损益,乃知缘人情而制礼,依人性而作仪,其所由来尚矣。"诚然如此。我的著作就直接指认孔孟原创儒学建基于"世间情",并以为孔孟儒学从日常来的情感出发建立起来的救心救世的价值体系,恰恰显示出与古希腊的理性主义传统和古中东、古印度的宗教信仰传统甚为不同的另一独特的思想传统。

要知道,把价值信念安立于世间日常情感所在所到处,实即使价值信

[①] 牟宗三:《中国哲学十九讲》,台湾学生书局1983年版,第78页。
[②] 唐君毅:《中国哲学原论·导论篇》,台湾学生书局1993年版,第94页。

念立足于人类最具本源性的真实生活中。每个个人，不管处于何种族群，拥有何种信仰，毫无疑问都为父母所生，都离不开父母与亲族的关爱。这是人的最本源性与最日常性的真实生活状况。浸润于这种生活状况中，于是自然—天然地即会孕育有一种"亲亲之情"。又，每个个人，不管处于何种族群，拥有何种信仰，必亦离不开社会他人：他吃的用的一切，都关联着他人的付出，渗透着他人的血汗。这同样是人的最本源性与最日常性的真实生活状况。处于这种生活状况，在所吃所用的当下，自亦可以感受到社会他人对自己的意义，而自然—天然地培植起一种同类同情心与恻隐心。这种亲亲之情、恻隐之心，既然是最具本源性的，自当是绝对的；既然是最具日常性的，自当是普遍的。比较而言，不同种族、不同宗教信仰及其相互之间的差异与间隔，乃是人们在后来由不同的际遇、不同的困迫造成的。因之，即便其价值信仰凭借全知全能的神的支撑得以被赋予全人类的意义，仍不免带有"特殊性"的色彩。孔子、孟子开创的儒学价值系统既然回归于、立足于人类最具本源性与最具日常性的真实生活和由这种真实生活孕育的真实情感，它是自然—天然的、平易—平实的，也就无须诉诸"天命实体"那种彼岸力量支撑，即可以赢得一种超越不同种族、不同宗教信仰的绝对性与普遍性。

　　孔孟原创儒学立足于人类最具本源性与最具日常性的真实生活与真实情感，不仅使其价值体系最具绝对性与普遍性，而且使这种价值体系的建立与确认甚显独特性。我们知道，知识理性的路子是通过抽去各个的"我"来求取客观普遍性的，它难以容摄价值，即便确立起某种价值规范，亦必是外在的；宗教信仰的路子强调"灵"与"肉"的分隔，同样以为必须舍弃"身我"才可以契接圣灵。孔孟原创儒学不然，它把价值信念诉诸日常情感。日常情感是由"感受"（不是认知也不是认信）去确认的。而"感受"是带着身体，以自己的身心（性命）去体认的，这意味是有"我"（身我）的，是对"我"的身心（性命）正面地予以认肯的。而当"我"带着身体（身我）"设身处地"去感受和"体贴"亲人、社会他人对自己的意义时，"我"又得以走出"自我"，走向亲人与社会他人。如孔子所说"己欲立而立人，己欲达而达人""己所不欲，勿施于人"，孟子所说"老吾老以及人之老，幼吾幼以及人之幼"，都是从情感感受，从身心"体贴"处指点如何从"自我"走向"他人"。这里没有繁难的理论预设，没有神秘莫测的圣灵启示。孔孟原创儒学就以情感感受为入路，确认不离"身我"而走向"他人",不离"人性"而开示"神性",不离"凡俗"而进达"圣境",这无疑显示了一种独特的,而且甚具现代意义的生命智慧。孔孟原创儒学首先应该从这种独特性中才能得到更确切的肯定。

顺着孔孟原创儒学的这种独特的生命智慧追寻,以孔孟儒学为主导铸造的中国人的国民性才会得到更好的理解与肯定。

尽人皆知,20世纪初,学界、政界对国民性有许多讨论,而且比较多的说法都认为国民性给中国的进步带来的主要是负面的影响。典型的如李大钊所说,以中国为代表的东方文明与西方文明的差别,"一为自然的,一为人为的;一为安息的,一为战争的;一为消极的,一为积极的;一为依赖的,一为独立的;一为苟安的,一为突进的;一为因袭的,一为创造的;……一为自然支配人间的,一为人间征服自然的"[①]。李大钊此间即历数中国人的国民性之"不是"。

但是,如果确认孔孟原创儒学史是立足于世间情感来提取价值信念与生命智慧的,那么,我们一方面固可以说,孔孟儒学因此开出的救心救世的路子既不同于古希腊的理性主义的路子,也不同于古中东、古印度的宗教信仰的路子;另一方面也可以说,它既兼容了理性主义的路子,也兼容了宗教信仰的路子。

为什么这样说呢?如上所论,孔孟儒学是立足于世间情感,在情感所在所到处指点为仁之道的。就孔孟回落到现实世间,从人间的生存状况寻找自救的力量、因素而言,这不就显得很理性吗?在现实世间中,孔孟认取情感为人类得以自救的力量、因素,而情感即是价值的,就情感不可以以认知理性予以说明的意义上说,这不是亦具信仰性吗?可见,孔孟儒学的路子,实际上是在理性与信仰之间保持平衡与张力的路子。所谓在理性与信仰之间保持平衡,这里是指孔孟建构起来的价值追求,作为信仰,是经过理性的洗礼的,因而不会堕入过分的盲目与狂迷;作为理性,又是有信仰为之支撑的,因而不会落于过分的功利与计算。所谓在理性与信仰之间保持张力,则是指儒学在后来的演变中,有的时候会偏向于理性,如荀子、朱子所做的那样;有的时候会偏向于信仰,如董仲舒所做的那样。但是,他们的这种偏向,无非是把儒学在两个不同向度上予以充分地展开而

---

① 李大钊:《东西文明根本之异点》,载《言治》季刊第三册(1918年7月1日出版)。

已,他们始终没有把两者的平衡关系打破。荀子依然强调礼义教化的重要性,董子甚少征引神话传说而更有取于农业社会中的观察与经验,即是。

我们来看中国的历史。一方面,在历史上,中国从来没有爆发过大规模的宗教战争,这不就见得中国人很理性吗?另一方面,中国在历史上虽也出现过动荡、分裂,但在分裂时期那些即便是显得很弱小的诸侯国,都还是以统一为自己的使命,而且最终都会走向统一,这又是为什么?这是因为中国人重"情"的融合,① 重由情感培植起来的"亲亲而仁民,仁民而爱物"的价值信仰。显见,中国人的这种国民性,即显示为在理性与信仰上保持平衡、维持张力的一种特性。中国人的这种国民性,诚为由孔孟儒学所主导的价值意识所凝练。

有学者说,中国人的这种国民性,在理性方向上没有延伸出近代科学,在信仰上没有走向一神教,实为两者都不足,何可称道?然而,我们也可以说,正因为中国人有理性的训习,所以在中国并没有发生过对科学的迫害,中国人很能接受科学的熏陶;又正因为中国人有信仰的基础,所以在中国尽管也出现过不同宗教之间的一些论争,然而不同宗教最终都会被容摄在一个大系统中,就像不同部族最终会被融汇在一个大中华中。从现代社会的走向看,讲求理性似乎已经不是什么问题。然而,在讲求理性的同时也不缺失信仰却是一大问题。缺失信仰,或把信仰与理性的任何一方推向极端,都会诱发社会的严重危机。由是,不就可以说,以孔孟儒学为主导形成的中国人注意在理性与信仰之间保持平衡与张力的文化精神,和由这种文化精神塑造而成的中国人的温情、平和、包容的心理性格,更合乎现代社会的要求吗?

这是我重新思考与反省以往对孔孟儒学的研究之一得。

---

① 钱穆先生对东西文化做了一种类型上的区分。他写道:"西方之一型,于破碎中为分立,为并存,故常务于'力'的斗争,而竞为四围之斗。东方之一型,于整块中为团聚,为相协,故常务于'情'的融和,而专为中心之禽……故西方史常表见为'力量',而东方史则常表见为'情感'。西方史之顿挫,在其某种力量之解体;其发皇,则在某一种新力量之产生。中国史之隆污升降,则常在其维系国家社会内部的情感之麻木与觉醒……以治西史之眼光衡之,常觉我民族之啴缓无力者在此。然我民族国家精神命脉所系,固不在一力之向外冲击,而在一情之内在融和也。盖西方制为列国争存之局,东方常抱天下一统之想。"[钱穆:《国史大纲》(修订本上册),商务印书馆1996年版,"引论"第23—25页]钱穆此论甚有见地,谨录以供参考。

（二）关于老庄原创道家的中心话题与核心价值

老庄原创道家讨论的中心话题及其提供的价值是什么，近代以降也是众说纷纭。

20世纪五六十年代，中国老一辈学者受意识形态的影响，大多把老庄思想定性为唯心主义，认为其提供的社会历史价值是消极的，有人甚至认为庄子思想倡导的是混世主义、滑头主义。这样一类评论，现在大体已不再有人提起。

及境外一批学者和20世纪80年代成长起来的新锐学人，在研究老庄学上有许多突破，乃至在与西学的比较中更有许多提升。但是，我的感觉，也还不免有若干偏颇与不足。其一，在老庄思想产生的社会历史背景的问题上，如牟宗三以为老庄哲学是针对周文疲弊而发的，也即针对周朝的礼乐之制已剩下一空壳，为一虚文，成为自由、自在、自适其性的要求者之障碍、之桎梏而建立起来的。[1] 这是说，老庄学源于对治特殊情境的特殊问题。这无疑把老庄思想的意义收窄了。其二，在老庄道家本体论建构的特质上，牟先生认为"境界形态的形而上学"，即纯为主观性的追求，不可能获得存有论的意义。[2] 这显然更把道家的追求虚幻化了。其三，在老庄道家的社会历史价值问题上，不少论者又谓道家的用意并不在于否弃儒家的仁义思想，而只是批评虚伪的仁义说教，道教恰恰是主张性善、仁爱、忠孝、信义的。[3] 这似乎说，道家只有被还原为儒家，与儒家挂搭起来才可以获得正面的认肯。其四，在老庄道家的认知价值问题上，抑或有称这一学派以丰富的辩证思想影响国人，可是这些辩证思想终难免流为术数与智巧。[4] 诸如此类。

显见，对老庄思想的这些判认与评价似乎都未触及老庄的中心话题与核心价值，及读刘笑敢教授新作《老子古今》，其以"人文自然"之新概念把捉老子思想，确认老子的"人文自然的最高目标是人类整体状态的自

---

[1] 牟宗三先生的说法，参见牟宗三《才性与玄理》，台湾学生书局1985年修订版，第十章"自然与名教：自由与道德"。
[2] 参见牟宗三《中国哲学十九讲》，台湾学生书局1983年版，第五讲"道家玄理之性格"。
[3] 参见郭齐勇编著《中国哲学史》，高等教育出版社2006年版，第一篇第三章"老子"。
[4] 关于老子思想的特质与价值的种种争论，刘笑敢先生有详尽的介绍与评论，参见刘笑敢《老子古今：五种对勘与析评引论》（上卷），中国社会科学出版社2006年版，"导论二"。

然和谐，是人类与宇宙的总体关系的和谐"①。此说才可以称得上是对老学十分到位与十分贴切的评价。

但是，对老庄道家的思想，仍可以有更进一步的讨论。

我自己的一个看法是，老庄的思想是集中于对整个人类"文明与进步"的反省这一极有挑战性的问题展开的。也只有从这一视角（不是对特定历史时期、特定现实状况）去透显老庄，才能真正揭示老庄哲学的意义。

为什么这样说呢？那是因为，正是老庄哲学对整个人类文明与进步的深刻反省与批判，揭示了人类的悲剧性的运命，而这种运命是我们现在才开始逐渐意识到的。人类的悲剧性运命就在于，人如果不离开自然，不进入社会与被"文"化，就不能成为独立的一"类"。但是，人一旦离开自然而独立，即意味着与自然处于一种对置状态。人类在后来的"进步"中，越是追求自己的独立，乃至追求获得大自然的主宰者的地位，人与大自然的对置状态便越严重。就像我们今天所看到的那样。

然而，人果真能够脱离自然，摆脱大自然的控制吗？人毕竟是大自然长期发展的产物，人的每一构件及其巧妙组合都出自大自然的精心的制作；人的每一生活处境与生活资源也都有赖于大自然的恩典。大自然是人类的创造者、人类的母亲，人类如果背离自然创造者，背弃自己的母亲，就会从根本上失去自己生存的依据与本源，更毋言人类得以显耀自己与别的物类不同的那种所谓的主宰性了。《庄子·大宗师》"大冶铸金"的故事所寓意的正是这一点：大自然营造宇宙万物并无任何意向与目的，如果万物中的某一类一定要大自然把它雕塑为"人耳人耳"，赋予这一类以独特性，使之反过来主宰自然本身，大自然一定会视为不祥，予以废弃。庄子这里揭示的无疑即是人类运命的悲剧性：人类离开自然，追求自己的独立性、主宰性亦即追求所谓的文明与进步，却最终又不得不被自然所弃去！值得注意的是，在古典思想世界里，不仅是老子、庄子对人类的"文明与进步"有这样一种警示与反省，有这样一种悲怆感受，古中东神话以人类祖先偷吃智慧树上的禁果即为对上帝的背叛而为上帝所惩罚，古印度把人之所以会在三世轮回中受苦受难归因于人的"分别智"，所寓含的都

---

① 刘笑敢：《老子古今：五种对勘与析评引论》（上卷），中国社会科学出版社2006年版，第56-57页。

是对"文明与进步"所带来的"恶果"的共同警觉。及至现代，在我们看到人类文明走过的许多地方留下一片荒漠、一堆废墟时，我们才得以感受到古代圣贤对"文明与进步"批判与反省的深刻意义。

人与自然拉开距离成为人类，是从人学会制作工具开始，以知识技艺的开发为标志的。而工具的制作、知识技艺的开发，则是为了改变人的生存处境，因而从一开始就蕴含有功利的目的。随着工具的不断创新、知识技艺的不断提升和财富的不断增长，人的功利意识亦在不断加强，人的纯白洁净的心性便日渐丧失，为功利争夺而爆发的种种冲突只会越发加剧。由此我们得以看到，庄子何以会编织出"子贡南游"与"混沌初开"等故事。"子贡南游"劝诫种菜的老人家学习使用"机械"，老人家称"有机械者必有机事，有机事者必有机心"而坚决予以拒斥①；"混沌初开"则以为人的知识心的开启实意味着人之走向死灭②。此中，庄子的批判何其严厉！及人们发明一种"国家机器"——权力机构以使人与人之间的利益争夺得以协调。随着权力机构的不断调整，似乎因使每个个人在利益上有更多的"平等机会"而被认作一种"进步"，但是，权力机构既源于利益的争夺，则它的调整也无非是利益的重新分配而已。依此，我们便可以很好地理解老子的如下说法："天下多忌讳，而民弥贫；民多利器，国家滋昏；人多伎巧，奇物滋起；法令滋彰，盗贼多有。"③ "天下多忌讳""法令滋彰"，亦可以说显示了国家在管治施设上的"公开""公平"与"细密"。然而，纷争的利益个体利用管治上的空隙采取的手段（利器、技巧）却也越狡诈、越狠毒，由此带来的后果是普通老百姓越贫困，国家的管治越混乱。人类社会在文明与进步的道路上已越走越远，然而，我们从面对的当代争夺在规模上的世界性和手段上的残酷性（以最先进的科学技艺为依托）中所感受到的，难道不仍然是老庄当年之忧心不已？！

显然，只有从老庄对人类的文明与进步的这种深刻反省的角度认识与理解老庄的思想，才可以说明老庄的思想不是负面的、消极的，而是正面的、积极的。它的正面的、积极的价值，不需要与儒家的仁、义、礼、智相挂搭，更不需要与知识技艺相关联，即可得到肯定。它的正面的、积极

---

① 《庄子·天地》。
② 《庄子·应帝王》。
③ 《老子·五十七章》。

的价值,就出自它对人类悲剧性运命的彻底反省。在现代尤其如此。

必须指出的是,老庄对人类文明与进步的反省与批判,绝不是如牟宗三先生所说的,仅仅属于一种主观上的价值诉求。他们是有存在论与"知识论"做支撑的。其中,老子以宇宙论作为存在论的一种理论形态,与老子对文明与进步的反省的价值诉求同样影响着中国长久的精神文化变迁史;而庄子从对知识论的反省的角度为其对文明与进步的反省提供支撑,则在中国精英阶层的心灵建构中留下很深的印记。

老子以宇宙论作为存在论的一种理论形态,再明显不过的即见于他的以下说法:"道生一,一生二,二生三,三生万物。万物负阴而抱阳,冲气以为和。"①"有物混成,先天地生,寂兮寥兮,独立而不改,周行而不殆,可以为天下母。吾不知其名,字之曰道,强为之名曰大。"② 老子的这些说法,显然不是纯粹的理论预设,而是出自对农业社会中万物生殖繁衍状态的观察。从观察中,老子意识到,宇宙万物经历着由单一到多样、由简朴到繁杂的过程。老子可以说是中国古典宇宙论系统表述的第一人。由于儒家学者面对的同样是农业社会的生存处境,所以孔子、孟子的门徒后来也都认同并引入了宇宙论。

只是,儒家引入宇宙论,是把宇宙由单一到多样的变迁过程视为一种升进的过程,人类则在"赞天地之化育"的过程中建立起价值信念并使这种价值信念获得正当性。儒家非常重视"成人节"。从以"成人节"确认人由自然向社会生成值得祝福的礼仪中可以看到,儒家的宇宙论以"文明与进步"为价值取向。

老子与此有别。老子认为宇宙由单一到多样、由简朴到繁杂的变迁过程不是升进,而是坠落。因为处在"道"或"一"的状态中,那是混一不分的、纯粹的;"一生二",便开始有分别,有矛盾,有对立,被对待关系限制了;及"二生三","三生万物",则落入的对待关系越多,所受的限制越多,也就越失却自由、自在与自我了。老子所说的"失道而后德"③"朴散则为器"④ 等话语,都表述了以宇宙由单一到多样的变迁为坠

---

① 《老子·四十二章》。
② 《老子·二十五章》。
③ 《老子·三十八章》。
④ 《老子·二十八章》。

落的价值信念。老子又主"复归于婴儿"①,盛称"婴儿之未孩"②,乃因处于婴孩的时期,那是单一、纯真的时期,及至长大进入社会,便要面对种种矛盾,扮演种种角色,接受种种折磨,不得不被变形、被扭曲,不得不失真。老子这里揭示的,即由单一到多样、由自然到社会的演变过程,为坠落过程。老子的宇宙论,源自农业社会对农作物繁衍的观察与经验。他以宇宙论作为他对"文明与进步"的反省的形上依据,实即把"文明与进步"问题放置在宇宙变迁的大格局中予以审视。正是从这个意义上说,他的宇宙论、他的"道"不是预设的,而是实存的。

从视宇宙由单一到多样的变迁为坠落的价值信念开显的社会理想,无疑是回归单一、回归简朴,即回归自然。老子反复宣讲要"道法自然"③,"道之尊,德之贵,夫莫之命而常自然"④,都在守护自然。老子以"小国寡民"为理想的社会形态,实即以乡村式的"自然社会形态"(社会学家所谓"礼俗社会")为向往的社会形态。这种社会形态与"人工社会形态"(社会学家所谓"法理社会")的不同在于,后者是以利益为中心,以人为编造的契约与法律为纽带建构起来的,人与人之间是疏离的、陌生的乃至对立的,人在其中找不到安全感。而前者——"自然社会形态"是以"情感"为中心,以习俗为纽带连接起来的,人与人之间是亲近的、关爱的、信任的,它才是人们的"家"。显然,老子守护自然,也就是守护着人类的"家"。只有从人类如何安顿自己的根源性的角度理解老子,才不会把老子权术化、巧智化。

庄子从对知识反省的角度反省人类对"文明与进步"的追求,对精英阶层的心灵建构有极深的影响,这也是十分值得看重的。

习惯上,人们都会把心智的开启、知识的建构,看作人类走向文明与进步的重要标志。然而,在庄子看来,认知可靠吗?认知果真可以把捉事物的本真吗?庄子以为不然。

首先是从客体方面看,我们面对的事物,都是在矛盾对待中才得以显示、得以被分判的,这意味着,它本来并不确定;而且,矛盾对待是会不

---

① 《老子·二十八章》。
② 《老子·二十章》。
③ 《老子·二十五章》。
④ 《老子·五十一章》。

断地被改变的，这意味着，它其实也不稳定。认知对象本来就不确定、不稳定，又何以有认知上的确定性与稳定性呢？庄子所谓"未知有所待而后当，其所待者，特未定也"①即指此。

其次是从认知主体方面看，即使面对同一事物，由于观察的个人不同，或个人观察的角度不同，也会有认知判释上的完全不同。我们又当以哪一个人、哪一个观察角度提出的判释为本真性的判释呢？庄子所谓"以道观之，物无贵贱；以物观之，自贵而相贱；以俗观之，贵贱不在己"②即指此。

最后是从认知必求助于语言、词谓的角度看，语言、词谓都是仅就对象的某一特性、某一功用给出的。不同的人根据不同需要选取不同特性、不同功用，就会使用不同的语言、词谓。此不是亦表明，语言、词谓的使用具有主观随意性，它们又岂能给出事物的本来面目？庄子所谓"道行之而成，物谓之而然。有自也而可，有自也而不可。有自也而然，有自也而不然。恶乎然？然于然。恶乎不然？不然于不然。恶乎可？可于可。恶乎不可？不可于不可"③即指此。庄子回应公孙龙子"白马非马"论时更说："以指喻指之非指，不若以非指喻指之非指也；以马喻马之非马，不若以非马喻马之非马也。天地一指也，万物一马也。"④这是说，公孙龙用"指"（白马）来说"指"（白马）不是"指"（马），还不如以不是所指的（事物）来说明"指"（概念）不是所指的（事物），即如以"马"（概念）来说明"马"（概念）不是所指的"马"（事物），还不如以不是所指的"马"（事物）来说明"马"（概念）不是所指认的"马"（事物）。因为对"事物"的称谓，是人的认知选取事物的某一特性、某一功用主观地添加上去、编派出来的。既然如此，那么把"天地"归为"一指"，把"万物"称作"一马"，又有何妨呢？

庄子就是这样检视认知及语言运用的局限性而对人类的知识建构做出反省。事实上，人类的逻辑认知所确定的许多规则都具有人为的主观性。从这里我们感受到了庄子作为古圣贤是何等睿智！

---

① 《庄子·大宗师》。
② 《庄子·秋水》。
③ 《庄子·齐物论》。
④ 《庄子·齐物论》。

庄子深刻地暴露由认知给出的世界的不可靠性，然而人类又只能靠认知的指引生活与活动，这不能不使庄子感到悲哀。庄子有很强烈的绝望感，只是他以一种我称之为"荒诞意识"的艺术精神把绝望感化解了。

我这里所说的"荒诞意识"是指"不真当真"。认知和语言给出的，不具真的意义，是谓"不真"。但人被抛弃到这个世间，又只能凭借认知和语言的指引生活与活动。人没有别的选择，只能"当真"。把"不真当真"，自可以放下与入世。这种生活态度，过去曾被斥为"滑头主义""混世主义"。其实，"滑头主义""混世主义"背后有功利的计算，而庄子却是以"入世"求"出世"，他的追求仍然是超越的。特别是降及现代，知识的形式化（所谓"价值中立"）追求成为时尚，知识因排斥价值更脱落为"有用工具"；国家建制取机械多数（民主化与平均化）为确认方式，则又使社会的公共交往堕落为"游戏规则"；传播媒介为商业利益操控而不断编织新闻，更使生活世界失真而只具嬉戏性……面对这些被认为标识人类"文明与进步"的变迁，庄子以"荒诞意识"应酬之，固带有个人自我解嘲的色彩，但绝不可以认作批判精神的忘却。

（三）关于汉唐儒学的宇宙论

孔孟原创儒学发展至汉代，是由宇宙论支撑且带有浓厚的神学色彩的。对汉唐儒学及其宇宙论如何评价，这也是学术界的一大难题。20世纪50年代至70年代，中国学者因为汉儒的代表人物董仲舒和代表性著作《白虎通义》等，多把天地宇宙神格化，并以为神格化的目的是为封建君权提供依据，因而极力予以贬斥。海外学者不取意识形态为评价标准，但或过多地讲求理性，或过多地推崇主体性，亦未能给予恰当的判释。如牟宗三就以为，董仲舒是宇宙论中心，他把道德基于宇宙论，要先建立宇宙论，然后才能讲道德，这是不行的，这在儒家是不赞成的。[①] 徐复观则称，董仲舒以及两汉思想家所说的天人关系，都是通过想象所建立起来的，他们都具备了哲学系统的形式。所以不仅是董仲舒，汉人的这类的哲学系统，不能受合理主义的考验。[②] 劳思光更称，两汉至唐代为中国哲学的"衰乱期"。秦汉之际，南方道家之形上旨趣、燕齐五行迂怪之说，甚至苗蛮神话、原始信仰等皆渗入儒学，以至两汉期间，支配儒生思想的，并非

---

① 参见牟宗三《中国哲学十九讲》，台湾学生书局1983年版，第76页。
② 参见徐复观《两汉思想史》（第2卷），华东师范大学出版社2001年版，第241页。

孔孟心性之义，而为混合各种玄虚荒诞因素之宇宙论。① 显然，海外这些名家对汉唐儒学，实亦取贬斥态度。依上所引，牟氏、劳氏的判释依据显然是道德主体是否得以凸显，徐氏的判释标准则是有没有知识理性做支撑。

一方面，人们都承认汉唐之际出现了中国古典社会的两个繁荣期；另一方面，学界又大多指摘汉唐思想特别汉唐由宇宙论支撑的儒学甚是荒唐，甚无价值。这是一个巨大的落差。

面对这种落差，我的反省便是，知识理性、主体性，这些近代以来备受推崇的东西是不是评论学术思想的唯一标准。

展开来说，这当中涉及四个大的问题：

第一，怎样理解思想文化的宗教走向，怎样看待宗教信仰的社会功能？

第二，宇宙论作为一种独特的存在论形态，在知识论上能不能够成立？

第三，由宇宙论支撑的成德论，有没有合理性？是不是可取的？

第四，借宇宙论确立的社会—国家运作系统与运作秩序，有没有独特的价值？

由于篇幅关系，下面我们不去讨论第一个问题。我们从第二个问题谈起：宇宙论作为一种独特的存在论形态，从知识论的角度看能不能成立，或在什么意义上可以成立？

所谓宇宙论为一种独特的存在论形态，是指它不仅仅在与心—主体相对应的情况下确认宇宙万物为"存在"，而是进一步地给出了万物的来源、万物的演变及其基本方式。如汉唐人以为天地宇宙来源于一气，气分为阴阳，阴阳起伏而有四时，四时轮替又与方向、方位等相关，是有五行。"元气""阴阳"，所把握的是宇宙的本始生命力。依宇宙论，本始生命力经历着不同的时间（四时二十四节气）与空间（五行）变化，就化生出千差万别的事物。千差万别的事物又都依因于生命力及其在时间、空间上的联系与差别而获得一种在类上的同一性与差别性。这就是宇宙论对"存在世界"生成过程的具体描述。从这种描述中我们实际上已经看到，宇宙不是想象的产物，它与在农业社会农业生产状况下对大自然的观察与经验

---

① 参见劳思光《新编中国哲学史》（二卷），广西师范大学出版社2005年版，"导言"第3页。

密切相关。

那么，我们怎样看待宇宙论对存在世界的这种说明在认知上的特点与价值呢？

很感谢海外著名汉学家李约瑟的研究。他在所著的《中国古代科学思想史》一书中有取葛兰言的说法，把中国古典宇宙论所体现出来的认知方式称为"关联思维"。李约瑟认为，如果说西方近代的因果思维为机械性的，那么中国古典宇宙论的思维无疑是有机性的。① 后来，英国另一汉学家葛瑞汉在其所著《论道者——中国古代哲学论辩》中也以"关联思维"指称中国古典思维并有更深入的讨论。但是，葛氏认为"关联思维"是在信息不足的情况下形成的，这似乎是说，它更多还是靠想象编织起宇宙的关联图景。②

我在1989年出版的《中国哲学的探索与困惑：殷周—魏晋》一书中，曾经把宇宙论表显的认知方式称为"类归法"或"类归方式"。这种认知方式总是习惯于把单个事物归入"类"中，进而把"小类"归入"大类"中，通过归入来予以介说与把捉。如把五声、五味、五色、五脏等归入"五行"，把"五行"关联"四时"，把"五行""四时"归入"阴阳"，都为类归，通过类的归入，来考察一个或一种事物的特质与功能。

要注意的是，这种"类归方式"与通过逻辑抽象形成的"类"的概念不同。逻辑抽象所形成的"类"，是凭借舍弃各别殊相获得的，"类"涵摄的物事越多（外延越大），其内涵越少。宇宙论的类归法不同，越往大类归入，其内涵不仅没有减少，反而丰富了、增多了。为什么呢？因为把一个事物归入"类"中，意味着它与同"类"事物有了更多的联结、更多的面向、更多的承接与转换关系，这不就更丰富了吗？譬如，以"人是什么"这个问题来说，依近代以来的分析分解思维，大概会说"人是有智慧的两足动物"。这是以"属加种差"的方式做出回答，着眼点是差别。在把差别做得越来越精细的时候，便可以量化，可以操作化，由此成就了近代的技术科学。而中国古典的"类归法"的思维方式，也许会回答

---

① 参见［英］李约瑟著《中国古代科学思想史》，陈立夫等译，江西人民出版社1990年版，第275-407页。

② 参见［英］葛瑞汉著《论道者——中国古代哲学论辩》，张海晏译，中国社会科学出版社2003年版，第359-424页。

说"人是动物"。这是把人这一"小类"归入动物那一"大类",着眼点在关联。在做这种归入后,我们思考"人"的问题,就不仅只顾及"人"自己的特性与功能,还要顾及猪、牛、马等各种"同类"与"人"的关联、对人的影响。这样一来,虽然"人"这一小类的特殊性被模糊了,但是对"人"的思考的空间更广宽了。这不是更能够容纳想象力与创造性吗?

尤其耐人寻味的是,分析分解的认知方法把单个事物从众多复杂关联中抽取出来加以确认,其实是以"假设"为前提的。类归方法以为宇宙万物都处于息息相关的生存状态中,这倒是立足于真实存在。就宇宙论及其所取的类归法而言,这种真实存在就表现在:

首先,从空间上看,"类归法"捕捉的其实是在相同或不同生态圈下诸种事物的关联性。譬如说,生存于光照比较充足状况下的事物,不可避免会有一种关联性;而生存于比较阴暗状态下的事物,自会有一种与生存于光照充足情况下的事物不同的关联性。宇宙论以阴阳为"类归"的最高层级,所揭示的不就是这种生态圈所造成的关联性吗?宇宙论所使用的"类"的概念,不是以事物的形态或结构为依据,而是以在同一生态圈下事物所获得的特定功能与信息为依据,这说明古代圣贤有何等的智慧。

其次,从时间上看,"类归性"的认知方式为一种"回溯性"的寻问方式。这种"回溯"寻问则体认着物种的演化史:许多在形态上殊别的物类,其实都可以追溯到单一的共同的本源;正是单一的共同的本源,才隐含有多种发展的可能性;共同本源在演化过程中经过变异与选择,原先所有的多种可能性或能力隐退了,但并没有消失;它实际上作为记忆被储存着,还可以被激活,诱发出新的发展的可能性,转换出新的物类。类归法,从追溯物类的本源来探索物类交换、转化功能与信息的可能性,在这里,不也隐含有一种物种进化史的"客观"依据吗?[①]

正是从这种意义上说,宇宙论有其独特的认识价值,不应该轻易地以

---

① 上述看法,已收入冯达文《重评汉唐时期的文化精神——兼论汉唐儒学的宇宙论》,见《理性与觉性——佛学与儒学论丛》,巴蜀书社 2009 年版。

"想象"乃至"怪诞"之说评判之、否弃之①。

第三个问题：由宇宙论支撑的成德论，有没有合理性？是不是可取的？

我们知道，孔孟原创儒学，是通过回归心性建立起来的。我自己的看法更加确认，孔孟所讲的心性，也就是人的"世间情"，孔孟是指"情"为"仁"为"善"，孟子更以"仁善"为性，借明心见性建构起道德理想。孔孟不太涉及天、天道、天命，有时还把"仁"与"命"对置起来，以凸显"仁"的人格价值。但是，人的"世间情"本来就具本源性，就出于自然——天然，也就是说，它本来就是超越的、先验而绝对的。因之，《中庸》称"天命之谓性"，赋予"性"以"天命"的意义，使"性"与"天命"贯通，从而为人的"仁道"与"善性"寻找最高的价值源头，这

---

① 关于"类归性"认知方式的"客观"依据，我在 2015 年出版的新作《道家哲学略述——回归自然的理论建构与价值追求》（巴蜀书社 2015 年版）一书中又表述为："类归性"的认知方式，有客观的依据吗？这里的关键在一"类"字。"类"是如何确定的？这种确定的正当性在哪儿？前面说过，宇宙论是通过把捉、还原大自然生化的过程与节律而建构起来的。它的主要概念，如阴阳，所把捉的是大自然正向与反向的两种生命力变换的节律；四时，所把捉的是原始生命力在时间上的变迁节律；五行，所把捉的是原始生命力在空间（方位、方向）上的变迁节律。而天地宇宙间的各个生命个体、各种生命物类，就都是在适应大自然在时空的交换与变迁的节律才成其为如此的；那些无法适应的生命个体、生命物类，都会被自然变迁节律所淘汰。这意味着，生命个体、有生命的各种物类，在长期适应大自然变迁节律的过程中，其实已经把这种节律内化为自己的结构、功能。《黄帝内经》所谓"天覆地载，万物悉备，莫贵于人，人以天地之气生，四时之法成"；所谓"阴阳有时，与脉为期。……微妙在脉，不可不察，察之有纪，从阴阳始，始之有经，从五行生，生之有度，四时为宜，补泻勿失，与天地如一，得一之情，以知死生"。这里所说的"人以天地之气生，四时之法成""阴阳有时，与脉为期"，实即指大自然变迁节律之被内在化；所谓之"纪""经""度"，又即天人相应之律，也即是"类"。可见，以"五行""四时""阴阳"的观念对生命体做生理、病理、药理的"类"的区分，便毫无疑问地具足客观性与科学性。

《黄帝内经》为中医经典。中医在近世曾经被指斥为不科学，理由是同一种病不同中医用药多不相同。然而，中医用药之不同，其实顾及男女老少的差异、春夏秋冬的不一、东南西北之各别。这可以说就是宇宙论及其"类"观念的具体运用吧！……就中医和丹道理论所取的宇宙论的形成而言，无疑与农业文明密切相关，也可以说是立足于农业文明基础上建构起来的知识类型。这种知识类型也许夹带着许多的联想，带有十分浓重的神秘色彩，但它所取的大方向——对生命的充分肯定，力图通过把捉大自然变迁的节律守护生命的价值，这样一种认知路向与价值取向，越从未来的角度审视，必将会越觉得无可非议。现代科学奔忙于去改变大自然变迁的节律，热衷于打破天地宇宙的时空结构，却不知道人类在几百万年前适应大自然——天地宇宙原来的变迁节律而形成的稳定的形体构造与生命魔咒其实无法接受。人类的生存已经越来越受到威胁，人类还能够存续下去吗？（详见该书第 274－276 页）

也是极为顺当的。《中庸》对孔孟原创儒学的这一推进,一方面仍然确保价值的主体性(以心性为基础),另一方面也通过"逆觉体证"以使主体价值追求有一实体的支撑而获得客观意义,故为牟宗三等诸先生特别看好。

但是,牟氏这里关切的,其实还是近代以来人们热衷的"主体"问题。然而,作为"客体"的"天命"是什么?如果"天命实体"完全是由主体开出去,并不涉及天地宇宙,那么真的具有"客观"的意义吗?

事实上,古人不会太多地强调人的主体性。孔孟思想所表现的"主体性",是在与社会的恶的变迁的抗争中凸显的。古代即便是圣贤也都明白自己生存于天地宇宙中。孔子说要"畏天命"[1],称"获罪于天,无所祷也"[2],此都表明他对"天命"、对天地宇宙仍然深怀敬畏之情。及《易传》《礼记》《吕氏春秋》把"天命"——天地宇宙的变迁,展示为一气化生、阴阳消息、四时轮替和五行生克而建立起宇宙论,并直接从对宇宙生化的敬仰、敬畏与敬祈中引申出道德信念时,我们不仅不能指摘它减杀了心性主体性,反倒以为它使人的价值信念走出主体情感、走向天地宇宙,凭借"存在论"的支撑而更有助于获得普遍有效意义。如《易传·说卦》所说:"一阴一阳之谓道,继之者善也,成之者性也。"这就是不仅只以"心之情"为"善之性"立论,而把"善之性"放置在依循阴阳大化之道付出努力,从赞天地之化育中成就,此即很契合农业社会人们的生存处境所形成的价值信念。又如董仲舒所说,"天高其位而下其施……高其位,所以为尊也;下其施,所以为仁也"[3]。这是把"仁之道"安立于宇宙生生之德的基础上,无疑尤使孔孟儒家的成德追求更具崇高性。这些实都可以盛称为儒学的新拓展。牟宗三极力区分《易传》与董仲舒之不同。实际二家的不同只在于董仲舒强调人的德性直接源于阴阳大化的给定性,因而忽略了主体的涵养;而《易传》更强调从对宇宙大化的敬仰中证立道德,有似确认人的主动性。尽管二家有这样一些不同,但是二家无疑都依托于天地宇宙的生化,都可以归结为生存论。而且正是在生存论的意义上,而不是在价值主体论(道德意志)或知识论(从认知中建立道德)的意义

---

[1] 《论语·季氏》。
[2] 《论语·八佾》。
[3] 《春秋繁露·离合根》。

上，建立起它的正当性。降及现代，在主体性与个体性过分张扬，人对天地宇宙缺失敬畏与感恩之情的状况下，其正当性尤加凸显。我在自己的一个演讲中曾经发表过如下一番看法：

> 这种宇宙论确认，天地宇宙为一无限的生命体（场），它在生生不息的演化过程中造就了每一生命个体，每一生命个体的聚合与消散都体现着宇宙大生命的活力与创造。
>
> 就每个生命个体而言，它即是宇宙大生命长期演变的创造物，宇宙大生命经历了长期的发展，包含了以往历史上一代又一代的努力（所谓"赞天地之化育"），才造就了我和我这一代。在这种意义上，宇宙大生命的发展与变迁是"为我的"。而宇宙大生命的流行并没有到我和我这一代为止，我和我这一代的付出必将会成为下一代的新的起点，将会融入往后的宇宙大生命的发展中去。在这一意义上，我和我这一代又是"为他的"。
>
> 既然我和我这一代是宇宙大生命长期变迁的产物，是以往历史上一代又一代努力的创造物，我们自当要敬孝天地与祖先，珍惜我们现时的生命与生活；既然我和我这一代也需要付出，才可以融入宇宙大生命无限发展的长流中去，我们也应当建立起责任意识与担当意识，使我们现时的生命与生活更有意义。这就是儒家用宇宙论支撑起来的价值信念。
>
> 我们看植物世界。植物开花的时候多么灿烂、多么漂亮。但其实是为了雌雄花粉的传授，也就是为了繁殖后代。一旦传授完毕，它就凋谢了，枯萎了。
>
> 我们再看动物世界。动物在性功能未成熟的时候，雌雄难辨。待性功能成熟了，雄的长得特漂亮，叫得特响亮，但其实是为了吸引雌性进行交配。它的漂亮的表现同样是为了繁衍后代。
>
> 显然，天地宇宙在它的创造性活动中，让不同物类、不同个体都具有不同的特色，而且每个个体所获得的特色又都具有一种自足性。每个自足个体只要把天地宇宙赋予它的特性与功能最充分地、最灿烂地展现出来，它就实现了"自我"。而"自我"的这种实现恰恰又是为了下一代，为了宇宙以后的无限发展的，由是它又得以走出"自我"，走向天地宇宙。"自我"与"他人"、"人"与"自然"，在宇

宙论的框架下得到了美妙的统一。①

无疑，把宇宙论支撑的成德论置于生存论—生存处境以及感受中去，才能更好地开掘它的积极意义。

第四个问题：借宇宙论确立的社会—国家运作系统与运作秩序，有没有独特的价值？

近代以来，学者们大多依董仲舒"王道之三纲可求于天""仁义制度之数尽取之天"②，"唯天子受命于天，天下受命于天子"③ 等说法，判认董子的政治哲学具有浓厚的神学色彩，而且是以"君权神授"之主张为中央集权的专制统治立论的。④

毫无疑问，董子的政治哲学有为中央集权立论的意向与效果，但是对他的"天"的观念还须予以辨识。我们说过，从《礼记》《吕氏春秋》到董子的《春秋繁露》，它们所讲的"天""天道"就是宇宙论。宇宙论大体上是借农业生产中的观察与经验、在农业社会条件下的生存体验建立起来的。它以阴阳消息、四时轮替、五行生克来把捉宇宙生化的规则，就表现了这种特质。即便在最终的趋归上显示出神学色彩，但与从价值反省出发、依托神话架构起来的基督教神学与佛教信仰，仍有很大的差别。我们必须关联着宇宙论展现的宇宙生化规则——阴阳消息、四时轮替、五行生克，以及这些规则在政治运作中的贯彻与体现，才能较全面地确认其价值。

古代圣贤是如何运用宇宙生化规则于社会—国家的政治运作系统的呢？关于这方面，《礼记·月令》篇有详细的展开，《月令》篇即有取于《吕氏春秋》"十二纪"之"纪首"，董子《春秋繁露》所说大体与《月令》相近而更为仁义道德张目。我这里无法对其中的内容做详细的介绍。它们所强调的基本理念是，国家所有的政策法令，从国君到臣民的政治施

---

① 冯达文：《重评汉唐时期的文化精神——兼论汉唐儒学的宇宙论》，见《理性与觉性——佛学与儒学论丛》，巴蜀书社2009年版，第338-339页。
② 《春秋繁露·基义》。
③ 《春秋繁露·为人者天》。
④ 参见任继愈主编《中国哲学发展史》（秦汉卷），人民出版社1985年版，"董仲舒的天人感应神学体系"章；徐复观《两汉思想史》（第二卷），"先秦儒家思想的转折及天的哲学的完成——董仲舒《春秋繁露》的研究"之第一节和第十节。

设与生活秩序,都要以一年四季十二个月的变化规则为依据。例如:春季正月为万物生长的月份,国君与大臣要斋戒迎春,并对万民布德施惠;要严禁杀伐,严禁覆灭鸟巢,严禁捕杀雌性动物,还要保护幼弱物类,以利于动植物的生育与繁衍;等等。总之,治国的举措要坚持"毋变天之道,毋绝地之理,毋乱人之纪"①。

很显然,古人无疑是从生态论政治,把政治的正当性立足于天地宇宙的生化规则,这完全可以称为"生态政治哲学"。

我这里特别把由宇宙论引申而成的生态政治哲学提取出来加以考量,缘于如下这样一个话语背景。

我们知道,近代以来,以自由主义思潮为主导的政治哲学,在构建的方法论上,实际上是近代自然哲学所取的机械观的横移。这种方法所热衷的做法,就是把每个个人从社会的复杂关联中抽离出来,成为单独个体。原来,在社会复杂关联中,不可避免有身份、地位、权力、财富、教养、学识上的种种差别;抽离出来的单独个体把差别去掉,剩下来具有"共相"意义的,便只能是趋利避害、趋乐避苦这样一种属于功利性的东西。每个单独个体,就凭这一点,得以被单一化与同一化;由单一化与同一化,每个个人被确认具有同等的权利;公共权力机构就从每个个人的同等权利上建立起来,又是为着保障同等权利而运作的。

无疑,近代以来人们崇尚的民主与法治都从这里开出,人们也都从民主与法治中感受到了自己作为平等自由个体的独立价值。然而,近代以来的社会历史变迁表明,由此建立起来的政权机构与运作体系,至少会碰到以下两个尖锐的问题。

其一是,既然每个个人被拽落下来被单一化、同一化(平均化)而成为一个个利益个体,公共设置只为平衡与调整利益关系而建立,评价公共设置的标准亦只以经济是否增长、经济利益是否提升为指标,那么,人的教养、人超出利益的精神追求,即会被边缘化与私人化,整个社会亦只会被平面化。所有人都被挤压在物质利益的一个层面上、一条通道里,人与人、国家与国家狭道相逢,便不得不有生死的搏斗。我们现在的物质生活资料无疑是极大地丰富了,可是人们所处的生存处境仍然如此紧迫、如此残酷,不就是这种政治哲学带来的恶果吗?

---

① 《礼记·月令》。

其二是，这种政治哲学所认定的每个个人的平等权利（一人一票权），只是关涉"在场"的。过去、未来不在场（没有投票权），而唯有顾及过去、未来，才有超越。只关涉"在场"的，也就是只为了当前的。政治导向是如此，经济理论的导向亦如是：一切为了当前！以金融危机为例。在金融危机中，中国备受批评，说中国人存钱太多，未能充分消费。可是，中国人存钱，意味着是让过去的为了将来的；西方经济学鼓吹超前消费，用未来钱，却是把未来的、下一代的资源掠夺过来。显然，以追求最大的效益为目的的近代政治与经济理论，往往就立足在如何精明地（所谓理性）让有钱人盘剥穷人，让这一代人掠夺下一代人的基础上。这也必然会带来巨大的灾难！

由此，就有20世纪80年代社群主义的反省。社群主义认为，从方法论上看，根本就不存在所谓"单独个人"：人一生下来就落在特定社群中，人从生到死，一辈子离不开社群生活。这才是人的真实状况、真实处境。设想单独个人如何，那是没有意义的。而且，社群总是具体的、历史的，因之，人的欲望、人的权利正当与否，也是在具体的历史中才能被确定的。设想单独个人应该有什么超时空的权利，那是虚假的。

我们顺随着社群主义在方法论上的反省，进而提出的问题是：人何止必定生活与活动在社群中，人其实也生活与活动在自然世界—天地宇宙中。人不仅不可能从社群中抽离，也不可能从自然世界—天地宇宙中抽离。这也是人的真实状况、真实处境。

这里我们可以看到，在方法论上，自由主义的政治哲学实际上立足于假设，社群主义、生态主义政治哲学则立足于真实；在价值观上，自由主义的政治哲学关切的显然是个人权利，社群主义关切的是人对社群的责任，生态政治哲学关切的则是人与宇宙世界的和谐。

关切个人权利，往往会把社群与他人外在化与工具化；关切社群，得以融入社会，对社会与他人有了一分尊重与担当；而关切宇宙世界，则更得以回归自然，对生我养我的天地自然多一分敬畏与感恩。现代人最缺少的，无疑就是这种敬畏与感恩。

我如此来为古典儒学的宇宙论辩护，用意绝不是要反对民主，更不是要为中央集权的君主政体立论。从理论上说，我的上述研究其实是出于对牟宗三的说法很有困惑：他一方面是全力守护儒家的价值信念的，另一方面却认为现代的民主政制是最好的。① 而如上所说，儒家与近代民主政治在方法论与价值观上，都是不同的。从社会历史的走向上说，我的这种研究则是为了暴露人类走向文明与进步无法逃避的一种"宿命"：人类进步的追求自不可以不走向民主，就像人类文明的走向尤不可以不抛离自然。然而，来到当今，人们已经获得了充分的民主与对自然的强大制宰力，那又怎样呢？人们无非是要面对更多的、更赤裸裸的与更残酷的利益争夺，以及更多的、更无情的与更灾难性的自然处境。人类是何等无奈！

（四）关于明代儒学的"情本论"

这是我对宋明儒学派系的独特划分，主要用以介说泰州学派及其理论。

我们知道，以建基于情感来昭示儒学的特质，古已有之。今人钱穆说中国儒学思想更着重于此心的情感部分②，李泽厚直称孔孟儒学为"情本论"③，蒙培元以为中国哲学特别是儒家哲学以情感为其全部学说的立足点，属于一种情感型的哲学④，等等，对儒学的情感特质都予以强调。

我于1989年出版的论作《中国哲学的探索与困惑：殷周—魏晋》，也以为孔孟的仁学体系是紧紧地诉诸现存世俗社会的普遍情感的。⑤ 1997年我编撰的《宋明新儒学略论》重申了这一看法。但是，我虽然以为孔孟原创儒学立足于"世间情感"，却并未以"情本论"指称之。我个人以为，儒学发展到明代中叶，在江门白沙特别是阳明后学——泰州学那里得与道家思想掺和，才形成"情本论"。

为什么这么说呢？因为如果把"情"看作"本体"的，那就意味着"情"具有绝对至上的地位，在行事风格上亦会讲"率性（情）而为"。但是，孔子、孟子并不以为人应该"率性（情）"行事。孔孟立足于

---

① 牟宗三称："所以政治形态从古代贵族政治开始，从贵族政治进一步是君主专制，君主专制维持了两千多年，现在是民主政治。依我看，民主政治是个最后的形态。政治形态是没有很多的变化的，就是这三个。那两个已经过去了，民主政治才有永久性、有普遍性。"（牟宗三：《中国哲学十九讲》，台湾学生书局1983年版，第68页）

② 参见钱穆《孔子与论语》，联经出版事业公司1974年版。

③ 参见李泽厚《论语今读》，生活·读书·新知三联书店2004年版，"前言"。

④ 参见蒙培元《我的中国哲学研究之路》，见刘笑敢主编《中国哲学与文化》（第2辑），广西师范大学出版社2007年版。

⑤ 参见冯达文《中国哲学的探索与困惑：殷周—魏晋》，中山大学出版社1989年版，第二章第二节。

"情",以"情"为根据,并且赋予"情"以自然——天然的品格,却以为只有把"情"向外推出,以及于亲人、社会他人,才可以成为"仁者",才堪配称"仁之道"。显然,在孔孟那里,"仁""仁道"才具终极意义。"仁""仁道"虽然被浸润于"情"中,但由"情"到"仁"还是有一个距离,还需要一段"功夫"的。孔孟之后,《中庸》把"情"看作"已发",称"性"为"未发",将"情"与"性"做了区分;朱子更以"四心"(恻隐之心、羞恶之心、辞让之心、是非之心)为"情",以仁、义、礼、智"四德"为"理",将"情"与"理"做了识别。这些做法,诚然不是无缘无故的。这无疑源自孔孟对"情"与"仁"、"情"与"性"的某种区别。

明代中晚期之儒学则不然。

江门白沙子(陈献章)称:"率吾情盎然出之,不以赞毁欤;发乎天和,不求合于世欤;明三纲,达五常,征存亡,辨得失,不为河汾子所痛者,殆希矣。"① 无疑,白沙子这种"不以赞毁欤""不求合于世欤","率吾情盎然出之"的行事风格,才可以被认作"纯情"的。

深受泰州学熏习的汤显祖称:"世总为情,情生诗歌,而行于神。天下之声音笑貌大小生死,不出乎是。"② 诚然,汤显祖这种为"情"所"困",乃至于发愿"生生死死为情多,奈情何"的精神心态,才可以称得上具"至情"性。

另一个亦受泰州学影响的文学家冯梦龙更撰《情史》,其序称:"天地若无情,不生一切物。一切物无情,不能环相生。生生而不灭,由情不灭故。四大皆幻设,惟情不虚假。有情疏者亲,无情亲者疏。无情与有情,相去不可量。我欲立情教,教诲诸众生。子有情于父,臣有情于君。推之种种相,俱作如是观。万物如散钱,一情为线索。散钱就索穿,天涯成眷属。"显然,冯梦龙以"情"为天地万物的本源与根基,立志以"情"为"教",那真真确确属"情本论"。

以上所及,多属以文艺创作为主的思想家,他们在文艺创作中主"情

---

① 〔明〕陈献章:《认真子诗集序》,见孙通海点校《陈献章集》(卷一),中华书局1987年版,第5页。

② 〔明〕汤显祖:《耳伯麻姑游诗序》,见徐朔方笺校《汤显祖诗文集》(卷三十一),上海古籍出版社1982年版,第1050页。

本论"。然而,他们的理论根底即是泰州学。泰州学的理论取向,我又称之为"事本论"。

何以见得泰州学为"事本论"呢?我们看王艮所说:"即事是学,即事是道。"① 这种直指任一"事"之当下状态即是"道"的说法,不就是"事本论"吗?

"事"及其当下状态又是指什么呢?王艮说:"圣人之道,无异于'百姓日用'。"② 李贽说:"穿衣吃饭,即是人伦物理;除却穿衣吃饭,无伦物矣。"③ 这些说法,都把"事"明确指向人们日常的活泼泼的生活与行为。指"事"为"道",无疑即把日常的生活世界做了本体论的提升。日常生活世界恰恰是由情感与信仰来维系的。故"事"即"情","事"的本体论即"情"的本体论。

我的研究何以会把明代中晚期的这一思潮单列出来加以阐述呢?我想有这样三方面的原因:其一,从思想史看,这一思潮着意于消解形上与形下、体与用、静与动、性与心、理与事(情)、未发与已发的分隔,回落到浑然未分的活动的事用的层面中来,自有其独到的问题意识。其二,从社会历史看,当"情"被指向"欲"、"事"被指向"俗"时,"情本论""事本论"便使俗世那些杂乱的、不太道德的甚至充满情欲的生活趣味获得了正当性。可是,这不正好开启了近世以降社会历史的"进步走向"吗?其三,从精神追求看,这一思潮体现着那个年代知识人的某种抗争。这一点尤为我所推重。

看汤显祖所说:"世有有情之天下,有有法之天下。唐人受陈、隋风流,君臣游幸,率以才情自胜,则可以共浴华清,从阶升,嫉广寒。令白也生今之世,滔荡零落,尚不能得一中县而治。彼诚遇有情之天下也。今天下大致灭才情而尊吏法,故季宣低眉而在此。假生白时,其才气凌厉一世,倒骑驴,就巾拭面,岂足道哉。"④ 汤显祖以为世间"有有情之天

---

① 《明儒王心斋先生遗集》卷一《语录》,见〔明〕王艮撰,陈祝生等校点《王心斋全集》,江苏教育出版社2001年版,第72页。

② 《明儒王心斋先生遗集》卷一《语录》,见〔明〕王艮撰,陈祝生等校点《王心斋全集》,江苏教育出版社2001年版,第10页。

③ 〔明〕李贽:《答邓石阳》,见《焚书 续焚书》,中华书局1975年版,第4页。

④ 〔明〕汤显祖:《青莲阁记》,见徐朔方笺校《汤显祖诗文集》(卷三十四),上海古籍出版社1982年版,第1113页。

下""有有法之天下"。"有情"的天下可使人相亲,"有法"的天下却把人分离。我们今天面对的,不正是后一种天下吗?

看袁宏道所说:"《华严经》以事事无碍为极,则往日所谈,皆理也。一行作守,头头是事,那得些子道理。看来世间毕竟没有理,只有事。一件事是一个活阎罗,若事事无碍,便十方大地,处处无阎罗矣,又有何法可修,何悟可顿耶?然眼前与人作障,不是事,却是理。良恶丛生,贞淫猥列,有甚么碍?自学者有惩刁止慝之说,而百姓始为碍矣。一块竹皮,两片夹棒,有甚么碍?自学者有措刑止辟种种姑息之说,而刑罚始为碍矣。黄者是金,白者是银,有甚么碍?自学者有廉贪之辨,义利之别,激扬之行,而财货始为碍矣。诸如此类,不可殚述。沉沦百劫,浮荡苦海,皆始于此。"① 袁宏道以为世间本来只有一件件的"事",后来才有人硬要在"事"上立起种种之"理";一件件"事"在其本然意义上是自在与自足的,经过"理"(理性)的分判(别以为正邪、善恶、好坏)之后,却变得互为"他在"、互为"壁垒"(障);一件件"事"在其自足的情况下均可"自是",在"他在"的情况下却相与"为非"了。我们今天面对的世间,不正是互为"他在"、互为"壁垒"、相与"为非"的世间吗?

即使在那个年代,"情本论"或"事本论"为社会历史向俗世化的变迁叩开了窗户,但是他们的用意其实还在于面对权贵的假面孔守护着自己的一份真性情。也许,正是他们对真性情的执着,才使人无法不动容!

人生天地间,天地宇宙赋予人类最可珍爱的是什么?

在苏格拉底看来,天地宇宙赋予人类最可珍爱的无疑是理性,人乃是理性的动物。因为理性为其他动物所不具,故苏氏给出的自当是事实判断。但他其实是要以理性来成就道德的,因之,他还是从价值取向的角度做出选取而给出一种判定。而且,苏氏绝不会想到,理性在后来的张扬中,已演变成为如何可以更精确地掠夺自然与社会他人的一种手段。天地宇宙怎么能够容忍自己塑造的精灵做出如此背叛自己的行为呢?

在洛克、霍布斯、卢梭那里,则以天生而自由与平等论说人之所得。这种说法也许是最没有事实根据的。因为单独个人不可能谋得生活资源,人必须结成社群才能生存。从事实的角度看,卢梭的见解其实远远比不上荀子的说法来得确切:人力不若牛,走不若马,而牛马为用,为什么?因

---

① 〔明〕袁宏道:《陈志寰》,见《袁中郎集》(卷二一)。

为"人能群也"。然而,源于经济发展到一定程度,社会结构可以更加松动的历史变迁,人们大都认同了这种说法,这种认同实只有价值信仰的意义。在平等到消解了任何高贵的追求,自由到可以随风漂泊而无所归依之后,我们不知道人类还能走向哪里。

更后的一些说法如卡西尔,他证实人最突出的特点是能够制作与运用符号,人是符号的动物。确实,宗教、艺术、哲学、科学都是符号,亦都是人才能运用。卡西尔的说法无疑更利于开显人的创造性,这亦寓含他的价值导向。凭着人的心灵的这种创造性,人们已经可以不断地编织虚幻,并且把虚幻的执认为真实的了(虚拟实在论)。可是庄子早已揭明,人类由混沌开窍的结果,不就是能够不断想出许多法子欺骗自己,也欺骗别人,使大家不管怎样都似乎感到幸福与快乐吗?追求繁密的心力创造与不断叠加的智巧包装,不如回到简单中去。因为最简单的,才是最真实的。

当我们一一检讨许多不同说法之后,我们不难发现,儒家的见解其实更值得认同。

依儒家的看法,人拜天地宇宙所赐,乃是最富于情感、最具同情心的族类。诚如冯梦龙所说,正是"情"把不同的个人联结在一起;又唯有"情",每个个人才可以安顿自己;更唯有"情",每个个人才能够为他人付出。"情"就充盈于每个个人的心中,就流溢在每个个人的每一瞬眼神里、每一次行事中。它其实不需要神秘力量的支撑,神秘力量只会使人离开自己,把自己"异在化";它其实也不需要逻辑理论的证取,逻辑理论只会把人分开、打散,使自己与他人"间隔化"。所以,回归于真性情,以"情"为"本体",诚然具有特殊的意义。只可惜,随着社会历史越来越向当今走来,真性情的追求不得不有似于"幻梦"。拙作《中国古典哲学略述》在谈及汤显祖《牡丹亭》的寄寓时有如下一番感慨:

> 杜丽娘为"情"而死,为"情"复生,这似乎不合于"理",不具"现实"意义。人们都习惯地执定具"现实"意义的、可以为"理"或"理性"所认可的为"真"。然而,"现实"的、为"理"或"理性"所认可的世界,恰恰是人为地编派起来强加给每个个人,使每个个人的自然—本然性情被改变、扭曲与变形的世界,那其实是一个虚假的世界;唯"情"的世界最能直呈人的自然—本然性,那才具足"本真"意义。从"理""理性"的角度看,"情"的世界不具

"现实"意义,似为"不真"如"梦";从"情"的角度看,"理"的世界为"他在"的世界,更且"不实"如"幻"。①

哲人的悲怆也许就是,他们不得不生活在双重的幻梦中!

2010年8月于中山大学寓所

[原载刘笑敢主编《中国哲学与文化》(第9辑),广西师范大学出版社2011年版]

---

① 冯达文:《中国古典哲学略述》,广东人民出版社2009年版,第379-380页。

儒学研究

孔子思想的哲学解读
——以《论语》为文本①

一、何谓哲学

书写《中国哲学史》,首先要论及的无疑是孔子和集中体现孔子思想的《论语》:要揭明孔子不仅是思想家,更且是哲学家;《论语》并非仅属人生格言,又且有深邃的哲学义理。可是哲学是什么?评定一个思想家是不是哲学家,一本著作是不是哲学著作,标准是什么?这就复杂了。

我们看20世纪初胡适写的甚有影响的《中国哲学史大纲》。胡适认定:"凡研究人生切要的问题,从根本上着想,要寻一个根本的解决,这种学问,叫做哲学。"②对人生而言,什么东西更切要、更根本呢?他列举了六项,其中第一项便是"天地万物怎样来的"③,这一项属于"宇宙论"。为了满足"宇宙论"的要求,胡适把《周易》放进孔子篇章里加以讨论。这便显得十分牵强。

稍后,冯友兰编撰的《中国哲学史》(上、下册),首先介绍了西洋哲学涉及的范围,以为一般包含三大部分:宇宙论、人生论、知识论。"所谓中国哲学者,即中国之某种学问或某种学问之某部分之可以西洋所谓哲学名之者也。"④冯友兰这是以西洋哲学为判准裁决中国哲学。在孔子那里,与宇宙论相关联的,只有"天""天命"一类概念。可是,冯先生认为:"孔子之所谓天,乃一有意志之上帝,乃一'主宰之天'也。"⑤

---

① 原载于《中山大学学报》(社会科学版)2018年第2期。
② 胡适:《中国哲学史大纲》,上海古籍出版社1997年版,第1页。
③ 胡适:《中国哲学史大纲》,上海古籍出版社1997年版,第1页。
④ 冯友兰:《中国哲学史》,见《三松堂全集》(第2卷),河南人民出版社2000年版,第249页。
⑤ 冯友兰:《中国哲学史》,见《三松堂全集》(第2卷),河南人民出版社2000年版,第303页。

然则孔子为宗教家,而非哲学家也。及于 1947 年发表的《中国哲学简史》,冯先生把哲学定义为"对人生的系统的反思"①。该书把宇宙看作人类生存的背景,弱化了宇宙论作为哲学根基的意义,在论及孔子之时才稍及孔子的"天命"观。然而,弱化了宇宙论,亦必减杀哲学味。可见亦还显不足。

倒是,冯友兰先生又以形式上的系统与实质上的系统,对中西哲学的差别做出区分②,甚有启发。但是,如果中国哲学,特别是孔子的思想只重视"实质",如何才可以避免人们把这些"实质"当作杂乱的经验内容看待,从而得以回护其哲学属性?这无疑也是一大难题。③

近二三十年来,杜维明、葛瑞汉、郝大维、安乐哲等一批学者对孔子和儒家作为哲学的研究有了更深入的展开。杜维明在《论儒学的宗教性》一书中,就有限的个人在参与群体的永续性的发展中如何实现自我的转化与体认到神圣的终极意义并得以证成"天人一体"观,很好地回应了作为哲学架构必须涉及的普遍性问题。④ 葛瑞汉则指出,孔子的思想虽然似乎

---

① 冯友兰著:《中国哲学简史》,赵复三译,新世界出版社 2004 年版,第 3 页。

② 冯友兰称:"中国哲学家之书,较少精心结撰,首尾贯串者,故论者多谓中国哲学无系统。上文所引近人所谓'吾国哲学略于方法组织'者,似亦指此。然所谓系统有二,即形式上的系统与实质上的系统……中国哲学家之哲学之形式上的系统,虽不如西洋哲学家;但实质上的系统,则固有也。讲哲学史之一要义,即是要在形式上无系统之哲学中,找出其实质的系统。"[冯友兰:《中国哲学史》,见《三松堂全集》(第 2 卷),河南人民出版社 2000 年版,第 252－253 页]

③ 牟宗三以外延的真理与内容的真理对中西哲学做出区分,与以形式的系统、实质的系统的区分相似。牟先生称,外延的真理不参入主体,内容的真理系属主体(参见牟宗三《中国哲学十九讲》,台湾学生书局 1983 年版,第 20－21 页)。此说极有见地。不同人构成不同主体,如何可以获得客观普遍性意义?这也不是没有问题的。

④ 杜维明称:"人虽然束缚于大地,但却力求超越自身与天结合……由于我们束缚在大地上,所以我们是有限的。我们是存在于特定时空的独特的个人,我们每一个都遭遇到和生存于一个独特的人的处境之中。然而,我们之嵌陷于某一特定的尘世处境,并不妨碍我们参与群体的,而且事实上也是神圣的终极的自我转化的工作。"[杜维明:《论儒学的宗教性》,见《杜维明文集》(第 3 卷),武汉出版社 2002 年版,第 468 页]杜先生这是从人参与群体生活证成"天人一体"。

是面向凡俗的,但在人际间的礼仪习俗中即蕴含有神圣的东西。① 郝大维、安乐哲更用"点域论"揭示:孔子作为特殊的个人,通过消弭部分与整体的区分,得以成为万物之域中意义与价值的一个独特焦点,从而使自身和自己传播的思想获得了宗教性品味。②

依上述论说可见,大概一个思想家要被认作哲学家,一部著作要成为哲学论作,从存在论的维度看,必须关涉普遍性与永恒性问题;从认识论或功夫论的维度看,必须关涉与普遍性、永恒性相应或为普遍性、永恒性所需的先验性或超验性问题;从价值论的维度看,必须关涉由普遍性、永恒性引发的神圣性问题。上述各名家为了确认孔子是哲学家、《论语》是哲学著作,都致力于揭示孔子和《论语》已经很好地回应了这些问题。他们的努力诚为后来者指点了方向,但是否已经把所有问题解决得十分圆满,则还有待检讨。

二、《论语》中孔子作为哲学家的困惑

孔子之为哲学家,《论语》之为哲学著作,这种判定之所以成为学界的一大困扰,又使学界的解说得以不断推新,就在于孔子与《论语》在传递与表达思想上有一种独特的途径与独特的言说方式。

孔子是让自己的思想根植于世间的日常生活与日常情感中的。也就是人们所说的,他是于世间日常生活、日常情感的流出处,指点为仁(人)

---

① 葛瑞汉特别谈到孔子的礼仪行为。他称述:"礼仪行为,通过行为者不经分析而产生的交互作用发挥影响,的确有着性质上不同于作为目的之方法的计划的行为功效。有'德'之人没有关于习俗的抽象知识,但却能用轻易得来的技能与美德驾驭它们,虽然'无为',但能强化周围的秩序。在孔子的凡俗的一面有这样一种认识,神圣的东西被理解为独立于个人意志之外的向善的力量,它并非源于外在的精神领域而是固着在人际间的礼仪关系的自发性(spontaneity,或译为'自然'——译者注)之中。"([英]葛瑞汉著:《论道者——中国古代哲学论辩》,张海晏译,中国社会科学出版社 2003 年版,第 32 - 33 页)葛瑞汉这里即揭明孔子思想虽然基于凡俗,但神圣的东西就隐含在凡俗世间礼仪的承传中。

② 郝大维、安乐哲以"点域论"谈作为个人的孔子与作为整体的"天"的关系。他们写道:"在孔子的内在宇宙中,个体处在一个消弭了部分与整体区分的世界,他得以成为万物之域中意义和价值的一个独特焦点,而获得整合化性质以实现这同样的结合事业。"([美]郝大维、[美]安乐哲著:《通过孔子而思》,何金俐译,北京大学出版社 2005 年版,第 243 页)又称:孔子"真正参与到意义创造的事业。因此,儒家传统中,不仅'天'是人格化的'天',而人也是'神'化的人"([美]郝大维、[美]安乐哲著:《通过孔子而思》,何金俐译,北京大学出版社 2005 年版,第 302 页)。郝、安以此说明天与人的一体性。

之道的。

  孔子立足于世间日常生活、日常情感流出处指点为仁（人）之道，这种做法在《论语》中随处可见。如谈及"孝"，"父母在，不远游，游必有方"（《论语·里仁》）、"父母，唯其疾之忧"（《论语·为政》）、"父母之年，不可不知也，一则以喜，一则以惧"（《论语·里仁》）即是。"孝"与"悌"就是"仁"的起点与根基。可见被认作孔子的核心概念的"仁"即缘于"情"。及樊迟直接问"仁"，孔子答以"爱人"，"爱"自亦为"情"。孔子又称："夫仁者，己欲立而立人，己欲达而达人。"（《论语·雍也》）仁者之推己及人，亦依于情感。牟宗三称："孔子从哪个地方指点仁呢？就从你的心安不安这个地方来指点仁。"① 亦即认为孔子以"情"（不安之心）说"仁"。李泽厚更称孔子与《论语》建构起来的仁学体系实属"情本论"。②

  然而，世间日常生活是不断变动的，面对不同的生活境遇，其情感之发生也必是有所不一的。因此，孔子论"仁"便亦不一。如前引樊迟问仁，孔子答以"爱人"。这是我们最喜欢引用的一句话，证见孔子以"爱"为"仁"。但在另一场合孔子却又说："唯仁者能好人，能恶人。"（《论语·里仁》）这就不是只讲"爱"了。及孔子称："刚、毅、木、讷近仁。"（《论语·子路》）此则以"仁"为个人的精神品格。再称："博学而笃志，切问而近思，仁在其中矣。"（《论语·子张》）此更从求学态度论"仁"了。显见，孔子只是随境随情所到处指点"仁"之所在，并未通过抽象的方式做"类"的归纳。"仁"不成为一个"类"的概念。

  "仁"为精神取向，"君子"则具"仁"之人格化意义。孔子论"君子"也说法不一。如说："君子怀德，小人怀土；君子怀刑，小人怀惠。"（《论语·里仁》）"君子喻于义，小人喻于利。"（《论语·里仁》）这是从超越功利的角度谈"君子"，是孔子最常说的一类话语。然孔子又说"君子欲讷于言而敏于行"（《论语·里仁》），"君子思不出其位"（《论语·宪问》），"君子不忧不惧"（《论语·颜渊》），"君子以文会友，以友辅

---

① 牟宗三：《中国哲学十九讲》，台湾学生书局1983年版，第78页。
② 李泽厚称："孔学特别重视人性情感的培育，重视动物性（欲）与社会性（理）的交融统一。我以为这实际是以'情'作为人性和人生的基础、实体和本源。""在'学'的方面，则似乎不必再去重建各种'气'本体、'理'本体、'心性'本体的哲学体系了。'情本体'可以替代它们。"（李泽厚：《论语今读》，生活·读书·新知三联书店2004年版，"前言"第16、8页）

仁"(《论语·颜渊》),"君子所贵乎道者三:动容貌,斯远暴慢矣;正颜色,斯近信矣;出辞气,斯远鄙倍矣"(《论语·泰伯》),等等。这里所谓"君子"广泛涉及个人的精神品格和待人接物的不同态度,显见孔子对"君子"也并未给出一个具"类"意义的定义。

"仁""君子"作为孔子与《论语》的核心概念都未被做抽象的处理,都可以从不同的角度做不同的理解。然则,孔子思想又如何能够满足哲学的普遍性与永恒性诉求呢?又,如何可以成"仁",得以做"君子"?

孔子说:"仁远乎哉?我欲仁,斯仁至矣。"(《论语·述而》)又说:"有能一日用其力于仁矣乎?我未见力不足者。"(《论语·里仁》)这无疑是认为"仁心"作为人的自然—本然情性是自然—本然具足,无待于外的,故求仁得仁。及君子所为,也只不过是自己"笃于亲"以为民之榜样,使民"兴于仁"而已。①"笃于亲"既源出于自然—本然情性,"兴于仁"便亦就是自然—本然情性之感通。自然—本然者,即无须着意、无须用功,如孟子所说"良知""良能"即是。诚然,这里强调的是"仁"的先验性。

然而,我们又知道,《论语》中之孔子是极其重视"学"与"思"的。《论语》所载孔子教诲的第一句就是:"学而时习之,不亦说乎!"孔子后来叙述自己成长的经历又称:"吾十有五而志于学。"其教学过程中更反复告诫:"学而不思则罔,思而不学则殆。"(《论语·为政》)"好仁不好学,其蔽也愚;好知不好学,其蔽也荡。"(《论语·阳货》)"君子学以致其道。"(《论语·子张》)这都认为要做"学"与"思"的功夫,才能成"仁"、做"君子"并求得"道"。此又似以"经验"为入路了。

孔学究竟是经验的,还是先验的,不免也是个问题。

再,仁人君子与外在世界具有什么样的关系?

按,孔子强调仁人君子是从每个人的内在情感自然—本然地证成的,自当极重人无惧于外的自立自主性。外在世界有被指为鬼神的,孔子却"不语怪力乱神"(《论语·述而》),又或称"敬鬼神而远之"(《论语·雍也》)。有被指为"天命"或"天道"的,弟子子贡却称"夫子之言性与天道,不可得而闻也"(《论语·公冶长》);孔子自己表

---

① 《论语·泰伯》记称:"君子笃于亲,则民兴于仁。"《论语·颜渊》又记:"君子之德风,小人之德草,草上之风,必偃。"

示,如果自己认信的"道"不能为"天命"所接纳,宁可"乘桴浮于海"(《论语·公冶长》)。这都表达了一种无所畏惧的自主意识与对外界的抗争精神。

然而,在《论语》里,孔子更多的还是强调人要有敬畏感:"道千乘之国,敬事而信。"(《论语·学而》)"君子敬而无失,与人恭而有礼。"(《论语·颜渊》)"居处恭,执事敬,与人忠。"(《论语·子路》)尤其令人不解的是,孔子甚至还称:"君子有三畏:畏天命,畏大人,畏圣人之言。小人不知天命而不畏也,狎大人,侮圣人之言。"(《论语·季氏》)依此又见,孔子并不感觉到自己有主体性,有自我做主的精神。人是不是可以自我做主,属价值论范畴。显见,在价值论问题上,孔子似乎也有并不一致的说法。

前面提到的各家,对孔子这些不一致的甚至是矛盾的说法,已做出种种解释,但总觉得还不够圆满。由之,下面我也试图有所新解。

三、孔子思想对普遍性与永恒性的回应

首先涉及这样一个问题:孔子和《论语》立足于世间日常情感,面向的都是具体的、各别的且变动不居的事相,可以满足哲学的普遍性与永恒性诉求吗?

我们知道,依西方哲学传统,具有普遍永恒意义的哲学建构,必须超越具体、各别、变动不居的现实现象世界,舍弃为时空所限定的任何经验内容,取纯逻辑的推演,做形式化的处理,才可以完成。① 这种建构方式,引为基督教的一神论信仰,便是必须割断与世间污浊生活的关联,终极追求才能证成。就是说,普遍与永恒、"真"和"善",都只在世间生活之外,才可以求得。

然而,掏空世间生活给出的东西,其实只是一个假设,怎么可能在真实的世界中与"真"和"善"相遇呢?

---

① 郝大维、安乐哲称:"在柏拉图的《蒂迈欧篇》(*Timaeus*)中,理念或形式独立于宇宙并且提供宇宙创造的范型。亚里士多德'不动的原动者'(Unmoved Mover)是第一实体,是万物之永恒不变的非物质之源。它是用以说明所有运动、变化以及我们对自然界认知的原理。原理,恰如其定义本身所表明的那样,从来都不是由宇宙或者任何内在于它的要素决定的。"([美]郝大维、[美]安乐哲著:《通过孔子而思》,何金俐译,北京大学出版社2005年版,第14-15页)郝、安这里揭明的,正是西方哲学的传统。

我们看孔子与孔子后学的思路。依孔子和儒家的看法，在现实世间中，每个人都有父母兄弟姐妹，每个人的生命成长与生活经历都离不开父母兄弟姐妹，这才是人最具真实性的存在状况。而且，每个人的生命成长与生活经历，不仅离不开自己的父母兄弟姐妹，亦离不开社会他人，离不开社会他人的父母兄弟姐妹，这同样是人最真实的存在状况。这里所谓"最真实的"，就意味着它不是"空"或"无"的，不是理论假设；它是指不管什么地域、什么年代、什么族群，其中每个人每时每刻都无法割舍、无法离弃的。这不正意味着，回归现实世间生活，不仅可以找到"真"与"善"，亦且已然地体现有普遍性、永恒性诉求吗？

依西方哲学的思路，人们也许会说，现实世间每个人不都是具体的与有限的吗？由一个个具体有限的人拼凑起来的公共生活与交往，怎么可能具有普遍性与永恒性意义？实际上，这种看法是把人与社群、历史切割开来，做原子式或单子式的认定才发生的问题。①

要知道，在孔子把视域遍及世间日常生活之"在在处处"时，固已涵盖所有时空场域的一种普遍性与经久性；而于"在在处处"指点"为仁之道"时，又已确认所处的时空场域不是经验性的、杂散的凑合，而是蕴含有内在关联的连续统一体。因为每个人都与亲族、社会他人和整个世界—连续统一体密不可分，因之，每个人以自己的具体有限的努力，为父母兄弟姐妹和社会他人做出奉献，即可以在族群乃至世界无限的延续与发展中证得普遍与永恒。像孔子面对川流不息的黄河所表达的"逝者如斯夫"（《论语·子罕》）那种立志把自己的不懈努力汇融于天地宇宙整体生生不已的生命感悟，孟子的"万物皆备于我，反身而诚，乐莫大焉"（《孟子·尽心上》）一语所传递的我与万物一体产生的那种愉悦的心理情感，都正是从有限融入无限才可以成就的精神心态。不妨可以说，哲学追求上的普遍性、无限性，西方学人所取的形式的进路，其实只是从外延的覆盖性上立论的；孔子及其开创的儒学关切的却是内涵（冯友兰先生所谓"实质"），是从随时随地在在处处做价值的肯定与证成（"当下即是"）而

---

① 黑格尔曾指出："在考察伦理时永远只有两种观点可能：或者从实体性出发，或者原子式地进行探讨，即以单个的人为基础并逐渐提高。后一种观点是没有精神的，因为它只能做到集合并列，但是精神不是单一的东西，而是单一物和普遍物的统一。"（[德]黑格尔著：《法哲学原理》，范扬、张企泰译，商务印书馆1961年版，第173页）黑格尔此说诚可参照。

求取的。价值的肯定性延伸为存有论，做更清晰的表达，便有西晋时期儒家学者裴頠为回应"贵无论"作的《崇有论》。该论指出：每一物类、每个人及其活动固然是具体的、各别且有限的，但所有具体、各别、有限的事物、个体及其活动的总和，即可以满足哲学所需的整全性与无限性要求。①裴頠的回应准确地体现了孔子和儒家的基本立场。孔子与后学的这些回应表明，立足于现实世间生活，可以建构起哲学体系。哲学所追求的普遍性与无限性，可以在现实世间生活中给出。

孔子之为哲学家，《论语》之为哲学文本，应该从这一视角得到理解。

四、孔子与《论语》的先验性品格

及回落到现实世间生活何以也能够满足哲学建构的先验性问题，则如上面所说到的，孔子深信在世间日常生活中培育的情感具自然—本然性。孔子和孟子都认定，在世间日常生活与父母兄弟姐妹朝夕相处孕育的"亲亲之情"，和与社会他人的父母兄弟姐妹经常交往而培育的同类同情心、不忍人之心，实是无须经受后天的任何训习，自然—本然具足的。如孔子所说"我欲仁，斯仁至矣"，孟子认"亲亲之仁""敬长之义"为"不学而能""不虑而知"之"良能""良知"，即是。自然—本然具足者，即没有被经验知识过滤、改变过的，无疑就是先验的。诚然，孔子哲学不乏先验性品格。

问题在于：如果孔子（和孟子）是立足于世间日常生活中自然—本然地孕育的亲亲之情、不忍之心，确认这种亲亲之情、不忍之心是无须经过后天训习，已然具足于心的，为什么他又反复强调要有"学"与"思"的功夫？"学"与"思"不就是传递经验知识吗？如果孔子仅仅只为一个传递经验知识的教书先生，又岂能称为哲学家呢？

要回答这一问题，必须注意以下两点：

其一是，如上所说，孔子没有"类"的概念。孔子在在处处缘"情"而发，指点为"仁"之道，却并没有给"仁"下一个"类"的定义

---

① 裴頠《崇有论》称："夫总混群本，宗极之道也。方以族异，庶类之品也。形象著分，有生之体也。化感错综，理迹之原也。夫品而为族，则所禀者偏，偏无自足，故凭乎外资。是以生而可寻，所谓理也。理之所体，所谓有也。有之所须，所谓资也。资有攸合，所谓宜也。择乎厥宜，所谓情也。识智既授，虽出处异业，默语殊涂，所以宝生存宜，其情一也。"〔唐〕房玄龄等撰：《晋书》（第4册），中华书局1974年版，第1044页〕

("仁者爱人"亦是针对具体个人的)。孔子不讲"类",不做"类"归,或被指认为孔子没有抽象能力,但恰恰显示孔子没有把"仁"放进知识论的框架去做处理,从而使"仁"保持其先验性。这就意味着,孔子不做"类"的归纳,并不是孔子的不足,而恰恰是孔子的好处:由之,"仁"不至于蜕落为功利计算的手段与装饰物。

其二是,孔子所处的时代,还没有形成"百家争鸣"。一旦被卷进"百家争鸣"中去,思想的沉淀与传播便不得不采取论辩的方式,为说"理"的知识建构所纠缠。孔子很幸运,他只管随情所发、随心所欲说自己想说的。这也确保了孔子思想的先验性。

弄清楚以上两点,我们就可以回答:孔子为什么还要讲"学"和"思"?"学"与"思"被认作经验性训习,与他的思想的先验性如何可以保持统一?

我们看《论语》,孔子所涉及的"学"的科目与内容,无非是《诗》《书》《礼》《乐》和《春秋》,有没有涉及《易》,则难有定论。① 我们知道,孔子自称是"述而不作,信而好古"的。这意味着他和他的弟子们所"学"所"思"的,与他们本持的信念是一致的。他们本持的信念,其实亦是在《诗》《书》《礼》《乐》的世代承传与熏习中受得的。世代承传与熏习受得的信念伴随着他们生命的成长,已然(自然—本然)构成为他们的本心本性,而"学"与"思"的作用,只在于唤醒这种本心本性,激发与强化这种心性。这就可见,"学"与"思"的提倡,不仅不存在经验与先验的紧张性,反倒是在生命成长过程中自然—本然禀赋的价值信念,借助"学"与"思",提升到了自觉的层次上。孔子思想被赋予凸显主体性意义,正是借助这种提升实现的。

---

① 《论语·泰伯》记孔子语:"兴于诗,立于礼,成于乐。"《论语·季氏》记孔子诲儿子伯鱼:"不学诗,无以言。""不学礼,无以立。"《论语·子罕》记孔子自述:"吾自卫反鲁,然后乐正,《雅》《颂》各得其所。"《论语·卫灵公》又记孔子答颜渊问:"乐则《韶》《舞》,放郑声,远佞人。郑声淫,佞人殆。"如此等等,不一而足。可知孔子主要以《诗》《书》《礼》《乐》为教。《春秋》则为孔子所整理。及《论语·子路》记:"子曰:'南人有言曰:"人而无恒,不可以作巫医。"善夫!''不恒其德,或承之羞。'子曰:'不占而已矣。'"依此,孔子似亦涉《易》,不过不占重要地位。

五、孔子的"敬畏"感与神圣性诉求

接下来的问题是,孔子的"敬畏"感又怎样理解?

按,价值信念是在自然—本然中孕育,借自觉—自主加以提升的。做了提升之后,人人便都可以自我做主,证入圣道。孔子为什么还要讲"恭""敬""畏"呢?讲"恭""敬""畏",意味着有一种外在的、比自己更有力量的东西做主导,才是需要采取的一种情感态度。

这实际上是如何看待人在价值认取上的内在主体性与某种外在客观支配力二者之间的相互关系及由之引发的宗教性问题。

学界面对这一问题,大体有三种解释方式:

一是认为孔子保留有人格神信仰,他的"天""天命"观念都直接传袭了殷商西周的神学意识。"敬畏"感表达的就是对神的至上性的一种认信。如上引冯友兰先生所说,即持这种看法。郝大维、安乐哲也以为:"《论语》中的'天'毫无疑问是拟人性的……他对天的认识无疑还是保留了拟人性的神的痕迹。"① 时下流行的多种教材也多持这种见解。然而,依这种见解,无法解释孔子"不语怪力乱神""唯性与天道不可得而闻也"等话语。

二是以为孔子"知天命""畏天命"一类提法,都不可以理解为有一种外在的律令或主宰。钱穆称述,孔子在面临危难之时,才"发信天知命之言",以表达对自己认取的"道"的自信。② 李泽厚认定"知天命""畏天命","可理解为谨慎敬畏地承担起一切外在的偶然,'不怨天,不尤人',在经历各种艰难险阻的生活行程中,建立起自己不失其主宰的必然,亦既认同一己的有限,却以此有限来抗阻,来承担,来建立,这也就是'立命''正命'和'知天命'"③。钱穆、李泽厚此间的解释,实从文

---

① [美]郝大维、[美]安乐哲著:《通过孔子而思》,何金俐译,北京大学出版社2005年版,第254页。

② 《论语·子罕》记:"子畏于匡,曰:'文王既没,文不在兹乎!天之将丧斯文也,后死者不得与于斯文也。天之未丧斯文也,匡人其如予何?'"钱穆释称:"孔子临危,每发信天知命之言。盖孔子自信极深,认为己之道,即天所欲行于世之道。自谦又甚笃,认为己之得明于此道,非由己之知力,乃天意使之明。此乃孔子内心诚感其如此,所谓信道笃而自知明,非于危难之际所能伪为。"(钱穆:《论语新解》,生活·读书·新知三联书店2002年版,第224-225页)

③ 李泽厚:《论语今读》,生活·读书·新知三联书店2004年版,第52-53页。

化使命的承担的角度论"天"说"命"。李泽厚把外在世界的变迁看作偶然的，则会令使命承担的强度及其崇高感弱化。

三是认定孔子着意凸显的是人的主体性问题，"天""天命"在孔子思想中并不占有重要地位。牟宗三即称："孔子所说的'天''天命'或'天道'当然是承《诗》《书》中的帝、天、天命而来。此是中国历史文化中的超越意识，是一老传统。以孔子圣者之襟怀以及其历史文化意识（文统意识）之强，自不能无此超越意识，故无理由不继承下来。但孔子不以三代王者政权得失意识中的帝、天、天命为已足，其对于人类之绝大的贡献是暂时撇开客观面的帝、天、天命而不言（但不是否定），而自主观面开启道德价值之源、德性生命之门以言'仁'。孔子是由践仁以知天，在践仁中或'肫肫其仁'中知之、默识之、契接之或崇敬之。故其暂时撇开客观面的帝、天、天命而不言，并不是否定'天'或轻忽'天'，只是重在人之所以能契接'天'之主观根据（实践根据），重人之'真正的主体性'也。"① 牟宗三此说极其强调孔子思想凸显的"真正主体性"，并执认孔子"暂时撇开客观面的帝、天、天命而不言"。但孔子是"与命与仁"的，是否只顾及人的主体性而减杀对天、天命的敬畏感，亦还有待商榷。

我对上述说法多有借资，也不尽然。

我以为孔子一方面重视人在价值信念上的自然—自主性（从自然—本然经学思进达自觉—自主），另一方面也讲"恭""敬"甚至"敬畏"，表显着以下三层意思：

其一是，在世间日常生命成长过程中以及自然—本然状况下内化为我们本心本性的价值信仰（构成为内在主体性），就源自与体认着世代相继的思想传统，接续着先贤先圣的精神血脉（可指为外在客观性）。由之，我所禀得的价值信念，就不仅仅是属于我个人的，此即所谓"天生德于予"；我如何去做，也不仅仅是个人行为，此即所谓"文王既没，文不在兹乎"。我们承载着以往一代又一代灌注于我们生命的血脉，又承担着把这些血脉一代又一代往下传递使之绵延不断的使命，责任重大，任重道远，岂能不抱恭敬、敬畏之心？"畏天命""畏圣人之言"正当此意。

其二是，社会历史的变迁又总有不如人意的时候。这种变迁或决定于

---

① 牟宗三：《心体与性体》，台湾正中书局1968年版，第21页。

自然世界有其不为人力所能任意改变的节律，这固然亦须我们敬而畏之，孔子"闻风雷必变"，颜渊死，孔子叹息"天丧予，天丧予"即此。但这种变迁更可能源自上层统治者（大人）的失德，且仅仅由于个人或少数人一时的失德，就可以导致整个社会长期的混乱（如孔子面对的现实），这无疑是尤其可畏的。在这种情况下的"畏"，并不是出自对上层权威人物的惧怕，而只是忧心于在失德情况下权威的滥用给社会带来的深重灾难。孔子把"畏大人"与"畏天命""畏圣人"并列，实表达了他对已经陷入深重灾难的现实状况的深重忧虑。①

其三是，作为一名君子，面对由上层人物失德而引发的社会的深重灾难，也不可以放弃崇高的价值理想，反倒要以更加敬谨的态度去持守这种理想，日夕警惕自己是否有所松懈。自己个人的持守和影响他人与社会的努力，在改变恶的变迁方面也许只起到微不足道的作用，但也要把它看作历史赋予的神圣使命，而以顽强不息的精神心态去做出努力。孔子周游列国十四年"累累若丧家之犬"，却还要"知其不可而为之"。他的这种具有献身性的精神心态，也体现有一种敬畏感。这似乎是孔子面对当时的时势（命）更加强调的一种敬畏精神。

诚然，孔子立足于世间日常生活、日常情感建构起来的以价值追求为核心的哲学体系，是必然认信价值意识的自然—自主性的。如果只是讲求自然—自主性，便难以避免把个体自我推向一种绝对性。阳明后学出现的"满街都是圣人"的格局，即是个体自我的自主—自足性过分强调的结果。孔子虽然认信价值意识形成的自然—自主性，但他是置入世代相继的文化传统与精神血脉来谈这种自然—自主性的，这就使个人于自然—本然中习得的价值意识，因为承接着世代相续的文化传统与精神血脉而获得一种超越个体自我的客观的乃至神圣化的意义。

孔子让价值哲学、价值意识回归日常生活、日常情感，似是凡俗的，但是他从凡俗中指点出神圣所在。如果哲学的架构不可以缺失神圣的维度，那么孔子其实已经做得很是圆满。

---

① 钱穆注"畏大人"一语称："大人，居高位者。临众人之上，为众人祸福所系，亦非我力所能左右，故不可不心存敬畏。"释全章则称："畏者，戒之至而亦慧之深。禅宗去畏求慧，宋儒以敬字矫之，然谓敬在心，不重于具体外在之当敬者，亦其失。"（钱穆：《论语新解》，生活·读书·新知三联书店2002年版，第435页）钱穆谓"敬"有"具体外在之当敬者"，诚是。

六、孔子哲学作为一种范型开启的意义

通过以上分析可见,孔子思想能够回应与满足哲学所需的普遍无限性、先验性、神圣性等诉求,它具足作为哲学体系的共同品格。

然而,孔子思想毕竟又不同于西方哲学。西方哲学的传统形态是通过舍弃现实生活、剥离经验内容,在纯形式的意义上建构起来的。因为太纯粹了,它与神的追求相契接。

孔子不然。他从来不舍离现实生活世界,从来对生活世界充满感情,寄予期望。这就显示,孔子固具足作为哲学体系所需的共同品格,也呈现出自己的个性特色,表现为一种独特的范型。

孔子哲学的这种个性特色、独特范型,可以用什么来标识,用什么话语去界说呢?

许多学者会用"仁学""仁者爱人"来标识、界说。这似乎只是一种伦理学的视角,缺失哲学的维度;而且与宗教家难有区别,宗教家就很推崇无条件的、不加分别的"普遍之爱"①。我们大可不必让孔子扮演宗教家的角色,也不必与宗教家比"爱"。那么,如何表征孔子哲学的独特范型呢?我以为更能体现孔子哲学的独特范型的,是孔子的运思方式和由运思方式积淀而成的文化精神。

孔子的运思方式,就其回落到现实世间生活去考量社会与人生的问题而并未诉诸上苍而言,体现有一种理性的取向;而在回落现实世间生活关切的却是人与人的情感,这又是价值的,体现有信仰的取向。孔子的哲学作为一种独特范型,实际上可以界说为在理性与信仰之间保持平衡与张力的类型。所谓在理性与信仰之间保持平衡与张力,是指:它的理性的取向是有信仰做底蕴的,因而不至于脱落为工具,"以义取利"所说即是;它的信仰的取向又是经过理性洗礼的,因而不致迷失于狂躁,"天下有道则见,无道则隐"所指即是。

孔子回归现实世间日常生活、日常情感建构起来的这样一种哲学范

---

① 《新约·马太福音》记称:"我告诉你们,要爱你们的仇敌,并且为迫害你们的人祷告。这样,你们才可以作天父的儿女。因为,天父使太阳照好人,同样也照坏人;降雨给行善的,也给作恶的。假如你们只爱那些爱你们的,上帝又何必奖赏你们呢?"(《新约》,中国基督教协会1997年版,第9页)这是讲"普遍的爱"。

型,与西方抛离世间日常生活、日常情感以逻辑抽象与演绎的方式去建构哲学,亦可以说就是两种不同的哲学范型。对这两种不同的体系或范型,我们没有必要简单地做谁优谁劣的比较。但还是应该指出:西方哲学通过抽象确立一个终极原则,对现实社会固有批判的意义;然待其需要给现实社会做正面建构时,却又不得不引入各别的经验。兹如西方近代倡设的"人人生而平等说",就是抽去了人与人的种种差别确立的。待人们感到不平等时,它可以化为批判的武器。可是在现实社会中如何加以贯彻?小孩有没有平等投票的权利?妇女有没有投票的资格?凭什么做出判定?无非是一些关于成熟不成熟的经验考量。经验的引入,已使哲学追求从先验往下坠落。况且,经验的选取,既无先验做依据,又必带主观随意性。由此不能不导发先验原则与经验现实的紧张性,和由这种紧张性连带引出的无限与有限、绝对与相对、世界与自我等种种的紧张性。现实有限个人回归不到无限世界,不得不感到焦虑乃至恐惧。西方哲学热衷谈"焦虑""恐惧",大概源于此!

孔子不然。一方面,孔子是理性的,面向现实的。这就使自己可以容纳现实的变迁与经验的内容。孔子承认"权"的重要性,孟子称孔子为"圣之时者"(《孟子·万章下》)。孔子与孟子这种容纳变迁的心态即显示出一种理性。另一方面,孔子又是很有价值持守的。理性的面向,是正视现实,但不是随波逐流。理性面向的意义是从现实具体情况出发,去做价值的指引与提升。《中庸》所谓"尊德性而道问学""极高明而道中庸",即是指"德性"作为"极高明"的追求,不是悬空的,要从"道问学"切入,要从日常平庸的世间生活开始。及在极其必要的时候,亦可以"杀身成仁""舍生取义"。此所谓"极其必要",即不是盲目的,而是经过理性的选择与考量的;但不管如何考量,仁义作为终极追求,都是绝不可以放弃的。

尤须指出的是,孔子及其开创的儒家在信仰与理性之间保持平衡与张力的运思方式和文化精神,不特构成儒学作为一个哲学学派的独特品格,而且在铸造中华民族的国民性中发挥了重要影响。我们看中国历史:两千多年从来没有发生过大规模的宗教战争,此即表现了中国国民性的理性态度;中国历史上也曾出现过分裂割据,但终以统一为归结,此实如钱穆所说，乃因中国人讲求"情"的内在融和。①

当今世界，价值信仰与工具理性各自被推向了极端：信仰没有经过理性的洗礼，变得极其盲目而张狂；理性缺失信仰做底蕴，完全蜕变为利益争夺的工具与伪装。各种对抗由此引发且变得愈加激烈。面对当今世界的这种现实，也许孔子和儒家及其铸造的中国国民性在理性与信仰之间保持平衡与张力的独特架构及其关注现实又力图把现实往价值信仰提升的实践精神，会来得更有魅力！

---

① 钱穆先生对东西文化做了一种类型上的区分："西方之一型，于破碎中为分立，为并存，故常务于'力'的斗争，而竞为四围之斗。东方之一型，于整块中为团聚，为相协，故常务于'情'的融和，而专为中心之禽……故西方史常表见为'力量'，而东方史则常表见为'情感'。西方史之顿挫，在其某种力量之解体；其发皇，则在某一种新力量之产生。中国史之隆污升降，则常在其维系国家社会内部的情感之麻木与觉醒……以治西史之眼光衡之，常觉我民族之啴缓无力者在此。然我民族国家精神命脉所系，固不在一种力之向外冲击，而在一种情之内在融和也。盖西方制为列国争存之局，东方常抱天下一统之想。"［钱穆：《国史大纲》（修订本上册），商务印书馆1996年版，"引论"第23－25页］此论甚有见地，谨录以供参考。

与命与仁：孔子所创儒学的观念架构

怎样看待儒学？在中华文化复兴中，儒学提供了什么意义？在学术上难免有许多争议。个人曾以《作为人文教养的早期儒学——兼谈先秦社会历史演变中的贵族与平民》[①]为题发表过一些意见，今且以之为基础做进一步的修订与加工，试图回应当今学界争论的问题。

一、对20世纪以来几种流行的儒学观的检讨

为了更好地说明我个人的看法，不妨首先回顾20世纪以来学界不同的儒学观。

先看20世纪。

20世纪最流行且最有影响的一种儒学观，也是哲学史观，无疑是以知识理性为尺度的进步史观。依这种观点，思想史是直线性地向前发展的，发展的标志与动因便是知识理性。知识理性又以主客二分，本质与现象、感性与理性二分为入路。以此二分为入路的，先秦思想家当推荀子、韩非子，汉唐思想家当推柳宗元、刘禹锡，宋明清思想家当推王夫之。由是，这些思想家被判为这些历史时期哲学思想发展的最高峰。与这些思想家有别并具先验或超验色彩的思想家，都被置于批判之列。[②]儒家之天命心性理论作为一种先验追求，即曾反复受到贬斥。直至20世纪90年代，这种批判的声音虽有所减弱，然而其影响至今犹在。如一些教科书仍指孔子为"没落奴隶主阶级的思想家"，孔子和一大批儒家学者为"唯心主义者"。这样一来，作为中华传统文化主流的儒学，其实就只是"糟粕"而

[①] 该文原为2002年9月间在哈佛大学燕京学社做访问时在研讨会上的一个发言稿，整理成文后曾发表于《中山大学学报》（社会科学版）2003年第4期。今次新发，做了许多修改。

[②] 这种批判的强烈程度和影响之深远程度，无疑来自一批持唯物主义观点的学者。然即使许多固守人文立场的学者，亦不能不为"知识理性"所困扰。章太炎即曾称汉儒"以神教蔽六艺，怪妄"（《检论·清儒》，见《中国现代学术经典·章太炎卷》，河北教育出版社1996年版，第259页），王国维则有"可爱者不可信，可信者不可爱"（《静庵文集·序二》）之叹。此足可见"知识理性"作为判准之强势性。

已。撇开种种意识形态的定见不说,这种儒学观最根本的缺失,是把知识论与价值论混为一谈。儒学传承的仁义礼智信等价值追求,其实并不一定需要获得经验知识的支撑。以知识论去裁决价值论,诚为多数学人难以认同。

在20世纪,势力虽显单薄然不仅命脉有续且影响日增的第二种儒学观,为仍然固守传统的"内圣外王之道"的儒学观,以唐君毅、牟宗三为代表。这一派学者不仅力求通过与近代西学的比照进一步洗练与提升儒家的"心性学",而且坚信立足于"内圣学"即可以开出或容纳近代民主与科学的"外王学"。① 然而,"内圣"为先验性与精神性的追求,民主、科学属经验知识处理的事相。"内圣"作为先验性与精神性的追求,不必与社会历史发生直接关联,故可以说"为仁由己";"外王"却一定要与社会历史关联起来,由之就有孔子所说"与(与命)命"的问题。可见,二者在理路上、在相关性上相差甚远。一定要说由谁开出、决定谁,实为不易。更重要的是,如果"内圣"为一种价值信仰、一种精神追求,为什么要让它去承担开出民主、科学的重担?为什么不可以说,它没有责任去解决民主、科学的问题,反倒应该去解决民主、科学不能解决的问题?人们就从来没有要求艺术、宗教如何去开出民主、科学。以民主、科学为"外王"的基本内涵,以为唯如此儒学才可以与"现代"衔接,其标准实际上仍然是经验理性的,仍然没有摆脱"近代视野"。

20世纪的儒学观,以上述两种分析与评价进路影响最大。其他的分析与评价进路,如把儒学解释为"管理哲学""革命哲学"等说法,也不乏创意。就作为管理哲学而言,儒学自有治国平天下的向度,以儒学论国家管治,并无不可。然国家为天下公器,企业多为私家之事,二者大不相同。把管治方式下落于企业,往往容易把儒学功利化与工具化,而失却它的"成人"目的与超越追求。当今一些打着传播儒学旗号去牟取暴利的做法,就与儒学的精神极不协调。至于以儒学为"革命哲学",把孔子作

---

① 关于这点,详见由唐君毅起稿,唐君毅、牟宗三、张君劢和徐复观四先生联名发表的《为中国文化敬告世界人士宣言》。此文后收入唐君毅著《中华人文与当今世界》(台湾学生书局1975年版)一书中。又,牟宗三于《政道与治道》(台湾广文书局1974年版)等书中亦有详细讨论。

"革命人物",则自郭沫若的《十批判书》① 已开其端,而后熊十力之《原儒》②、蒙文通之《孔子与今文学》③ 等论作更有所强调。20世纪90年代,刘小枫于《儒家革命精神源流考》④、林安梧于《儒学革命论》⑤ 等论著中,还分别从不同的立场评论了儒家学说的"革命传统"。但在我看来,儒家与"革命"的联系主要出自汉儒———一种被平民化与宗教化了的儒学。孔子本人不具有"革命"的气质,孔子传道授业的旨意,不在于"鼓动革命",而在于人文教养,在于人作为人的精神气质的培养。可见,此种说法也有偏离。

来到21世纪。

21世纪面对商业大潮引发的人与人、民族与民族、国家与国家在利益争夺上的日趋激烈,儒学的地位和意义似乎获得了近百年来从来没有过的极大提升。李泽厚以"情本体"介说儒学的基本特质与现代意义,自信这不仅仅是一个民族的视角、中国的视角,还是一个世界的视角、人类的视角。⑥ 按在儒学脉络中,荀子—董仲舒—朱熹一系重"学",其实就是重知识理性。不知李泽厚为何主"情本论",却推崇重"知"的这一系。⑦ 与李泽厚有别,陈来以"仁"或"仁学"为本体。他在所著《仁学本体论》中称:"吾人所说仁为本体,特强调仁的'一体'义,亦即一体的本

---

① 郭沫若于20世纪40年代撰写的《十批判书·孔墨的批判》中谓:"他并不是低头于命定的妥协者,看这些辞句也就可以明了。他只差这一点没有说明,便是一切都在变,命也在变;人的努力可以扬弃旧命而宰制新命。奴隶制时代的汤武能革命,使奴隶制崩溃了的人民也正在革命。孔子是生在这种革命潮流中的人,事实上他也正在参加着新必然性的控制的。"(人民出版社1954年版,第94页)

② 熊十力之《原儒》发表于1956年,已收入《熊十力全集》(第6卷),湖北教育出版社2001年版。

③ 蒙文通之《孔子与今文学》发表于1961年,已收入《经史抉原》,巴蜀书社1995年版。

④ 刘小枫该文原刊《道风:汉语神学学刊》(第7辑),收入《个体信仰与文化理论》,四川人民出版社1997年版。

⑤ 林安梧所著《儒学革命论》(台湾学生书局1998年版)第七章"'革命'的孔子——熊十力儒学中的'孔子原型'"称"革命的儒学"为"隐匿性的传统"。

⑥ 李泽厚称:"有一点要强调一下:我现在提出的情本体,或者说人类学历史本体论,这是一个世界的视角,人类的视角,不是一个民族的视角,不只是中国的视角。但又是以中国的传统为基础来看世界。所以我说过,是'人类视角,中国眼光'"。(《李泽厚对话集·中国哲学登场》,中华书局2015年版,第86页)

⑦ 参见李泽厚《举孟旗 行荀学——为〈伦理学纲要〉一辩》,载《探索与争鸣》2017年第4期。

与命与仁：孔子所创儒学的观念架构

体义。一体亦是整体，世界万物的一体即是仁，宇宙万有的一体即是仁，故万物一体即是仁体，即是本体。"① 依此说，陈来更有意承接阳明学。我们知道，荀子—董子—朱子一系会顾及天地宇宙的客观面。陈来承接阳明学，把具客观存在意义的天地宇宙尽收吾人本心仁体之中，当又如何可能？如果说20世纪第一种儒学观是以知识理性否弃价值追求的，那么，陈来倒是相反，要以价值信仰遮蔽存在世界了。

回到我个人。

我个人由于视野和知识积累的限制，无法建立起一大体系以为未来世界指点方向。个人一直以为，拥有崇高的价值理想是极其难能可贵的，但是亦必须考虑到客观社会历史变迁对价值理想的选择、限制与调整，由之，对价值理想的功能与意义才会有适切的把捉。本文有意把儒学放置在先秦社会历史变迁的一个时段去加以考量，即出于这样一个视角。

本文认为，"与命与仁"② 是孔子及其所创儒学在观念上的基本架构。

二、与仁：作为人文教育的孔子本怀

我更倾向也更赞赏孔子所创仁学的用心在于让人变得有人文教养。

之所以把孔子创立的儒学的原初本怀认作倾情于人的人文教养、精神气质的培养，直接的理由是孔子本人首先是教育家，而且终其一生都在从事教育。③ 而教育的目标，孔子借古学与今学的对比做了表述："古之学

---

① 陈来：《仁学本体论》，生活·读书·新知三联书店2014年版，第30页。
② "与命与仁"说出自《论语·子罕》篇。朱子《四书章句集注》引程子释："命之理微，仁之道大，皆夫子所罕言也。"不知为何二位大儒竟有此说。钱穆新解："孔子所赞与者，命与仁。命，在外所不可知，在我所必当然。命原于天，仁本于心。"（《论语新解》，生活·读书·新知三联书店2002年版，第220页）钱穆以"在外所不可知"释"命"诚是。李泽厚解为："'命'是偶然性。正因为是'偶然性'，人才难以预测、把握、知晓、控制，于是才有无可奈何的感叹，如真是必然、规律、理势，人就可以去了解、掌握而无须感叹了。"（《论语今读》，生活·读书·新知三联书店2004年版，第244页）李泽厚以"难以预测、把握、知晓、控制"说"命"，亦同钱穆。只是，"命"并不限于指"偶然性"。"命"不一定是认知问题，亦可是价值问题：一种被看作社会历史变迁的必然性把人的崇高价值追求无情地践踏与摧毁了，也可以说"命"。孔子"与命"指的正是这种状况。人间悲剧亦正由此催生。
③ 杜维明在《修身作为体现人性的教育》一文中写道："儒家传统中处于主导地位的关怀是教育（'教'）。儒家教育的首要目的是性格塑造，而性格塑造的起点和灵感之源则是修身。……因此，一切人，从最有权势的到最无影响的，都必须积极投身这种通过他们自己修身这一道德努力来完成的自我实现这个人文主义的共同事业。"［该文已收入《杜维明文集》（第4卷），武汉出版社2002年版，第673页］此说甚精当。

者为己，今之学者为人。"（《论语·宪问》）孔子显然是赞成古学的目标指向的。成就自己为什么样的人呢？乃一种具有贵族性的精神气质的人。这就是人文教养。① 及其论"仁"。孔子无疑也讲仁者"爱人"。（《论语·颜渊》）但孔子亦说："唯仁者能好人，能恶人。"（《论语·里仁》）可见他并不只是关切个人与他人的关系。他说得更多的是"仁者乐山"（《论语·雍也》）、"刚、毅、木、讷近仁"（《论语·子路》）、"博学而笃志，切问而近思，仁在其中矣"（《论语·子张》）等一类关于自身涵养的话语。此即表明，"与仁"其实首先关切的就是人的教养。这是孔子的本怀。在孔子看来，一个人只有有教养，才会懂得去关爱别人。

何以见得孔子以人文教养、以贵族性的精神气质为教育的目的与本怀？要弄清楚这一点，必须回到孔子生活与活动的时代。

我们知道，孔子生活与活动的时代，还是贵族占主导地位的时代。贵族，其源出当然与血缘氏族有关。殷商西周以氏族制为社会的基本建制。统治阶级由若干氏族联合构成，且各氏族之爵位亦为世袭。因而统治阶层及其权力世代相因，成为尊贵的一族。在这一意义上的贵族，以血缘为纽带，自然地形成，没有什么可说的。然而，问题是中国上古的贵族阶层，特别是周族统治者，不仅重自然血缘，亦重人文教养。② 所教"六艺"（礼、乐、射、御、书、数），首先是为了营造一种贵族性的精神气质与风度才情，其次才是传授技艺。③ 所以，西周以来的贵族已经是自然血缘与人文陶冶相结合的产物。

---

① 由于孔子主张"有教无类"（《论语·卫灵公》），即教育向平民开发，故亦有以孔子为平民教育家者。然孔子之教育目标，是把学生造就为"文质彬彬"（《论语·雍也》）之"君子"，即使之成为有贵族性的精神教养的人。钱穆说："孔子弟子，多起微贱。……故平民以学术进身而预贵族之位，自儒而始盛也。"（《孔子弟子通考》，见《先秦诸子系年考辨》，上海书店1992年版，第77页）此说诚是。依此，称孔子为平民教育家并不确切。

② 关于上古社会之教育，可参见吕思勉《先秦史》第十五章"宗教学术"，上海古籍出版社1982年版。

③ 《周礼·地官·司徒》论大司徒职责之一称："以乡三物教万民，而宾兴之。一曰六德：知、仁、圣、义、忠、和；二曰六行：孝、友、睦、姻、任、恤；三曰六艺：礼、乐、射、御、书、数。"《礼记·王制》则谓："乐正崇四术，立四教。顺先王诗、书、礼、乐以造士，春秋教以礼乐，冬夏教以诗书。"《周礼》《礼记》虽为春秋以后的作品，但它们的许多说法当是有历史根据的。

更重人文风采与精神气质的贵族阶层,则出现于春秋之世。① 春秋时期,一方面,就社会历史而言,是血缘氏族的统治体制走向衰败,这似乎使贵族处于十分不利的情势之中。然而,人文教养却因逐渐摆脱对血缘的依附性,获得了独立发展的空间。"士"的出现,"士"以"道"为依托而不以"势"(势位、权势)为凭借乃至成为一个独立的阶层,表明了这一点。另一方面,与血缘贵族统治体制的衰败相联系的,是平民的壮大与社会功利化趋向的日益加强,这也是一种"势"(时势),这似乎对贵族性的身份认同亦十分不利,然而人文教养及其固守的"道"借与功利走势的抗争,却显得尤其光彩。钱穆就曾说:"春秋二百四十二年,一方面是一个极混乱紧张的时期;但另一方面,则古代的贵族文化,实到春秋而发展到它的最高点。春秋时代常为后世所想慕与敬重。……春秋时代,实可说是中国古代贵族文化已发展到一种极优美、极高尚、极细腻雅致的时代。"②

何以见得春秋时期为如钱穆所说的贵族文化、贵族性的精神气质展现得最精致的时期?人们传颂得比较多的例子,例如:士大夫之交往,总要以诗起兴③;借赋诗,可以化解政治危机或缔结盟约④;将帅之任用,亦

---

① 日本学者本田成之所著《中国经学史》曾以"大司乐时代"称春秋之世:"此时学问与艺术完全融合,所谓艺术的教育的时代,是把人世的本身艺术化了的周朝的'郁郁乎文哉'的时代的想象。后来孔子及其学徒,穿着缓阔的儒服,即服'趋进翼如'、悠扬不迫的服装以标榜一世的,恐怕就是周朝此时代的文化的遗风。这样,矫人间的杀伐性,使四海悉至于乐礼乐的生活,则真是所谓'比屋可封'的理想的社会哩。尤其是重音乐的大司乐的时代,是周代文化达于最高调之时。"(《中国经学史》,孙俍工译,上海书店出版社2001年版,第45页)本田成之对那个时代可谓称赞之至。
② 钱穆:《国史大纲》(上册),商务印书馆1996年版,第68-71页。
③ 《左传·昭公十六年》载:"夏四月,郑六卿饯宣子于郊,宣子曰:'二三君子请皆赋,起亦以知郑志。'子齹赋《野有蔓草》,宣子曰:'孺子善哉,吾有望矣。'子产赋郑之《羔裘》,宣子曰:'起不堪也。'子大叔赋《褰裳》,宣子曰:'起在此,敢勤子至于他人乎?'……子游赋《风雨》,子旗赋《有女同车》,子柳赋《萚兮》。"即是一例。
④ 《左传·文公三年》载:"晋人惧其(指楚军——作者注)无礼于公也,请改盟。公如晋,及晋侯盟。晋侯飨公,赋《菁菁者莪》。庄叔以公降拜,曰:'小国受命于大国,敢不慎仪?君贶之以大礼,何乐如之?抑小国之乐,大国之惠也。'晋侯降辞,登,成拜。公赋《嘉乐》。"即是一例。

常以"说礼乐而敦诗书"为准①;乃至有宋襄公为确保不失身份,虽败不悔的悲情②。这些例子所显示的,是在当时的国家政治中,富国强兵这种功利目标还不占首要的地位,整个社会还被笼罩在人文教养的氛围之下;士大夫亦并未被职能化而成为技术官僚,他们仍浸润在精神气质的追求之中。在中国古代社会,贵族文化有如此光辉的展现并不常见,但影响深远。唐代有一段时期士人仅凭诗赋即可晋升,以诗人去治国,把治国治军大业诗化,其行事之作风如此奢华,也可以说是贵族性的精神文化的又一次闪现。③ 所不同的是,春秋士人为礼乐教化所陶冶,多温文尔雅,为儒者所尚;唐代士人渗透了宗教的丰富想象与出世精神,呈浪漫狂放,为道家所宗。

作为儒家创始者的孔子,所心仪的、所教导学生的,不是别的,正是春秋世的贵族性的文化教养、精神风貌。一方面,它是理性的。孔子说:"敬鬼神而远之,可谓知矣。"(《论语·雍也》)"未能事人,焉能事鬼?"(《论语·先进》)这里表现出来的,就是十分理性的。由于理性,孔子得以不会迷失在宗教信仰的狂热之中。另一方面,它又是有所持守的。孔子说:"朝闻道,夕死可矣。"(《论语·里仁》)"士志于道,而耻恶衣恶食者,未足与议也。"(《论语·里仁》)这里所坚执的"道",仍不失为一种信仰。由于有"道"作为信仰持守,孔子又得以不至于坠落到功利的计度之中。

展开地说,理性重秩序。秩序可以被理解为外在、客观必然之理,如韩非子、朱子那样。在这种情况下,秩序对人是冷漠的、强制性的。但在孔子这里,理性依持于信仰,理性所讲的秩序,乃出于人自己内心的认定,它是"为我的"。此即是"礼"。孔子说:"人而不仁,如礼何?"(《论语·八佾》)孔子把"礼"看作发之于"仁心"的。孔子又说:"不

---

① 《左传·僖公二十七年》记晋文公选三军元帅一事:"赵衰曰:'郤縠可。臣亟闻其言矣,说礼乐而敦诗书。诗书,义之府也;礼乐,德之则也;德义,利之本也。《夏书》曰:"赋纳以言,明试以功,车服以庸。"君其试之。'乃使郤縠将中军。"即是一例。

② 《左传·僖公二十二年》记宋楚战于泓。宋襄公坚持要让楚军渡过河列成战阵,才出兵作战。结果战败,遭到责难。宋襄公称:"君子不重伤,不禽二毛。古之为军也,不以阻隘也。寡人虽亡国之余,不鼓不成列。"此以"君子""古之为军"为尚,显然仍为贵族风采。

③ 《册府元龟》卷六三九《贡举部·条制一》载永隆二年所下的诏文称:"自今以后,考功试人,明经试帖,取十帖得六已上者。进士试杂文两首。"据考,"杂文"即诗赋。然则以诗赋选"进士"实由武则天始。

与命与仁：孔子所创儒学的观念架构

学礼，无以立。"（《论语·季氏》）此又把礼视为为我、使我得以立足于世上而为他人所尊重的一个基本点。及至于信仰。信仰讲顺从。信仰的对象可以被人格化、实存化，如殷商西周之"上帝"观念。在这种情况下，顺从便是盲目的。但在孔子这里，信仰经过理性的考量，顺从便只表现为由信守的"道"而获得的愉悦感、满足感。它是"乐"。孔子说："兴于诗，立于礼，成于乐。"（《论语·泰伯》）此"成于乐"，就指由于信守道义得以实现自我、完成自己而带来的快乐。

在"礼""乐"之间，"礼"作为秩序，更多地面向社会的公共建构。孔子以依"礼"而治的社会为理想社会。这就是后来儒家学者所说的"外王"。然而，就孔子和他的一帮弟子而言，其实是更重视"乐"。《论语·先进》记子路、冉有、公西华、曾皙（名点）述"志"，前三人均以如何治国为事，曾皙独尚与朋友与弟子"浴乎沂，风乎舞雩，咏而归"，而孔子谓"吾与点也"，此即可见孔子何以称"成于乐"。上海博物馆藏战国楚竹书公布的首批文献中有《孔子诗论》。孔子总论诗称："诗亡离志，乐亡离情，文亡离言。"①论《关雎》称："以色喻于礼，情爱也。"论《燕燕》称："《燕燕》之情，以其笃也。"论《杕杜》称："《杕杜》则情，喜其至也。"②此亦见孔子之尚"乐"与"情"。《郭店楚墓竹简》有《性自命出》篇，相信为孔子弟子的作品。该篇称："性自命出，命自天降，道始于情，情生于性。"此直以"情"为"性"，以"性"属"天"，亦即归"情"于"天"。这种说法与宋儒特不同。这一点许多学者都没有注意到。宋儒认"礼"作"理"、以"理"为"天"，这是将社会公共建构（"理"关涉事物的联系、规则）赋予先验、绝对的意义；又以"情"属"人"，且视"情"为可善可恶、有善有恶，乃视"情"为经验的、相对的。"情"总是与个体相联系的，故宋儒的基本取向是贬斥个体的。孔子及其弟子不然，以"乐"与"情"为"天然""天和""天成"，此即以个体的情感生活、个体自我在实现与完成自我中产生的自足感为先验、

---

① 这段文字之三个"离"字，为《上海博物馆藏战国楚竹书（一）》一书所释读，李学勤则释为"隐"字，见李学勤《〈诗论〉的体裁和作者》，见上海大学古代文明研究中心、清华大学思想文化研究所编《上博馆藏战国楚竹书研究》，上海书店出版社2002年版，第52页。

② 这段文字之"笃"字，为《上海博物馆藏战国楚竹书（一）》之释读，饶宗颐则释为"独"字，参见饶宗颐《竹书〈诗序〉小笺》，见上海大学古代文明研究中心、清华大学思想文化研究所编《上博馆藏战国楚竹书研究》，上海书店出版社2002年版，第230页。

绝对的。故"乐"的重视、"情"的置上性,尤其显示早期儒学作为人文教养的原初本怀。① 李泽厚以"情本体"论孔子思想,显然不是没有根据的。我个人以为孔孟思想的根基与出发点在"世间日常情感",以为"世间"即显示一种理性,"情感"则表达一种价值信仰,亦源于此。②

把孔子儒学之原初本怀归于人文教养,每个个体精神气质的培养与君子式的情感熏陶,其实就可以从前面提到的"与命与仁"(《论语·子罕》)的观念中得到进一步的说明。在孔子那里,"命"的本始含义无疑为"时命",是一描述某种客观时势不可为人的价值信念任意改变的概念。孔子说:"道之将行也与,命也;道之将废也与,命也。"(《论语·宪问》)这里,道为"人道","命"即"时命"。在孔子看来,二者不是统一的,而是分立的。在"人道"与"时命"二者由分立以至背离的状况下,应该怎么办?孔子的回答是:"天下有道则见,无道则隐。"(《论语·泰伯》)无疑,与孔子这种回答不同的,还可以有另两种:一种是,天下无道,那就发动革命去改变它,这是出于宗教般的激情与冲动;另一种是,天下无道,就顺着它无道去,这是失却信仰而坠落于工具理性与功利计度。孔子不取这两种解决方法。一方面,他仍然固守自己的道义信仰;另一方面,面对社会历史的变迁,也取理性的态度。这也就是贵族教养。批评儒家"无道则隐"为逃避现实,这是不理解孔子所心仪的贵族教养;把孔子学说释为"革命"理论,则是把孔子认作汉儒。

为什么说孔子这种"天下有道则见,无道则隐"的做法所表现的,为一种贵族性的人文教养的态度呢?这是因为,如上所说,这个"道"仍然为一种价值信仰、价值持守。作为人,认定自己选择的一种思想信仰,自有其绝对性。但是,社会历史之变迁,亦有其不可逆性(相对于个人而言)。孔子显然意识到社会历史的这种在特定时期不可逆的正当性。承认历史变迁的不可逆性(如四时更替之不可逆),不是硬性地企图改变它,亦不是放弃自己的持守去迁就它,而是有持续不懈的努力,亦有耐心的等

---

① 钱穆《国史大纲》称:"《左传》对于当时各国的国内政治,虽记载较少,而各国贵族阶级之私生活之记载,则流传甚富。""一部《左传》,尽于列国君卿大夫私生活之记载,以及其相互间之交涉。(即是内政与外交)故可称当时十足是一贵族社会也。"[钱穆《国史大纲》(上册),商务印书馆1996年版,第71页] 此所谓《左传》详于记载士大夫之"私生活",即指在生活中透显的精神风貌。公共政治,是被笼罩在精神气质的追求当中的。

② 参见冯达文《中国古典哲学略述》第一章"孔孟原创儒学",广东人民出版社2009年版。

待。这里透显的，不正是理性的冷静与信仰的虔诚？"时命"既有不可逆性，故孔子不得不有"凤鸟不至，河不出图，吾已矣夫"（《论语·子罕》）之叹；但是坚持自己的信仰、成就自己，却是自己可以做主的，故孔子又坚称"我欲仁，斯仁至矣"（《论语·述而》）。"时命"决定的是"外王"问题，"外王"之是否成功，人无可奈何；成就自己为"内圣"问题，"内圣"与否，个人有自己的绝对主体性。孔子及其弟子清醒地认识到，他们所面对的正是无可奈何的特定年代，因而他们虽然不乏对外在世界的关爱，但是更倾情于可以自我做主的个人人格的完善、个人精神气质的培养乃至以之为最高本怀，这就是当然之事。①

三、与命：社会历史由贵族化向平民化的变化

如上所及，"时命"既为一客观、外在的主制力，它并不怜惜孔子的道义感与理想社会追求，故孔子不得不"与命"，那么，它可以有正当性吗？

要知道，"时命"作为一种客观社会历史的演变趋向，在先秦时期，就表现为一种由以贵族为主要构成到以平民为主要构成的演变。之所以说这种演变趋向有其不可逆的正当性，是因为：一方面，以自然血缘为纽带的贵族作为一个统治阶级不可能不在越来越社会化、越来越文化的发展中走向没落；另一方面，平民、奴隶也应该有其生存、发展，乃至进入上流社会获得权力的机会。这就是说，氏族制结构体制的瓦解、平民阶层的日渐上升，体现着客观社会历史演变的正常秩序。而氏族体制的瓦解首先引发的便是社会管制方式的更革：户籍、赋税、兵役如何处置？由是有氏族制向区域制的转变和郡县制的产生。接下来的，便有郡县各级官员之任用，亦不得不由贵族世袭制转为选拔制。这些更革与转变，自春秋时期开始，降及战国成为风尚。

郡县制的推行、选拔制的发展，则又导致了民、臣、君之间关系的根本改变：在同一区域里生存着不同姓氏、不同血缘的陌生人，处理他们之

---

① 钱穆说："余考孔门弟子，盖有前后辈之别。前辈者，问学于孔子去鲁之先，后辈则从游于孔子返鲁之后。……前辈则致力于事功，后辈则研精于礼乐。此其不同一也。"（《孔子弟子通考》，见钱穆《先秦诸子系年考辨》，上海书店 1992 年版，第 75 页）何以有此区别？实即因出仕求治国平天下，不可不讲"时命"。孔子返鲁之后，已深感"时命"不济，故转而关切成就人格、人的精神追求。"后辈则研精于礼乐"，即出于此。

间的关系，不可能再诉诸亲情、族情，只能一统于法。臣由选拔产生，君主需要臣，是因为他于我有用；臣效力于君，是因为君予我以利。君臣之间的关系，也就由亲近的血缘关系，转变为冷漠的利用关系、"互市"关系。① 至于君，其权力与地位从何而来？当时显然还是依据于一种历史的惯性，由世袭确定。在氏族制的体制下，君主所宗之族与相关氏族毕竟有亲缘关系和道义关系，君主作为"天下共主"，其权力实为相关氏族共同赋予，又受这些氏族制约。即便中国上古没有像古罗马发展出长老院那样一种可以制导君主的分权体制，但是，像孟子所说的，君主无道，同族人有权把他撤换（《孟子·万章下》）。孟子此间的观念，其实仍透显着古氏族制的遗风。而在变革后的新体制下，君臣关系只为利用关系。臣之于君，有利则仕，无利则去，他不必顾及君主权力的正当性问题；君之于臣，有用则留，无用则废，他亦不必考虑自己的权力是否要受臣民制约的问题。由是，君主专制成为不可避免的政治体制。秦始皇取这种统治体制，并不一定是他个人想要如此，而是时势使之非得如此。② 就像先秦的社会构成由贵族向平民的演变具有正当性，君主由"天下共主"向"专制君主"的演变，实亦具有历史的正当性。

在思想家那里，较早触及历史演变的这种正当性的，当为墨子。墨子既主"尚贤"，又主"尚同"。"尚贤"强调各级官员由选拔产生，这正表达了平民的诉求。"尚同"关切区域制的分散如何集中，这也是平民化的社会构成使然。但是，墨子不知道选拔出"天子"，"一同于天子"之后，对之如何监督，社会正义如何确保。因而，他只好主张最后"尚同于天"，且这个"天"不能是"挂空"的，必须是实体性的、全智全能的，是谓"天志"。墨子的思想，就其"尚贤"的主张而言，无疑是十分理性的；就其"尚同于天"，且把天人格化而言，显然又是具足信仰意味并将信仰

---

① 《韩非子·难一》称："臣尽死力以与君市，君垂爵禄以与臣市，君臣之际，非父子之亲也，计数之所出也。"即指此种状况。

② 秦始皇与丞相李斯的关系极有代表性。《史记会注考证》卷八七述李斯辞其师荀子有称："故诟莫大于卑贱，而悲莫甚于贫困。久处卑贱之位，困苦之地，非世而恶利，自托于无为，此非士之情也。"这是说，李斯是为谋求利禄而出仕的。《史记·秦始皇本纪》记："始皇帝幸梁山宫，从山上见丞相车骑众，弗善也。中人或告丞相，丞相后损车骑。始皇怒曰：'此中人泄吾语。'案问莫服。当是时，诏捕诸时在旁者，皆杀之。"此足见秦皇与李斯君臣关系的利用性和紧张性。

宗教化的。① 在墨子的思想中，理性与信仰已开始处于一种紧张状态中。这正是社会走向平民化引发的。

及至荀子、韩非子，则力图通过扩张理性、排斥信仰的方法，来消除这种紧张性。荀、韩面对的，是社会平民化走向导致的利益分割、冲突，乃至战争。他们个人的立足点，则是力图对这种社会的公共秩序与结构做出整合。他们认为，处理、协调人与人之间的纷争，求之于"天"没有意义，只能直面现实世界中每个个人的人心、人性。而现实中每个个人的人心、人性都是好利恶害的，唯有诉诸统一、冷峻的"法"才有可能加以制导。"法"完全排斥道义信仰，"法"面对广大平民的利益分割而建立，"法"与相应的国家机构亦且是为了功利（富国强兵）目的而人工地设置，② 这都表明，荀、韩推重的为知识理性。特别是韩非子，他甚至把理性往工具化、术数化的方向上扩展到了极点。③

但是，孔子、孟子所重的人的情感、人的道义、人的价值信仰，又岂可被完全消解？这些人之为人不可或缺的东西不能够被公共理性所认可、所吸纳，在理性的视域内似乎是看不见了，但其实它采取了宗教的形式。故秦汉之交，随着国家政治、公共领域的不断功利化与工具化，则有民间社会、私交领域的极端宗教化、神秘化。在国家政治、公共领域由于极端功利化（君臣上下只为谋取私利）、工具化（君臣上下只有利用关系，没有信任关系）而造成人际关系的极度紧张时，宗教信仰便激发为"革命"。这就不难理解，在秦始皇宣布其胜利为"端平法度"的胜利不久，一群小小的平民却可以借斩白蛇的神秘传说推翻秦政。刘邦以布衣身份称

---

① 参见《墨子》之《尚贤》《尚同》《天志》诸篇。

② 牟宗三谓："孔孟之天是正面的，荀子之天是负面的。……自孔孟言，礼义法度皆由天出，即皆自性分中出，而气质人欲非所谓天也。自荀子言，礼义法度皆由人为，返而治诸天，气质人欲皆天也。彼所见于天者惟此，故礼义法度无处安顿，只好归之于人为。此其所以不见本源也。"（《名家与荀子》，台湾学生书局1994年版，第214页）此分判甚当。

③《荀子·礼论》谓："人生而有欲，欲而不得则不能无求，求而无度量分界则不能不争。争则乱，乱则穷。先王恶其乱也，故制礼义以分之，以养人之欲，给人之求。使欲必不穷乎物，物必不屈于欲。两者相持而长，是礼之所起也。"此已将公共礼法工具化。《韩非子·八经》称："凡治天下，必因人情。人情者有好恶，故赏罚可用。赏罚可用则禁令可立，而治道具矣。"此甚至将治道术数化了。

王,没有一个理性的说明,只能归之于天,归之于天主持的正义性。[①] 刘汉政权借宗教信仰建立后,原属民间社会、私交领域流行的宗教神秘主义也随之进入国家政治的公共领域。由之而有两汉谶纬神学的流播。可见,平民化的社会构成,法治所体现的理性及其工具化,"革命"所依持的信仰及其宗教神秘化,三者之间具有内在的相关性与同等程度的正当性。以正义为追求的儒学,在体现三者的内在关联性和正当性,且综兼阴阳五行王霸之道后,经由董仲舒的奋力,才又得以复兴。

四、一点启示

那么,从以上叙说中,我们可以得到什么启示呢?

个人认为,最重要的一点,还是要对价值理想与社会现实的关系有清明的认识。

我们不可以不承认,现实社会的走势,既有其客观性,则冀求以一种价值理想把现实世界"一体化",这从先秦社会历史变迁看,就已经是不可能的。孔子之所以"与命",即体现有这样一种清醒的认识。先秦社会的走势,是由贵族的没落与平民的勃兴引发的。降及近现代,平民早已构成社会的主体。面对平民社会的个体性、功利性追求和科学技术的迅猛发展对这种追求的愈加强化,固守儒家传统由"内圣"开"外王"的治国之道,意图只诉诸道德理想与价值信念去加以消解,那是很困难的。所以,我一直认为,社会的现实关系及其架构、社会的公共事务,应该交给公共理性去予以处理。

然而,这又绝不是说,儒家所倡导的道德理想和价值信念,在社会历史变迁和社会的平民化现实架构中变得毫无意义了。孔子所建的儒家体系的最独特之处是立足于人类生活的群体性和由群体性自然生发、在维系群体生活所必不可少的"亲亲之情""不忍之心"。只要有人,就必须有群体;只要有群体,就需要讲关爱,求协和。孔子"与仁",即深深地切入了人类生存得以永续的脉门。个人在现实世界中难免被玷污,但其内心深处未必没有爱的冲动与被爱的感动;社会变迁也许无法绕开"恶"的劫

[①] 《史记·高祖本纪》记:"高祖击布时,为流矢所中,行道病。病甚,吕后迎良医。医入见,高祖问医,医曰:'病可治。'于是高祖嫚骂之曰:'吾以布衣提三尺剑取天下,此非天命乎?命乃在天,虽扁鹊何益!'遂不使治病。"刘邦此即以"天命"为建立政权的合法性依据。

难，但人类生存的永续期望最终会在"善"的内在驱动下走向世界大同。孔子"与仁"的追求，其永恒意义就在于为每个个人和人类全体开启了这种理想追求。

不难看到，孔子以"与命与仁"的观念架构开创的儒学，其实是顾及了社会现实与价值理想这两个向度的。儒学在先秦时期，荀子以完整的知识论把孔子的现实主义向度做了充分的开展，而孟子则以"大丈夫"的精神把孔子理想主义的向度做了极大的提升。学界或有贬荀而扬孟的，也有贬孟而褒荀的。其实，孟、荀各自从不同侧面丰富了孔子的思想，学界应以包容乃至欣赏的心态均予接纳才是。

还要注意的是，世界上不同地域、不同民族会有不同的社会历史变迁的客观现实和提升心灵的不同的观念架构。只要这些观念架构都是引领人们超越功利性追求和倾注于人类的永续发展的，我们亦都应引为同道。我们要决然守护好我们自己的优秀传统，但没有必要也没有可能以我们祖先留给我们的一种观念架构让他人也都予以接受！

儒学传统：在理性与信仰之间的建构与开展
——孔孟荀合论

学界常把孔子思想归之为"仁学"，甚至直接称儒学所建为"仁学本体论"①，这诚然言之有据。但"仁"从何开出？"仁学"建构在运思方式上具有什么样的特点？论者多未深究。而这些问题其实更属于"哲学问题"。我个人为了免于把孔子贬落为伦理学家或升格为宗教学家，更愿意以"在理性与信仰之间保持平衡与张力"作为孔子及其开创的儒学的运思方式与精神特质予以介说。

及孟子与荀子，学界大多视孟子为孔学的承继者而贬斥荀子（和朱熹），这可以以牟宗三先生为代表。②但也有学者认为荀子才是孔子思想的承继者，如李泽厚先生就以"举孟旗，行荀学"为论纲，明确反对孟子的良知良能说，指认荀学（含朱子学）更有价值。③我个人以为，孟子其实主要是把孔子信仰的一面强化了，荀子则是把孔子理性的一面展开了，他们都没有超出孔子奠基的"在信仰与理性之间保持平衡与张力"的运思框架，他们各自只是从不同面向丰富了孔子开创的儒学体系，因而都有独特的价值，无须贬彼褒此。

下面，个人就依这种看法做一些阐释。

---

① 陈来：《仁学本体论》，生活·读书·新知三联书店 2014 年版。
② 牟宗三判程颐、朱熹之学为"横摄系统"，称："此是以荀子之心态讲孔子之仁，孟子之心与性，以及《中庸》《易传》之道体与性体，只差荀子未将其所说之礼与道视为'性理'耳。此自不是儒家之大宗，而是'别子为宗'也。"[《心体与性体》（一），台湾正中书局 1968 年版，第 45 页]牟氏即以荀子和程朱非正宗而稍贬。
③ 李泽厚称："我明确反对孟子的'不虑而知，不学而能'的良知良能说，也不赞成王阳明'行即知，知即行'的知行合一说。……这在今天如果不归之于神秘的或基督教的神恩、天赐、启示，便完全可以与当今西方流行的社会生物学合流。这与孔子讲的'克己复礼为仁''性相近也，习相远也'也大相径庭了。""其实，只有'克己'才能'复礼'，只有学、习（人为）才能有善，所以荀子说'其善者伪也'，'伪'即人为。"（《举孟旗　行荀学——为〈伦理学纲要〉一辩》，载《探索与争鸣》2017 年第 4 期，第 59 页）依此，李泽厚说"我站在荀子、朱熹这条线上"。

一、孔子：在理性与信仰之间保持平衡

学界大多承认，孔子是从世间日常情感开启价值追求的。牟宗三说："孔子从哪个地方指点仁呢？就从你的心安不安这个地方来指点仁。"① 牟说甚得。李泽厚直以"情本体"揭明孔学特质，称孔学特别重视人性情感的培育，称："在'学'的方面，则似乎不必再去重建各种'气'本体、'理'本体、'心性'本体的哲学体系了。'情本体'可以替代它们。"② 李说亦然。

回到《论语》本文，即见孔子确实立足于世间日常情感指点仁、孝等价值观念之所在。如论"孝"：

> 父母在，不远游，游必有方。(《论语·里仁》)
> 父母，唯其疾之忧。(《论语·为政》)
> 父母之年，不可不知也，一则以喜，一则以惧。(《论语·里仁》)

此间的挂念、忧喜，都属日常情感。"孝"作为价值，即从此出。
"仁"为孔子价值体系的核心概念。孔子称："孝弟也者，其为仁之本与。"(《论语·学而》) 此即以对亲人的孝悌之情作为"仁"的起点。及人们常引的一段话："樊迟问仁。子曰：'爱人。'"(《论语·颜渊》) 此直以"爱"之情感态度释"仁"。

又论如何使自己成为仁人君子：

> 夫仁者，己欲立而立人，己欲达而达人。(《论语·述而》)
> 出门如见大宾，使民如承大祭。己所不欲，勿施于人。(《论语·颜渊》)

这里的"欲"与"不欲"，也是一种情感态度：自己希望做成的，也帮助别人做成；自己不希望落到什么田地，也不要让别人落到这种田地。

---

① 牟宗三：《中国哲学十九讲》，台湾学生书局1983年版，第78页。
② 李泽厚：《论语今读》，生活·读书·新知三联书店2004年版，"前言"第8页。

通过"爱"的外推使自己成为仁人君子，属"内圣"事。及公共执认之"道"、公共规范之"礼"与公共管治之"政"，这种种关涉"外王"之施设，孔子也一如"内圣"追求那样诉诸情感。孔子称："君子学道则爱人。"（《论语·阳货》）此即以"爱人"之"仁"为"道"。

曾子说："夫子之道，忠恕而已矣。"（《论语·里仁》）按，"己欲立而立人，己欲达而达人"为"忠"，"己所不欲，勿施于人"为"恕"。以忠恕为"道"，"道"亦建基于情感之推达。

及"礼"之规限。孔子与宰我的一番对话特别值得引述。《论语·阳货》记称：

> 宰我问："三年之丧，期已久矣。君子三年不为礼，礼必坏；三年不为乐，乐必崩。旧谷既没，新谷既升，钻燧改火，期可已矣。"子曰："食夫稻，衣夫锦，于女安乎？"曰："安。""女安则为之！夫君子之居丧，食旨不甘，闻乐不乐，居处不安，故不为也。今女安，则为之！"宰我出。子曰："予之不仁也！子生三年，然后免于父母之怀。夫三年之丧，天下之通丧也。予也有三年之爱于其父母乎？"

孔子这里就明确把"礼"的施设建立在情感"安"或"不安"的基础上。

孔子又论"政"：

> 道之以政，齐之以刑，民免而无耻；道之以德，齐之以礼，有耻且格。（《论语·为政》）

治国之道不能没有惩治手段，然惩治手段也要激发有过失的人产生羞耻感。

显然可见，无论在所谓"内圣"还是"外王"上，孔子都依持于世间的日常情感，从世间日常情感引申出人们应该循行与守护的价值。这种由情感引申而出的价值，不需要借助任何理由予以说明，加以论证，自当具有"信仰"的意义。只是，它也不需要外在的、高高在上的神下达为律令，而仅仅诉诸每个个人内在的本心之认可而已矣。

也许，就因为这种价值的确立，并不需要借助外在的神力的支撑，而只诉诸世间日常情感的开启与推达，因之，才有了儒家的思想与各类宗教的神学信仰的重要区别。宗教信仰把神置于绝对的地位，对杂乱甚至污浊的现实世界取鄙弃的态度，现实世间的芸芸众生必须"聆听"神的旨意才能获得救赎。而孔子并不仰望上苍，而是立足于现实世间，这本身即有一种理性的向度；在孔子从世间生活中拈出"情感"做价值的源头时，他是正面面对现实，"看"到了现实的状况与变迁的。① 这又使孔子在建构价值信仰之时，不能不顾及现实的处境与历史的变迁。现实的处境表现为各种差别，历史的变迁显示为一种"时命"。顾及现实状况和历史变迁，必亦需要理性。大多论者研究孔子儒学，只关注它的"仁"学所体现的价值信仰，把孔子学说变为伦理学或宗教学。其实，只有从信仰与理性两个向度的平衡与张力、开展与统一的角度揭明孔学，才能更清楚地介说孔子哲学家的身份及其独特的哲学品格。②

下面我们不妨再看孔子如何说。

> 齐景公问政于孔子。孔子对曰："君君，臣臣，父父，子子。"（《论语·颜渊》）

这显然是说对君之为君、臣之为臣、父之为父、子之为子，其角色担当应有所区分，不能混而为一。孔子也把这种区分称之为"正名"。"正名"就体现为一种理性的判识。

> 子谓子产："有君子之道四焉：其行己也恭，其事上也敬，其养民也惠，其使民也义。"（《论语·公冶长》）

---

① 学界也常认为，以《旧约圣经·约伯论》为代表所体现的基督宗教文化，重"听"，以听到神的启示作为行事的指引。而中国文化以龟卜为源头，通过观看龟背裂纹判定凶吉，属"看"的传统，已呈现理性色彩。

② 关于这一点，个人曾撰写过两篇文章。一篇题为《孔子思想的哲学解读——以〈论语〉为文本》。本文通过辨明孔子思想的先验性品格说明孔子为哲学家。全文已发表于《中山大学学报》（社会科学版）2018 年第 2 期。另一篇题为《回归生活世界的价值诉求——儒学变迁史略说》，文章指出孔子思想内含有理性与信仰两个向度。然而，就其并未提出"类"的概念，并未对种种行事通过抽象方式做出"类"的归纳与推演的意义来说，孔子还没有把理性引向知识建构。因之，从思想史的往后变迁反观孔子，亦可视孔子是立足于"原情""原事""原人"开创儒学的。全文已发表于《深圳社会科学》2019 年第 5 期。

君子对自己、上司、民众应取不同的态度，这也是一种理性的区分。

"君子笃于亲，则民兴于仁。"（《论语·泰伯》）孟子把孔子这一提法释作"亲亲而仁民，仁民而爱物"。这是说对远近亲疏也应有所区别。这一点墨子指斥为"爱有差等"，实际上这也体现出一种理性的态度。

> 子曰："唯仁者能好人，能恶人。"（《论语·里仁》）

这是说，仁人君子不能盲目地只讲"爱人"，对好人、恶人其态度也应有明确的区分。

回到"樊迟问仁"那段话：

> 樊迟问仁。子曰："爱人。"问知。子曰："知人。"樊迟未达。子曰："举直错诸枉，能使枉者直。"（《论语·颜渊》）

论者常常只引"樊迟问仁。子曰：'爱人。'"一句，而不太关注樊迟"问知。子曰：'知人。'"一句。"知人"就是要了解与区分正直与不正直、贤能与非贤能的种种人才，任用正直、贤能的人才去管治与引领不正直、非贤能的人。显然，"知人"一说也表明，孔子认可理性区分。

孔子不仅认可对不同人等的理性区分，同时还顾及历史的变迁，这同样体现有一种理性态度。我们看《论语》所记：

> 子张问："十世可知也？"子曰："殷因于夏礼，所损益可知也；周因于殷礼，所损益可知也；其或继周者，虽百世，可知也。"（《论语·为政》）

显见，孔子以为世代不同，"礼"是可以"损益"的。他特别提到"其或继周者"，则意味着他感觉到周朝也有可能被取代。这就承认了历史变迁的正当性。

社会历史既然是变迁的，后人对前人的做法要有所"损益"，这中间就需要做出衡量。"权"的观念也因之为孔子所看重。故《论语》又记：

> 子曰："可与共学，未可与适道；可与适道，未可与立；可与立，

儒学传统：在理性与信仰之间的建构与开展

未可与权。""唐棣之华，偏其反而。岂不尔思？室是远而。"子曰："未之思也，夫何远之有？"（《论语·子罕》）

孔子这里即是说，在历史变迁中，既要持守作为原则之"道"，也要讲求随机应变之"权"。"权"作为随机应变的一种操作，似乎如唐棣之花，其开合有些反常，但其终极目标仍是要回归"道"。孟子称孔子为"圣之时者"（《孟子·万章下》），即指具有"权变"思想的人才可进达"圣人"之至极境界。"权变"既表现为对现实变迁的一种考量，自亦属理性范畴。

但是，社会现实及其历史变迁自有其客观性，它与人所认取的价值原则并不总是协和的，二者之间的关系在一定时期内甚至以"权变"的方式都无法处理。由之就有时势与运命的问题。孔子自己就说过：

道之将行也与，命也；道之将废也与，命也。（《论语·宪问》）

《论语·子罕》更称：

子罕言利与命与仁。

这里的"命"都指不以人的意志为转移的客观时势。面对由"命"给定的客观时势，既要坚持自己认取的价值原则，在条件不许可的情况下，又没有必要盲目地付出努力，妄图去加以改变，这也是一种理性。孔子说：

天下有道则见，无道则隐。（《论语·泰伯》）
邦有道则知，邦无道则愚。（《论语·公冶长》）
道不行，乘桴浮于海。（《论语·公冶长》）

这种因应天下国家时势的不同可出可处、可现可隐的处世运思方式，都表现出一种理性的选择。

特别需要讨论的是：孔子一方面讲求从世间日常自然—本然的情感引申出价值信仰，借自然—本然的情感，价值信仰得以确保具先验性。孟子以"不学而知""不虑而得"为说,即在确认其先验性。但是,另一方面,孔子又十分强调"学"与"思"。所学所思,《诗》与《乐》,固属情性培育;而《书》与《礼》之类,却属历史经验。然则,作为从情感引申的具先验性的价值信仰,与值"学"与"思"积累的具经验知识意义的理性训习,二者如何协调?

这一问题恰恰是理解孔学的独特性的一个核心问题。

原来,在孔子及其弟子那里,他们在世间日常生命成长过程中,在自然—本然的状态下内化为本心的价值信念,就源自世代相继的历史传统,"学"与"思"的意义,只在进一步唤醒内心所承继的这种历史传统,强化由历史传统熏习所营造的价值信仰,把这种价值信仰从自然—本然的状态提升到自主—自觉的层面上来。这就意味着,"学"与"思"固有理性的意味,但并不是单纯的知识追求。知识的追求,对认知对象取客观化、冷漠化的态度,取得知识仅为支配对象、驾驭对象。而孔子"学"与"思"呈现的理性态度,依然是立足于"情",顾及的是"情"如何营造和怎样外推的问题。也可以说,孔子面向历史与现实,关切历史的经验与现实的变迁,这样一种理性的态度,并不具有严格意义上的知识建构,《论语》所记孔子言说并未涉及"类"的观念即可表明孔子对知识建构并不着意。实际上这里所说的孔子的理性,是指要从历史和现实的具体情景出发,去做价值的指引与提升。《中庸》"极高明而道中庸""尊德性而道问学"两句点明了孔子一方面既持守着由情感引申出来的以"仁"为核心的"极高明"的价值信仰,另一方面,这种"极高明"的价值信仰又不可以是悬空的,它必须从"道问学"切入,从世间平庸的日常生活开始。于此当中,信仰与理性之间的关系便是:信仰经过理性洗礼,不会变得张狂;理性有信仰作为底蕴,不会坠落为工具。又或可说,信仰借助理性支持,得以圆满地证成;理性获得信仰指引,得以不致迷失。二者的关系,是互成互补的关系。①

如果说,释迦牟尼诸佛、耶稣基督诸先知开启的是宗教信仰的传统,苏格拉底、柏拉图、亚里士多德诸先哲建立的是知识理性的传统,那么我

---

① 钱穆说:"宋儒说心统性情,毋宁可以说,在全部人生中,中国儒学思想,则更着重此心之情感部分,尤胜于其着重理知的部分。我们只能说,自理知来完成性情,不能说由性情来完成理知。"(《孔子与论语》,联经出版事业公司1974年版,第32页)钱穆此说诚是。

儒学传统：在理性与信仰之间的建构与开展

们自当可以说，孔子开创的是在信仰与理性之间保持统一、平衡与张力的传统。下面我们会看到，孟子无疑是把信仰的一面展开到了极其伟岸的程度，荀子其实则是把理性的一面深入到了十分精至的程度，只此而已。然而，他们始终都没有撕裂二者的统一关系。恰恰相反，在他们各自把信仰或理性的一面做充分展开以后，孔学获得了更丰富的理论架构与价值内涵。

二、孟子：价值信仰的进一步提升

孟子把孔子思想往信仰的一面做进一步的推进与提升，特见于他力主"生而有之""人皆有之"的"性善论"、"存心养性"的功夫论，以及通过存养功夫得以贯通天地的境界论。

先看孟子的性善论。

我们知道，在孔子那里，"性与天道"太玄远，是不可得而闻之的。①孔子所做的，是于日常生活与日常行事中随时随处随情指点为仁（人）之道而已矣。

然而，从理论发展的内在要求来说，为什么人们于日常生活与行事中随时随处流露出来的每一份情感，都会表现出仁善的价值趋向？这种种外显的情感，其是否有一内在的、统一的根底做支撑呢？

这一统一根底的追问，本可以用对经验事相做出综合的方式予以回应。但孟子没有这样做，他写道：

> 乃若其情，则可以为善矣，乃所谓善也。若夫为不善，非才之罪也。恻隐之心，人皆有之；羞恶之心，人皆有之；恭敬之心，人皆有之；是非之心，人皆有之。恻隐之心，仁也；羞恶之心，义也；恭敬之心，礼也；是非之心，智也。仁义礼智，非由外铄我也，我固有之也，弗思耳矣。（《孟子·告子上》）

这里"乃若其情，则可以为善矣"，承接着孔子指"情"为"仁"的基本理路。后面所说"乃所谓善也"，则直认"情"所引出的仁善才是真

---

① 《论语·公冶长》记："子贡曰：'夫子之文章，可得而闻也。夫子之言性与天道，不可得而闻也。'"

正的善。为什么呢？因为这样一种善，是"生而有之"，而非后天习得的。后天习得的，是经验性、盖然性的，不一定可靠；唯"生而有之"，本性先天固有的，即具先验或超验性，从而也具绝对性的，才为真善。及说"人皆有之"，则进而强调先天本性固有的这种真善同时又具普遍性。

孟子用以下两说来证成真正的善的先天—先验性：

> 人之所不学而能者，其良能也；所不虑而知者，其良知也。孩提之童，无不知爱其亲者；及其长也，无不知敬其兄也。亲亲，仁也；敬长，义也。（《孟子·尽心上》）

> 所以谓人皆有不忍人之心者，今人乍见孺子将入于井，皆有怵惕恻隐之心。非所以内交于孺子之父母也，非所以要誉于乡党朋友也，非恶其声而然也。由是观之，无恻隐之心，非人也；无羞恶之心，非人也；无辞让之心，非人也；无是非之心，非人也。（《孟子·公孙丑上》）

这里所谓"不学而能"之"良能"，"不虑而知"之"良知"，以及以未经训习的"孩提之童"点示仁善之先天—先验性，强调的同样是仁善价值的绝对性。以"孺子将入于井，皆有怵惕恻隐之心"为例说"不忍人之心"的先天—先验性，又特别排斥从"内交于孺子之父母""要誉于乡党朋友""恶其声而然也"等这类带有后天经验性的事相论心性之善与不善，这都说明孟子力图把孔子的仁的价值信仰赋予绝对的意义。李泽厚批评孟子的"性善论有神秘倾向"。其实仁善的价值追求只有具先验性，才可以使人之向善亦具绝对必然性。这应该是孟子的用心所在。

次看孟子的功夫论。

孔子直接指"情"为"仁"（善），则无须强调功夫，所以可以说："我欲仁，斯仁至矣。"（《论语·述而》）孟子以为"情"之"仁"源于"性"之"善"，是即在"性"与"情"之间拉开了距离，这就有一个如何由"性"发"情"和由"情"体"性"的问题。功夫论由之开立。而孟子是主性善的，因之，功夫论的功夫就只在如何确保内在本有之善性不致丢失乃至得以显扬的问题。孟子"求放心""存心养性"诸种功夫论说，所回应的正是这些问题。我们看孟子所称：

儒学传统：在理性与信仰之间的建构与开展

> 仁，人心也；义，人路也。舍其路而弗由，放其心而不知求，哀哉！人有鸡犬放，则知求之；有放心，而不知求。学问之道无他，求其放心而已矣。(《孟子·告子上》)

这是说，把受外界牵引放失的本心本性找回来，就可以确保成圣成贤。又称：

> 君子所以异于人者，以其存心也。君子以仁存心，以礼存心。仁者爱人，有礼者敬人。爱人者人恒爱之，敬人者人恒敬之。(《孟子·娄离下》)

这是说，把本心本性本有的"仁""礼"之情感保存下来与推达出去，就可以成圣成贤。

孟子的这些功夫主张，实都以确保价值追求的先验性从而使之具绝对性为的矢。

再看孟子的境界论。

孟子是通过把"存心"功夫与"养气"功夫连接起来，建构起直通天地的境界追求的。《孟子·公孙丑上》的有一段文字详细记述了孟子与公孙丑的问答：

> 曰："敢问夫子之不动心，与告子之不动心，可得闻与？"
>
> "告子曰：'不得于言，勿求于心；不得于心，勿求于气。'不得于心，勿求于气，可；不得于言，勿求于心，不可。夫志，气之帅也；气，体之充也。夫志至焉，气次焉。故曰：'持其志，无暴其气。'"
>
> "既曰'志至焉，气次焉'，又曰'持其志无暴其气'者，何也？"
>
> 曰："志一则动气，气一则动志也。今夫蹶者趋者，是气也，而反动其心。"
>
> "敢问夫子恶乎长？"
>
> 曰："我知言，我善养吾浩然之气。"
>
> "敢问何谓浩然之气？"

曰:"难言也。其为气也,至大至刚,以直养而无害,则塞于天地之间。其为气也,配义与道;无是,馁也。是集义所生者,非义袭而取之也。行有不慊于心,则馁矣。"

公孙丑引述告子对"不动心"的解释。告子以为别人言说不清楚的,不必寻问他内心在想什么,这是一种"不动心"。有些事情于心有所不安,不必求助于身(气)加以控制,这也是一种"不动心"。孟子的回应是:心有所不安,不必求助于身(气),这可以认同;但是,别人语言说不清楚的,不去寻问他内心在想什么,不可以认同。孟子认为,并不是什么都不寻问才叫"不动心"。

但孟子的用意其实不在于讨论心动不动的问题,而在于把问题拓展开来,讨论心与身、志与气的关联问题。

孟子认为,心与身、志与气,是密不可分的。"夫志,气之帅也;气,体之充也",就是说,身体是由气构成的,意志对身体则有主导与统率的意义。但"志一则动气,气一则动志也",二者之间不可或缺并互有影响。譬如,一个心胸坦荡的人,因为不会受种种阴谋计算权力争夺所折磨,其身气自会呈现得充盈祥和,而身气的充盈祥和,又会支持其心志挺拔刚毅;反之,一个爱耍阴险手段的卑鄙小人,因为终日备受你争我夺利害得失所折磨,其身气难免也变得猥琐;至于一个身气懦弱的人,其心智虽或不俗,但如无充实的身气支撑,终也不足以有大作为。[①] 如此等等,都显示着心志与身气的关联性。日常用语正面的如"志气""正气""勇气""祥气",负面的如"衰气""邪气""丧气"之类,都在用以把捉这种关联性。因为二者有此等不可分的关系,所以孟子说"持其志无暴其气"。

然而,以"气"指"身",实已把身与心、志与气的关系,拓展为人与天的关系。我们知道,以"气"为"体之充",是战国早中期兴起的黄老思潮建构的元气宇宙论的基本主张。这种宇宙论认为,天地万物乃至人

---

① 朱熹释"其为气也,配义与道;无是,馁也"句中,"道义"与"气"的关系称:"言人能养成此气,则其气合乎道义而为之助,使其行之勇决,无所疑惮;若无此气,则其一时所为虽未必不出于道义,然其体有所不充,则亦不免于疑惧,而不足以有为矣。"(《四书章句集注》,中华书局1983年版,第231-232页)

的灵性均为一气化生。人与天地万物既是同源的，自亦是可以感通的。①这诚然为天人一体说奠定了存有论的基础。孟子于此诚有所得。不同的是，黄老思潮以为使心保持虚静的状况，精气才能进入心中，使心的灵性得以充盈。这种说法带有自然主义的色彩。而孟子却把价值信念的"存心"与"养气"连同起来，认为以价值信念主导的"气"是"至大至刚"的，因之，"以直养而无害，则塞于天地之间"。于此，孟子诚然是借取"气"作为万物生化的源头的宇宙论支撑起贯通天人的境界论。这就是说，作为宇宙本原的"气"观念的引入，使本属个人心志的价值信念不仅对个人具绝对性，亦且具贯通天人的普遍性。②

孟子的另外两段话，亦在确认这种普遍性：

> 尽其心者，知其性也。知其性，则知天矣。(《孟子·尽心上》)
> 万物皆备于我矣。反身而诚，乐莫大焉。(《孟子·尽心上》)

"尽其心者"，即回归本心，与"反身而诚"同。尽心去做，诚身而行，为什么是正当的？只因为本性如此，本性使然。本性何以如此？那是天然的。"知天"之"知"，实为对天然如此的一种认信。"万物皆备于我"，可以从存有论讲："我"与万物均源于一气，具有通感性。但似乎孟子更多是从境界论上讲："我"尽心去做，诚身而行，为天地万物的生成长养付出自己的努力，"我"自可以从天地万物的永续发展中体认到自身的价值，这是自我与世界、有限与无限融会一体（即"备"）而成就的价值。由于成就了人生这种最高价值，自亦获得了最大的快乐！

孔子很平实，只说"天生德于予"。孟子却拓出了天地境界，自是对孔学的一大发展。这种发展，无疑是借由强化孔子价值信仰的先验性一面

---

① 《管子·内业》称："凡物之精，此则为生，下生五谷，上为列星。流于天地之间，谓之鬼神。藏于胸中，谓之圣人。"此即以气为宇宙本原。

② 黄俊杰称："孟子思想中的'气'兼具两种不同性格：它一方面是宇宙论的或存有论的概念，另一方面又是伦理学概念；它一方面是超验的原则，一方面又是经验的事实；它既是内在于自我之中，又超越于自我之外；它一方面是指生理学的事实（'气，体之充也'），另一方面又指道德论的原则（'其为气也，配义与道；无是，馁矣'）。这种双重性格辩证性地结合于人的主体性之中，所以不容易说明其存在状态。""孟子思想中'气'的特殊内涵：天人贯通，物我为一。所以，在孟子思想中，宇宙的'自然'即是人生的'当然'，二者贯通为一。"［《孟学思想史论》(卷二)，台北"中研院"文哲研究所筹备处1997年版，第212－213页］此说诚是。

实现的。

然而，孟子也并没有忽略孔学内含理性的另一面。最明显地表现孟子把孔子理性的一面往近似于认知方向拓开的，是他的"类"的观念的提出。我们知道孔子是随时随地随事随情指点为"仁"（人）之道，不做类归的。而孟子为捍卫与阐发孔子思想，不得不常与人辩论。辩论便需要引来"同类"予以比况。如他在与告子的争辩中称：

富岁，子弟多赖；凶岁，子弟多暴，非天之降才尔殊也，其所以陷溺其心者然也。今夫麰麦，播种而耰之，其地同，树之时又同，浡然而生，至于日至之时，皆熟矣。虽有不同，则地有肥硗，雨露之养，人事之不齐也。故凡同类者，举相似也，何独至于人而疑之？圣人与我同类者。……口之于味也，有同耆焉；耳之于声也，有同听焉；目之于色也，有同美焉。至于心，独无所同然乎？心之所同然者何也？谓理也，义也。（《孟子·告子上》）

这就是孟子的"类"观念。人的品质的形成与小麦丰歉的情况其实并不同类，二者之间的关系只是一种比喻。比喻仅换引两类不同事物的某一部分或状况的相似性进行，不具严格的认知意义。认知上所讲的"类"是就同类事物的共同性做抽取而给出的。及用感觉上的共同性说明在理义认取上的共同性也难以成立。即便是同一感觉经验，由于角度与选择方式的不同，也可能开出不同的理和义。然而，不管怎样，孟子已提出"类"的观念，为儒家脉络的知识建构迈开了脚步。①

"类"观念的建立，必然还会引出"差别"的问题和相应的"分析"方法的运用。这也具理性色彩。上面说及孔子讲"权"，孟子亦然。《孟子·离娄上》记：

淳于髡曰："男女授受不亲，礼与？"

---

① 黄俊杰的《孟学思想史论》确认孟子运用的"具体性思维方式"已取"类推法"，称："孟子明言'凡同类者，举相似也'（《孟子·告子上》），他常将具体而个别的事物，加以分类，并以类的性质互作比拟。"［《孟子思想史论》（卷一），台湾东大图书股份有限公司1991年版，第5页］此一评判或有待商榷。

儒学传统：在理性与信仰之间的建构与开展

孟子曰："礼也。"

曰："嫂溺则援之以手乎？"

曰："嫂溺不援，是豺狼也。男女授受不亲，礼也；嫂溺援之以手者，权也。"

"权"即指危急情况下处事方式的灵活变通性。

又，《孟子·离娄下》直接记录孟子所说：

大人者，言不必信，行不必果，惟义所在。

孔子曾称"言必信，行必果"（《论语·子路》），孟子却以为言与行也可以在不违背义的情况下予以变通。这亦是"权"，表现出一种理性的态度。

及《孟子·告子上》的一番对答，更显示出孟子也重分析：

孟季子问公都子曰："何以谓义内也？"

曰："行吾敬，故谓之内也。"

"乡人长于伯兄一岁，则谁敬？"

曰："敬兄。"

"酌则谁先？"

曰："先酌乡人。"

"所敬在此，所长在彼，果在外，非由内也。"

公都子不能答，以告孟子。

孟子曰："敬叔父乎？敬弟乎？彼将曰'敬叔父'。曰：'弟为尸，则谁敬？'彼将曰：'敬弟。'子曰：'恶在其敬叔父也？'彼将曰'在位故也'。子亦曰：'在位故也。庸敬在兄，斯须之敬在乡人。'"

告子是主张"义外"的，孟子却坚持仁与义均出自人的内在本性。本段引文处理的问题在于：如果乡人年纪比胞兄大一岁，当先敬谁？公都子的回答是说：敬则在兄，酌则先乡人。孟季子认为，既然敬与酌的先后是由兄长与乡人的状况决定的，然则义取决于外在因素无疑。对此，公都子无法回应，请教孟子。孟子教导公都子说，叔父年岁长，但如果弟弟在扮

·83·

演所祭之神（尸）的角色，那么，就不能先敬叔父了。回到刚才的问题，处理的方式应该是：平常的情况下恭敬兄长，特殊情况下敬年长的乡人。

这里我们看到孟子对各种不同状况的区分已颇细密了。

孟子与孔子一样，对现实状况的理性区分，并不是为了建构知识论，而是为了使价值信仰的下贯得以更好地实现。然而，早在孔子那里，他的比较平实的价值信仰—价值理想，面对客观现实还不太急剧的变迁，已经不断受阻。及至孟子，在他把价值信仰进一步推高，赋予绝对与普遍的意义之后，理想与现实的距离拉得更远了。孟子亦曾如孔子一样地周游多国游说君主，然其以仁义治国的王道政治均未被接受。司马迁《史记·孟子荀卿列传》记孟子故事称：

> （孟子）道既通，游事齐宣王，宣王不能用。适梁，梁惠王不果所言，则见以为迂远而阔于事情。当是之时，秦用商君，富国强兵；楚魏用吴起，战胜弱敌；齐威王、宣王用孙子田忌之徒，而诸侯东面朝齐。天下方务于合从连衡，以攻伐为贤。而孟轲乃述唐虞三代之德，是以所如者不合。

孟子"迂远而阔于事情"，即理想过高而不切实际。这是日常语言的表述。从哲学的视域看则是，孟子使价值信仰更具先验（或超验性）的努力，难以融入经验世界中。正确认识与操持经验现实世界，成为孔子开创的儒学进一步发展的需要。及至荀子把孔子理性的一面建构为真正的知识论，才满足了儒学发展的这一需要。

三、荀子：理性认知的进一步拓展

把理性往认知方向展开的首要任务，必是确认我们面对的外在世界具有不为人的情感好恶价值认取所任意改变的一种客观自然性。《荀子·天论》称：

> 天行有常，不为尧存，不为桀亡。应之以治则吉，应之以乱则凶。强本而节用，则天不能贫。养备而动时，则天不能病。……受时与治世同，而殃祸与治世异，不可以怨天，其道然也。故明于天人之分，则可谓至人矣。

儒学传统：在理性与信仰之间的建构与开展

天独立自存且有自身的变迁规则，与人事无关；人间的治乱祸福是人自己招致的。这叫"天人之分"。"天人之分"即强调了天地宇宙的客观性。

天地宇宙及其变迁既具客观自然性，则像孟子所说通过返归本心即可"知天"在荀子看来是不可想象的。

荀子认为，人自当向外求"知"。但首先要明确求取何种"知"。如"列星随旋，日月递炤，四时代御，阴阳大化，风雨博施"等这类现象，"皆知其所以成，莫知其无形"，即它们是源于"天"，为"天"所主宰的，人对之无能为力，因之，实际上可以说，"唯圣人为不求知天"。

那么，人的认知应该也可能把捉到的是什么呢？《荀子·天论》续称：

> 故大巧在所不为，大智在所不虑。所志于天者，已其见象之可以期者矣；所志于地者，已其见宜之可以息者矣；所志于四时者，已其见数之可以事者矣。所志于阴阳者，已其见知之可以治者矣。

荀子这里就明确把"知"的对象限定在感觉经验可以把捉到的范围内。在感觉经验可以把捉到的范围内，认知是可行并且是有效的。《荀子·解蔽》写道：

> 凡以知，人之性也；可以知，物之理也。以可以知人之性，求可以知物之理而无所疑止之，则没世穷年不能遍也。

这仍然把"知"的范围与目的加以限制。从"知"来讲"人之性"，已不同于孟子以"善"论"性"；及"可以知"为"物之理"，则以经验物事的存在与变化规则为求知的对象了。

那么，认知从何开始呢？荀子认为要从感官接触外物开始：

> 然则何缘而以同异？曰：缘天官。凡同类同情者，其天官之意物也同，故比方之疑似而通。(《荀子·正名》)

这是说，对同类同情的物事，人的感知必是相同的，故可以通过相互比方而得以相互认同。在感知认同的基础上，便可以借助心的"征知"而

对不同物事做"类"的归纳与区分:

> 心有征知。征知,则缘耳而知声可也,缘目而知形可也。然而征知必将待天官之当簿其类,然后可也。(《荀子·正名》)

由是,荀子便建构起从感觉经验到理性认知的一整套知识论。

"类"的归纳与区分,需要用"名"去加以标识。《荀子·正名》续称:

> 然后随而命之:同则同之,异则异之。单足以喻则单,单不足以喻则兼,单与兼无所相避则共;虽共,不为害矣。知异实者之异名也,故使异实者莫不异名也,不可乱也,犹使同实者莫不同名也。故万物虽众,有时而欲遍举之,故谓之物。物也者,大共名也。推而共之,共则有共,至于无共然后止。有时而欲偏举之,故谓之鸟兽。鸟兽也者,大别名也。推而别之,别则有别,至于无别然后止。

这里的"单"与"兼"、"别"与"共"的区分,就是殊相与共相的区分。在孟子那里,"类"是一种比喻。在荀子这里,"类"作为共同性的抽取,真正具有了理性认知的意义。

那么,"单名""兼名""共名""异名"的种种命名,如何给出呢?荀子认为从"约定俗成"中给出:

> 名无固宜,约之以命,约定俗成谓之宜,异于约则谓之不宜。名无固实,约之以命实,约定俗成谓之实名。……此制名之枢要也。(《荀子·正名》)

我们知道,孔子讲"正名",是把在历史上承接下来的"名"赋予先验性并加以固定化的一种做法。荀子以为"名无固宜,约之以命","名无固实,约之以命实",即把"名"对"实"的关系看作人为的、相对的,属经验范畴。我们知道认知的成立,一类事物名称的给出,是通过舍弃同类事物的各别性,抽取共同性而实现的。也就是说,知识及所取概念,源出于综合。综合只能是相对的,综合给出的判断具盖然性,它的成

儒学传统：在理性与信仰之间的建构与开展

立确是人为的。荀子以"约定俗成"揭明之，太了解知识建构的真谛了。

荀子不仅把孔学内含理性的一面开展为知识建构，而且把知识建构的方法运用到对人性与社会公共施设的探求上。

前面说过孟子主"性善"，由"性善"论开出他的"以不忍人之心行不忍仁之政"的"仁政"理想，但是荀子更愿意直面现实世间的"恶"。从现实世间的"恶"的变迁倒迫过来，他无法认同"性善"论，而更执持"性恶"论。在《性恶》篇里他写道：

> 今人之性，生而有好利焉，顺是，故争夺生而辞让亡焉；生而有疾恶焉，顺是，故残贼生而忠信亡焉；生而有耳目之欲，有好声色焉，顺是，故淫乱生而礼义文理亡焉……用此观之，然则人之性恶明矣，其善者伪也。

孟子说仁、义、礼、智四心人人生而有之，故人性本善。荀子却以为人生而有之的是好利恶害的种种欲求。顺任种种欲求扩张而不加以限制，人的道德只会沦丧，公共社会必然混乱，故人生而有之的种种欲求作为"恶"的根源自亦可指之为"性恶"。①

由于人性本"恶"，则公共社会的施设，不可以从人的本然情性开出，而只可以从人性之外，从人性的反面求取。荀子固也认同孔子的"礼治"思想。但在《礼论》中他称道：

> 礼起于何也？曰：人生而有欲，欲而不得则不能无求，求而无度量分界则不能不争。争则乱，乱则穷。先王恶其乱也，故制礼义以分之，以养人之欲，给人之求。使欲必不穷乎物，物必不屈于欲。两者

---

① 牟宗三认为荀子是以动物性论人性。他写道："由动物性之自然以言人性，则与动物无以异矣。'人之所以异于禽兽者几希。'孟子由四端之心以见仁义礼智之性，正是由此点出人性以与禽兽区别。然则性善诚不可移也。"（《名家与荀子》，台湾学生书局1994年版，第224页）牟氏此说过分贬斥了荀子。与其说荀子以动物性论人性，毋宁说是以个体性论人性的统一性。倒是唐君毅对荀子另有一番赞誉。他写道："唯人愈有理想，乃愈欲转化现实，愈见现实之堕性之强，而若愈与理想成对较相对反；人遂愈本其理想，以判断此未转化之现实，为不合理想中之善，为不善而恶者。故荀子之性恶论，不能离其道德文化上之理想主义而了解。"由之，唐氏认为："荀子之所认识者，实较孟子为深切。"（《中国哲学原论·原性篇》，台湾学生书局1984年版，第49、52页）唐氏此说似也有偏差，因为我们绝不能说孟子理想不高。

相持而长，是礼之所起也。

"人生而有欲"，即指"性"为"恶"。"性恶"必导致"争"，"争则乱，乱则穷"，故需要设置"礼"以平衡各种欲求。"礼"作为公共施设，已不同于孔子所说，不再具先验理想色彩。它完全被拽落下来，只具现实经验的、相对的意义。

"礼"作为在"人性"之外加给人的规限，因为并不为人心所认同，故还必须赋予它一种强制性。由是，荀子也经常把"礼"与"法"看作是统一的：

> 礼者，法之大分也，类之纲纪也。（《荀子·劝学》）
> 道之与法也者，国家之本作也。（《荀子·致士》）
> 夫征暴诛悍，治之盛也。……故治则刑重，乱则刑轻。（《荀子·正论》）

荀子的这些说法，实都把"礼治"释为"法治"。

原先，由孔子开启经孟子接续的一个思路，是由"内圣"开出"外王"，以道德理想建构公共社会，从哲学上说即由先验原则下贯经验现实。但在荀子看来，这是行不通的。面对社会的大变局，还是应该立足于现实世界，从经验事实出发来考量、处理与建构公共社会，公共社会才有可能得到治理。荀子把经验理性贯彻到底了。

但荀子自认是孔子思想的承继者，因之，他自亦不可以不顾及孔子的价值理想，以确保理性与信仰的关系不至于破裂。只是他把价值理想也做了经验主义的解释。他在《王制》篇里写道：

> 水火有气而无生，草木有生而无知，禽兽有知而无义。人有气，有生，有知，亦且有义，故最为天下贵也。力不若牛，走不若马，而牛马为用，何也？曰：人能群，彼不能群也。人何以能群？曰：分。分何以能行？曰：义。故义以分则和，和则一，一则多力，多力则强，强则胜物。

荀子认为，人与万物不同，是因为人有"义"，有价值意识。这与孔子、孟子是相一致的。但孔子、孟子认为价值意识—价值信仰产生于人的"不学而知""不虑而能"的先验性情感，而荀子却还是从"认知"立论。他以为人都会认识到，人在现实处境中之所以能够胜于动物，在于人能"群"，结成群体；而"群"之所以能够建立，在于人有"分"，认可角色区分；而"分"之所以可以接受，在于人讲"义"，讲究道德义理。这样一来，荀子便把价值意识安立在理性认知的基础上。

如果说，孟子主要把孔子在价值信仰的一面做了极大的提升，那么，荀子则把孔子在理性辨别的一面往经验知识的方向推开到了极致。①

孟子在力图把价值信仰下贯于现实世界，把先验原则下落于经验世间时，不得不受到"命"——一种客观时势的阻隔；而荀子在设想从现实世间、从经验世界出发，把人的价值意识往上提升时，又何曾不会出现困扰呢？

要知道，价值意识如果只立足于现实世间的"群"和"分"，"群"和"分"是会变动的，价值意识岂会有确定性呢？更且，"群"和"分"由谁去主导呢？在"群"与"分"中认取的"义"，又由谁去给定呢？很可能最终是由权力或财富去裁定。荀子说"君者，善群也"（《荀子·王制》），"人君者，所以管分之枢要也"（《荀子·富国》），所说即是。然而，人君也是"性恶"的，把"群""分""义"的所有决定权都交给人君，必导致暴政的发生。秦始皇的专制统治、秦王朝二世而亡的后果，说明社会正义交给人，特别是交由拥有权力和财富的某些个人的经验去裁决，其实难有正当性。

耐人寻味的是，秦王朝作为一个曾以摧枯拉朽的气势统一中国的强大王朝，竟然是被一帮并未经过预先策划的平民发动的起义推翻的。取代秦王朝建立起来的汉王朝，创建者刘邦及其属下，也没有任何家族和财富的

---

① 徐复观称："孟子的大贡献，在于彻底显发了人类道德之心；而荀子的大贡献，是使儒家的伦理道德，得到了彻底客观化的意义；并相当地显发了人类认识之心；超克了战国时代的诡辩学派，开启了正常伦理学的端绪；并提供了以成就知识的伦类、统类的重要观念。这就中国整个文化史而论，是很可宝贵的。"（《中国人性论史·先秦篇》，上海三联书店2001年版，第229页）

支撑,他们甚至不知道自己为什么可以成就大业。① 《史记·高祖本纪》记称:

> 高祖击布时,为流矢所中,行道病。病甚,吕后迎良医。医入见,高祖问医,医曰:"病可治。"于是高祖嫚骂之曰:"吾以布衣提三尺剑取天下,此非天命乎?命乃在天,虽扁鹊何益!"

高祖刘邦这里就把自己之所以取得政权归之于"天命"。这意味着,"天命"作为客观、公正的体现者又重新回到思想史视域;"天无私覆""地无私载",人们主观认取的价值意识必须上诉于超验性的"天""天命",才可以获得正当性。

然而,汉唐人心目中的"天",已与殷商西周的大不相同。汉唐人的"天""天命",是用宇宙论架设起来的。

---

① 钱穆称:"秦室本是上古遗留下来的最后一个贵族政府,依然在其不脱贵族阶级的气味下失败(役使民力逾量,即是十足的贵族气味),依然失败在平民阶级的手里。""秦灭六国,二世而亡,此乃古代贵族封建势力之逐步崩溃,而秦亡为其最后的一幕。直至汉兴,始为中国史上平民政权之初创。"[钱穆:《国史大纲》(修订本上册),商务印书馆1994年版,第127、128页] 钱穆此评判甚是。

重评中国古典哲学的宇宙论

导言：思想史研究需要一个新转向

中国古典哲学思想史的研究，先秦时期与宋明时期硕果累累且多有发扬，但是汉唐时期以宇宙论为形上架构的儒道二学，虽也不乏文论，却总让人觉得并不满意。

何以会令人觉得并不满意呢？直观的一个看法就是，汉唐时期曾经出现古典社会的盛世——"文景之治"与"贞观之治"，而学界对汉唐思想和汉唐儒学的评价却是那样的低下。

20世纪五六十年代，以唯心主义有神论的框架去贬斥汉唐思想自不消说。奇怪的是，境外一批推崇儒家的学者竟也对汉唐儒学不以为然。牟宗三先生就称，董仲舒是宇宙论中心，他把道德基于宇宙论，要先建立宇宙论，然后才能讲道德，这是不行的，这在儒家是不赞成的。① 依此，牟先生实际上把董仲舒开除出儒家行列。徐复观先生三卷本《两汉思想史》对思想个案的研究做得非常细致，但是在评价上亦说，董仲舒以及两汉思想家所说的天人关系，经受不起合理主义的考验。② 及至劳思光先生的《新编中国哲学史》，更把两汉至唐代视为中国哲学的衰乱期。他认为，秦汉之际，南方道家的形上旨趣、燕齐五行迂怪之说，甚至苗蛮神话、原始信仰等，都渗入了儒学。支配儒生思想的，已不是孔孟的心性之学，而是混合了各种玄虚荒诞因素的宇宙论，③ 等等。显然，境外这些名家对汉唐由宇宙论支撑的道家与儒学，都取否弃态度。

---

① 参见牟宗三《中国哲学十九讲》，台湾学生书局1983年版，第76页。
② 徐复观写道："董氏以及两汉思想家所说的天人关系，都是通过想象建立起来的。这种想象，不是具体与具体的连结，而是一端是'有'，另一端是'无'，通过想象把有形与无形，把人与天要在客观上连结起来，这中间便没有知识的意义。所以他们都具备了哲学系统的形式，但缺乏合理的知识内容去支持此一形式。所以不仅是董氏，汉人的这类的哲学系统，不能受合理主义的考验。"[徐复观：《两汉思想史》（第2卷），华东师范大学出版社2001年版，第241页]
③ 参见劳思光《新编中国哲学史》（二卷），广西师范大学出版社2005年版，"导言"。

这些前辈学者否弃汉唐宇宙论的基本标准是什么呢？似乎就是这样两条：有没有凸显主体性？① 是不是符合理性？汉唐宇宙论是讲"因顺自然""天人相与"的，自是没有凸显主体性；且在董仲舒那里，"天"近乎人格神，被赋予信仰意义，也不符合理性，因之，没有什么值得称许的。

而这样评价的两个标准是从哪里来的呢？毫无疑问，是从回应西学的挑战中来的。"主体性"和由主体"为自然立法"是近代西方哲学的中心话题；"理性"和"用理性审判一切"的主张则出自近代西方对中世纪神学的抗争。牟宗三先生称西方所讲的"主体"只是知识主体，中国古典儒学自孔孟起即凸显"主体"更且是"价值主体"；这一主体有"创生"意义，亦可开出"存有"界。② 牟先生这里强调的，实际上也是由主体"为自然立法"。劳思光先生只认孔孟心性之学为唯一判准，而傲视其他思想派别，所强调的则是自己认定的主体的至上性。徐复观以"不能受合理主义的考验"批判董仲舒与两汉思想家，无疑就以理性作为分辨是非对错的"法庭"。

然而，20世纪以来，对主体性的过分张扬，导致人与自然的关系严重对立，对个人作为主体、他人作为客体的过分强调，引发了个人与他人和社会关系的空前紧张，人们已经意识到"主体性"的追求正在走向黄

---

① 牟宗三称："孔子的重点是讲仁，重视讲仁就是开主体，道德意识强就要重视主体。……中国文化、东方文化都从主体这里起点，开主体并不是不要天，你不能把天割掉。主体和天可以通在一起，这是东方文化的一个最特殊、最特别的地方，东方文化和西方文化不同最重要的关键就是在这个地方。"（牟宗三：《中国哲学十九讲》，台湾学生书局1983年版，第77-78页）

② 牟宗三以"天"代表客观世界。他说："在孔子，践仁知天，虽似仁与天有距离，仁不必即是天，孔子亦未说仁与天合一或为一，然（一）因仁心之感236乃原则上不能划定其界限者，此即涵其向绝对普遍性趋之伸展；（二）因践仁知天，仁与天必有其'内容的意义'之相同处，始可由践仁以知之、默识之、或契接之。依是二故，仁与天虽表面有距离，而实最后无距离，故终可合而一之也。"[牟宗三：《心体与性体》（第1册），台湾中正书局1987年版，第22页] 牟氏于此即谓，从主观面开启的价值主体，可以借"仁心之感通"而开出而契接"天"所代表的客观世界，而显示其"创生性"。

昏。事实上，许多西方学者亦已对这种追求做出反省。①

而且，在21世纪由于中国经济的重新崛起，相应地必然带来中国文化的重新复兴。在新世纪的思想文化建构中，我们是不是不再需要对西方思想文化亦步亦趋？我们是不是应该回归中国文化本位，接续中国古典文化的优秀传统？如果要回归中国文化本位，接续中国古典文化的优秀传统，那么，与其致力于开掘中国文化传统中那些被看作具"主体性""理性"意义的成分，还不如关切在中国文化中更现成且更丰富的以情感为纽带的社群意识，以及以敬畏与感恩为基础的人与天地宇宙的和同意识。我想，我们的思想史研究在新世纪里应该有一个转向。在做了转向之后，我们不难看到，后者的弘扬在21世纪更具迫切性，更有意义。

关于中国古典文化中以情感为纽带的社群意识，那是孔孟原创儒学奠基的，大家都比较熟悉，这里不再展开。这里要谈的，是以敬畏与感恩为基础的人与天地宇宙的和同意识。这是古典宇宙论哲学建构起来的思想信仰。

一、黄老思潮的宇宙论是如何建构起来的

在中国思想史上，讲宇宙论最多且最系统的无疑是被称为"黄老思潮"的一个学派。而这一思潮既以黄帝与老子为源头，自不免要追踪到老子。老子是最先建构起稍具系统的宇宙论的。

我个人对《老子》，包括后来的《庄子》的定位是，它们主要是立足于对社会与文化的批判和反省的基础上建构其思想体系的。为什么会出现对社会与文化做批判与反省的问题呢？这和春秋战国时期大争之世有密切的关系。那个时期由于社会冲突非常严重，人的生存处境非常困苦，当然也包括人心、人性的下坠。《老子》和《庄子》对社会的这种变迁有一份

---

① 美国学者弗莱德·R. 多尔迈曾以《主体性的黄昏》为题标识自己的一部著述。在该著述的"前言"中，他写道："面前这部著作所探索的是主体性的衰落或黄昏，以及这种衰落对社会思想和政治思想产生的反响。自文艺复兴以来，主体性就一直是现代哲学的奠基石。在政治学领域里，现代主体性往往培育着一种别具一格的个体主义：它不仅把自我作为理论认识的中心，而且把它作为社会政治行动和相互作用的中心。本书试图为读者通向一种'政治学后个体主义理论'而铺平道路，所以它不只是反驳个体主义，而且也力求剔除其人类中心论的、'自我学的'和'占有性的'内涵。"（[美]弗莱德·R. 多尔迈著：《主体性的黄昏》，万俊人等译，上海人民出版社1992年版，"前言"第1页）该书集中体现了西方学者对"主体性"的深刻反思。

大悲情。《庄子·天下》篇"悲夫！百家往而不反，必不合矣"一语揭明的天、地、神、人和美的格局再也不可能恢复，便是一个大悲情！而支撑老庄对社会与文化做反省或批判的形上学建构，其中最重要的就是宇宙论。《老子》将宇宙"道生一，一生二，二生三"的变迁看成是一种往下的坠落。"朴散则为器""失道而后德"，这些提法表述的就是坠落。为什么是坠落呢？因为道本来是混沌不分的，"道生一"落到"有"，"一生二""二生三"落到有对待的状况，则一定会有矛盾，矛盾冲突不仅会给社会带来灾难，亦且使每个个人失去本真和自由，这自是一种坠落。

因为宇宙的变迁是往下坠落，所以要回归到本真，回归到比较宁静、恬淡的世界，当然就要回归到"无"。所以，"无"是《老子》中非常重要的概念。"无"是向上抽离万物的现实现存状况给出的，它既体现为一种宇宙论建构，同时也是一种价值追求。回归"无"就是要抽离或者剥去现实的各种矛盾冲突，回到"一"，回到混沌不分的状态中，由此我们的精神才能得到安顿。与此相应的日常行事应该如何？"道法自然。"因为只有在顺其（效法）自然的状态下，才不会有矛盾和冲突，才不会在矛盾和冲突中被支使、被肢解，从而保持本性和本真，当然也包括自由。所以，"无"和"自然"是由《老子》建构起来的两个最重要的观念。后来的黄老思潮，可以说正是沿着这样的两个观念来予以展开的。

黄老思潮当然要从《黄帝四经》和《管子》四篇切入。陈鼓应先生有著作专门研究《管子》四篇，兼及《宙合》等几篇，但是我更重视《四时》《五行》，因而把《四时》《五行》也放到这个系统中来。我在自己的著作《道家哲学略述》中称，《管子》诸篇，往下就是《吕氏春秋》《淮南子》，这些都是黄老思潮的组成部分，体现着黄老思潮发展变迁的基本线索。但我这里的讨论还涵盖受黄老思潮影响的法家——慎到、韩非，以及把黄老思潮特别是它的宇宙论引入儒家的重要人物董仲舒。大概我会从这样一个比较宽的面向来讨论黄老思潮的宇宙论及其价值。

我对黄老思潮的基本定位是，它把老庄对社会与文化的批判转向对社会与文化的正面建构。为什么这样的转换成为可能？这就牵涉它（指黄老思潮）对"无"的解释和对"自然"的解释。我们不妨首先看看韩非的解释。

韩非的解释基本上是把"无"视为"不确定""不给定"。"柔弱随时"这类话语其实就是讲"道"是不确定的。"道"就像水，多喝了会溺死，口干的时候喝了能救生，"水"的好与坏是不确定的。① "柔弱随时"表示与时俱变。将"无"解释为"不确定"和"不给定"，实际上是消解了"无"的形上意义，当然也消解了"无"作为精神追求的目标。

然后，"自然"是什么？"自然"在韩非那里其实就是"自然情性"。自然—本然具有的情性是好利恶害，所以我们要用"赏罚二柄"来管治社会。这"赏罚二柄"是针对现实的状况、现实人性的好利恶害而采取的做法。② 它不隐含价值判断，只是面对客观存在的状况而不得不采取相应的治国施设。这个施设因其不隐含价值取向，所以是工具性的或手段性的，相当于"术"。这是法家的转换。

及《黄帝四经》和《管子》诸篇，一方面也不太讲"无"，不用很多功夫关心形上学建构，也不用很多功夫确定某一终极的价值追求，而只是在重新解释"自然"是什么。《管子》诸篇把"道"指称为元气或精气，本身就是从"无"下落到"有"。③ 精气又是如何生化的呢？根据四时五行的变迁生化。所以，四时五行构成了自然生化的节律。如此一来，我们就看到，其实《管子》已经将"自然"解释为"自然世界"，我们面向的是"自然世界"。"自然世界"是以"有"之"气"作为驱动力，在不同时间和空间的交错中产生不同的物类。由是，中国古人得以依四时五行来

---

① 《韩非子·解老》篇称："道者，万物之所然也，万理之所稽也。理者，成物之文也；道者，万物之所以成也。故曰：'道，理之者也。'……万物各异理而道尽，稽万物之理，故不得不化。不得不化，故无常操。……凡道之情，不制不形，柔弱随时，与理相应。万物得之以死，得之以生；万事得之以败，得之以成。道譬诸若水，溺者多饮之即死，渴者适饮之即生。譬之若剑戟，愚人以行忿则祸生，圣人以诛暴则福成。故得之以死，得之以生；得之以败，得之以成。"此即以"不确定""不给定"释"道"。

② 《韩非子·八经》篇称："凡治天下，必因人情。人情者有好恶，故赏罚可用。赏罚可用，则禁令可立，而治道具矣。"此即以"治"称"道"，而把"道"工具化。

③ 《管子·内业》篇称："凡物之精，此则为生。下生五谷，上为列星。流于天地之间，谓之鬼神。藏于胸中，谓之圣人。"又称："精也者，气之精者也。气，道乃生，生乃思，思乃知，知乃止矣。凡心之形，过知失生。一物能化谓之神，一事能变谓之智。化不易气，变不易智，唯执一之君子能为此乎？执一不失，能君万物。"此即以"气"释"道"，而从"无"下落于"有"。

分类。① 这个区分是否合理？我们下面会讨论。

把"自然"解释为"自然世界"（天地万物），进而确定自然世界本身的变迁具有一种正当性。由此建构起来的这样一种宇宙论，是非常有特色的。我们可以拿古代西方（哲学）关于自然世界如何生成的说法来做比较。古代西方国家，包括中东一带，他们论究宇宙或天地万物来源时，大体可以归结为以下三种说法：其一是以德谟克利特为代表的原子论，认为世界万物是由重量和形状不同的原子在盲目碰撞中结合而成的。我们知道罗素就认为原子论是机械观，原子的盲目碰撞是无目的的机械运动，而且时间和空间与原子的碰撞没有内在联系。时间和空间无非是原子碰撞的场域。② 这样的观念是不包含生成或生命意识的。其二是从柏拉图到亚里士多德的论说，亚里士多德的"四因说"是其代表，"四因"中最重要的是"形式因"和"质料因"。在这一区分中，"质料"是被动且无意义的，形式才是最高的，最纯粹的形式就是"神"。亚里士多德的思想之所以后来会演变成基督宗教的理论来源，就因为它追求的是最纯粹的形式。这种质料和形式的二分，与第三种天地宇宙来源——基督宗教的理论发生了紧密的结合。因为基督宗教的理论基本上是将灵魂和肉体二分，肉体本身，也就是质料，是污浊的，只有灵魂才是纯洁的。拿西方这样三种理论和我们的宇宙论做一比较可见：第一，它们对天地万物带有质料的变迁没有正面的肯定；第二，它们没有引入时间观念，所以没有把天地宇宙的变迁看作生命的开展。而中国的宇宙论不仅把天地万物的变迁看作有生命的，而且强调生命变迁还是有节律的，这个节律就形成了中国人特殊的"类"的观念。这里，我们可以看到中国古典思维和西方思维有着非常大的差异。

再往下就是《吕氏春秋》，我特别重视它的"十二纪"。"十二纪"将四时进一步区分为12个月。每个月天上的星象怎样？地下的物候如何？

---

① 《管子·四时》篇写道："阴阳者，天地之大理也；四时者，阴阳之大经也；刑德者，四时之合也。刑德合于时则生福，诡则生祸。然则春夏秋冬将何行？东方曰星，其时曰春，其气曰风。风生木与骨。其德喜嬴，而发出节时。……南方曰日，其时曰夏，其气曰阳。阳生火与气，其德施舍修乐。……中央曰土，土德实辅四时入出，以风雨节土益力。土生皮肌肤。其德和平用均，中正无私……西方曰辰，其时曰秋，其气曰阴。阴生金与甲，其德忧哀静正严顺。……北方曰月，其时曰冬，其气曰寒。寒生水与血，其德淳越温怒周密。"即以四时五行论生化节律并以生化节律论类分。

② 参见［英］罗素著《西方哲学史》（上卷），何兆武、李约瑟译，商务印书馆1963年版，第九章"原子论者"。

我们的生活节奏与施政方式应随着这些情况的变化而有不同变化。更有意思的是，它对春、夏、秋、冬四季的区分，是春生、夏养、秋收、冬藏。每纪的纪首为总纲，其下的五篇论文则是纪首的发挥。春季主"生"，便多讲道家，其《本生》篇、《贵生》篇都取诸道家；夏季主"养"，便引进儒家，讲音乐，讲礼；秋季主"收"，便多讲兵家和法家，因为刑罚是在秋天施行的，为抵抗外敌入侵的练兵也是在秋季进行的；冬季主"藏"，则讲墨家，有关"葬"和"义"的问题多由墨家而来。为何以前的学者将《吕氏春秋》看作杂家呢？就是因为它既没有一个统一的认知逻辑来处理问题，也没有一种既定的价值信念来评判好坏。也就是说，它不是预设一种思想体系来框架外部世界，也不去预设一种价值信念来评判外在世界。① 这样的做法其出发点是什么？——顺应自然。自然世界发展成什么样子，我们就需要有什么样的措施对应它。既定的思想逻辑力图改变世界，就像近代以来西方所谓的"主体性"，讲求人为自然立法，用人的思维改变世界；既定的价值体系则力图以一个标准评判外部世界的好坏、对错，力图用一种单一的思想信念支配人类。这是《吕氏春秋》所没有的，《吕氏春秋》的"十二纪"主张依因不同季节、不同地域的不同状况采取

---

① 这里所谓"也不去预设一种价值信念来评判外在世界"，是指在春、夏、秋、冬的不同季节里，可以容纳不同的价值信念，并把不同价值信念都赋予"天然"的意义。如论"春"讲"生"称："始生之者，天也。养成之者，人也。能养天之所生而勿撄之，谓之天子。天子之动也，以全天为故者也。"（《本生》）论"夏"讲"养"称："耳之情欲声，心不乐，五音在前，弗听。目之情欲色，心弗乐，五色在前，弗视。鼻之情欲芬香，心弗乐，芬香在前，弗嗅。口之情欲滋味，心弗乐，五味在前，弗食。欲之者耳目鼻口也，乐之弗乐者心也。心必和平然后乐，心必乐然后耳目鼻口有以欲也。故乐之务在于和心，和心在于行适。夫乐有适，心亦有适。人之情欲寿而恶夭，欲安而恶危，欲荣而恶辱，欲逸而恶劳。四欲得，四恶除，则心适矣。四欲之得也在于胜理，胜理以治身则生全，以生全则寿长矣。"（《适音》）论"秋"讲"收"称："古圣王有义兵而无有偃兵。兵之所自来者上矣，与始有民俱。凡兵也者威也，威也者力也。民之有威力，性也。性者所受于天也，非人之所能为也。武者不能革，而工者不能移……胜者为长。长则犹不足治之，故立君。君又不足以治之，故立天子。天子之立也出于君，君之立也出于长，长之立也出于争。争斗之所自来者久矣，不可禁，不可止。故古之贤王有义兵而无有偃兵。"（《荡兵》）论"冬"讲"藏"称："审知生，圣人之要也；审知死，圣人之极也。知生也者，不以害生，养生之谓也；知死也者，不以害死，安死之谓也。此二者，圣人之所独决。凡生于天地之间，其必有死，所不免也。……以生人之心为死者虑也，莫如无动，莫如无发。无发无动，莫如无有可利，则此之谓重闭。"（《节丧》）"石可破也，而不可夺坚；丹可磨也，而不可夺赤。坚与赤，性之有也。性也者，所受于天也，非择取而为之也。豪士之自好者，其不可漫以污也，亦犹此也。"（《诚廉》）如此等等，不一而足。这些提法，实都把不同季节、不同价值取向看作天然合理的。可见吕子并不预设一种价值信念，实即无确定的价值信念。

不同的对应措施。这种思想路向实质上是以守护自然、按照自然节律办事为主导的一种认知方式与价值取向。

再往下就是《淮南子》，《淮南子》也被说成为杂家。其《时则训》基本上照抄《吕氏春秋》"十二纪"的纪首，《地形训》则根据五行的观念，对东、南、西、北、中的不同地域状况及物产做了更详细的介绍，并提出"类各自类"①的重要命题，进一步强调不同类别的事物要用不同的方法处理，也就是说，要按照其"类"的不同状况，采取不同的措施治理。就这一点而言，它还是《吕氏春秋》体系的延伸。《淮南子》和《吕氏春秋》最大的不同点是，《淮南子》重新回到老庄，很多文章基本上是在解释《庄子》，而且更把老庄的宇宙论再往前推，所谓"道始于虚廓，虚廓生宇宙，宇宙生气"②即是。回到老庄，回到宇宙论，回到"无"，而且把"无"推得更远更高，意味着重新恢复了老庄"无"的价值追求。《淮南子》讲"复性之初"，即要恢复我们本性最初始的状况。③也就是要用"无"把我们的精神往上提到最高的境界。当把精神提升到最高的境界，往下看世间万物的区分就没有很多意义了。由是，我们对待下面的世间万物，在施治的时候就可以平等地予以对待，讲究平等意识。

我在关注黄老思潮时，注意到从《黄帝四经》到《管子》诸篇，一直都在讲公平、平等。回过头追溯，《论语》和《孟子》却从来不谈平等问题。为什么孔子、孟子不谈平等呢？一方面，其实不是因为他们不爱平等或者他们在理论上有什么缺失，而是因为从孔子和孟子的立场看，人们需要做的是付出自己的爱去关心他人、帮助他人，而并不要求他人对自己

---

① 《淮南子·主术训》称："人主之术，处无为之事，而行不言之教。清静而不动，一度而不摇。因循而任下，责成而不劳。……进退应时，动静循理。不为丑美好憎，不为赏罚喜怒。名各自名，类各自类。事犹自然，莫出于己。"此所谓"类各自类"，即依客观存在的"类"的不同做不同处理，不做价值上好坏善恶的取舍。

② 《淮南子·天文训》称："天地未形，冯冯翼翼，洞洞灟灟，故曰太昭。道始于虚廓，虚廓生宇宙，宇宙生气。气有涯垠，清阳者薄靡而为天，重浊者凝滞而为地。清妙之合专易，重浊之凝竭难，故天先成而地后定。天地之袭精为阴阳，阴阳之专精为四时，四时之散精为万物。积阳之热气生火，火气之精者为日；积阴之寒气为水，水气之精者为月。日月之淫为精者为星辰，天受日月星辰，地受水潦尘埃。"此即把天地宇宙的来源推得更高更远。

③ 《淮南子·俶真训》称："是故圣人之学也，欲以返性于初，而游心于虚也。达人之学也，欲以通性于辽廓，而觉于寂漠也。若夫俗世之学也则不然，擢德搴性，内愁五藏，外劳耳目，乃始招蛁振缱物之豪芒，摇消掉捎仁义礼乐，暴行越智于天下，以招号名声于世。此我所羞而不为也。"此即讲"返性于初，而游心于虚"为最高境界。

有什么平等的回馈，也就不需要谈平等问题。当然，另一方面，如果要把爱往外推，又得有亲疏远近的区别。不能把自己的父亲和别人的父亲完全地同等对待。爱往外推所出现的亲疏远近的区别就意味着"爱有差等"。所以，墨子批评儒家讲"爱有差等"不是没有理由的。这意味着什么？意味着平等一定要抽离现实中远近亲疏的关系，往上提。抽离之后才会有"万物一体"。能够这样做的就是道家。道家"无"的观念就是把人们从万物的复杂关系、复杂牵连中往上提，抽离上去。抽离上去以后，回落下来，世间万物的差别都不重要了。万物可以说是一体了。一体的观念从《老子》"天地不仁，以万物为刍狗；圣人不仁，以百姓为刍狗"的论说已有体现，这其实就是讲平等地对待百姓。《庄子·齐物论》"齐万物"也是讲平等。所以，只有把自己从远近亲疏的关系中抽离出来，才会有"万物一体"的看法。由此形成的这个"一体"观，我把它称为"道家式的内圣外王"说：把自己往上提就是"内圣"，对下面平等地看待则是"外王"。① 这里我们可以把从《老子》到《淮南子》以及下面要谈到的董仲舒的思想变迁，用一个图式表示：

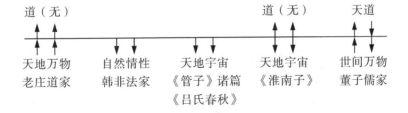

这个图式显示：老庄力图把"道"抽离万物，往上提升，它所说的"道"就是"无"，这个"无"既是一种存在状况，同时也是一个价值追求；到了法家，慎到和韩非把"自然"称为"自然情性"，把"无"拿走

---

① 《淮南子·诠言训》称："为治之本，务在于安民；安民之本，在于足用；足用之本，在于勿夺时；勿夺时之本，在于省事；省事之本，在于节欲；节欲之本，在于反性；反性之本，在于去载。去载则虚，虚则平。平者，道之素也；虚者，道之舍也。能有天下者，必不失其国；能有其国者，必不丧其家；能治其家者，必不遗其身；能修其身者，必不忘其心；能原其心者，必不亏其性；能全其性者，必不惑于道。"这里显然有取于《大学》以"天下""国""家""身""心"为先后次序，然却归本于"能全其性"；而"反性之本，在于去载"，此"去载"即抽离；"去载则虚"，此即以为抽离之后可上提至虚无之境；"虚则平"，是谓上提至虚无之境便可平等地对待人人物物。此即"道家式的内圣外王"说。

了，也就无意于形上学的追求；再往下是《管子》诸篇和《吕氏春秋》，把"自然"解释成为"天地宇宙"或者"自然世界"，它们也还是不太讲"无"，所以境界层面虽然不是完全没有，但对它们来说不太重要。如吕氏春天讲道家，夏天讲儒家，秋天讲兵家和法家，冬天讲墨家，就没有统一的价值追求。没有统一的价值追求，其实也即意味着没有确定的价值信念。再到《淮南子》，"自然"也指天地宇宙，不过《淮南子》的"道"和"物"是背离的。作为得"道"的圣人，其境界是要往上提的，而对在下面的天地万物则是一体看待之。因为对天地万物一体看待，所以才有平等可言。

如果把《淮南子》等道家著作的平等观和近代西方的平等观做一比较，那是非常有趣的。西方自由主义政治哲学建构的近现代平等意识，其实出自三个观念：其一是讲求"自然状态"，这是要把人从神那里剥离出来；其二是讲求"每个个人"，这是要把每个个人从社群中剥离出来；其三是讲求"功利个体"，这是要把人的形上追求去掉。就是说，处在自然状态中的每个个人其实就是一个功利个体，我们是在功利或权利这一点上平等的。这是把人往下拽落，通过将每个个人单一化、平均化而求得平等。《淮南子》强调要从天地万物的多重关联中剥离开来而讲对万物平等看待之，这和近代以来的平等观有相似的地方，但是最大的不同在于，现代的平等观只认允每个个人是功利个体，缺失往上提的那一面。因为只强调我们每个个人的权利，所以当今的世界充满了个人和他人、个人和社会、族群和族群、国家和国家之间完全落在利益层面上的争夺。我们以往觉得美国讲"自由、民主、平等"，好像挺值得羡慕。可是这几年发现，美国头面人物走到什么地方都只讲"美国利益"，世界上每一个小角落发生什么事情也关系到"美国利益"。那些"自由、民主、平等"的外衣全部剥落了，只有利益的问题，这是很可怕的。由于只讲利益，所以经常出现的状况是要求你对我应该平等，而我对你却是强权。如果说上帝"已经死了"，再也没有他力把人的精神往上提，那么不妨学习道家，道家是讲求我自己把自己往上提。它不看重现实的各种功利争夺，所以不存在向谁争夺的问题。现代社会中如果真要讲平等的话，道家的这样一个"内圣外王"体系，更值得我们借鉴。

二、董仲舒如何引入宇宙论证成儒家的价值论

下面我们要谈董仲舒了。

学界无疑都会承认,董仲舒深受黄老思潮的影响。所撰《春秋繁露》,以"阴阳"为题的就有六篇,以"五行"为题的有九篇,以"四时"为题的虽仅有一篇,但"四时"多与"阴阳""五行"合论。虽然不能说董仲舒是在儒学系统中第一个引入宇宙论,为儒学的价值论提供存在论的说明的,因为董子之前,《中庸》"天命之谓性"说已确认心性是由"天命"下贯而成的,但"天命"是什么,并没有详细地展开;《易传》中"易有太极,是生两仪,两仪生四象,四象生八卦,八卦定吉凶,吉凶生大业"和"一阴一阳之谓道,继之者善也,成之者性也"等提法,也已描画出宇宙变迁的规模,但缺少"五行",而且证得的价值观念也还不太系统。及董子充分吸纳黄老思潮的宇宙论,确认"天地之气,合而为一,分为阴阳,判为四时,列为五行"①为天道变迁的次序,才使儒学的宇宙论建构获得完整的形态。

那么,董仲舒引入黄老学所建构的宇宙论,之所以被称为儒家的宇宙论,原因在哪里呢?

试比较董仲舒的《春秋繁露》与《淮南子》,可以看到它们之间有一个重要的区别,那就是董子虽然有强烈的价值信念,却不讲"无",没有像《淮南子》那样把价值的追求放在天地万物之外、之上。然则,董子所推崇的儒家的价值信念从哪里获得宇宙论的支撑呢?他一如《中庸》那样主张要从"赞天地之化育"中证得,或亦如《易传》"一阴一阳之谓道,继之者善也,成之者性也"的说法,认为天地宇宙的变迁是由一阴一阳的变化带出来的,我们承继阴阳变迁而付出自己的努力就是善的行为,善的积淀就成为我们的本性。可以说,以董仲舒为代表的儒家的宇宙论,是把价值直接安立在天地万物的变迁中,确认依照天地万物的变迁节律去付出我们作为人的努力,我们的价值就得以实现。我们知道,《管子·四时》篇讲到四时变迁时,并不与仁、义、礼、智挂搭;《吕氏春秋》中"十二纪"的纪首也全部没有涉及仁、义、礼、智。但是到了董仲舒这里却认为,春天万物是"生"的,所以我们要讲"仁";夏天万物是"养"的,

---
① 《春秋繁露·五行相生》。

所以我们要讲"智"。董仲舒有点怪,"智"本来应该放在冬天的"水"那里去讲,可他却放到夏天去讲。接下来,秋天是讲"收"的,我们要讲"义";冬天是讲"藏"的,我们要讲"礼";然后中央是"土",要讲"信"。四季的五个方位以及相应的五行的变迁全部和仁、义、礼、智、信关联起来,此即确认仁、义、礼、智、信都要放在"赞天地之化育"中证取。① 因为天地宇宙的生养收藏,就构成为人的价值源头,天地宇宙本身便具有绝对的意义。所以,董子不需要讲"无",只需要把"天"与"万物"掰开,赋予"天"以形上地位即可。董子由此就把黄老学的宇宙论引入儒家,完整地建构起儒家的宇宙论。我们说过,道家由于把价值的追求安置在"无"那里,下落于天地万物,强调天地万物的一体地位,不免带有一种冷漠性。老子所说"天地不仁,以万物为刍狗;圣人不仁,以百姓为刍狗",就显出一种冷漠性。董子把仁、义、礼、智、信等价值信念放进天地宇宙的生养收藏中去,天地宇宙及其变迁不再是自存的、与人无关的,而是亲近人的、成就人的。董仲舒由此建构起来的宇宙论,我也称之为"存在世界价值化",同时价值也被存在化的一种理论。

天地万物本来是一个存在世界,但在董仲舒那里,它被用来证成价值。这是存在世界被价值化,反过来说,价值也被存在化了。价值存在化使原来由主体心性引出的价值借存在论之支撑而获得了信实性的意义,这正是董子所追求的。但是,我们也不能不注意到存在世界价值化以后所带出的问题,就是存在世界同时被灵性化了。因为存在世界被灵性化,由之

---

① 《春秋繁露·五行相生》称:"东方者木,农之本。司农尚仁,进经术之士,道之以帝王之路,将顺其美,匡救其恶。执规而生,至温润下,知地形肥硗美恶,立事生则,因地之宜,召公是也。……南方者火也,本朝。司马尚智,进贤圣之士,上知天文,其形兆未见,其萌芽未生,昭然独见存亡之机,得失之要,治乱之源,豫禁未然之前,执矩而长,至忠厚仁,辅翼其君,周公是也。……中央者土,君官也。司营尚信,卑身贱体,夙兴夜寐,称述往古,以厉主意,明见成败,微谏纳善,防灭其恶,绝源塞隟,执绳而制四方,至忠厚信,以事其君,据义割恩,太公是也。……西方者金,大理司徒。司徒尚义,臣死君而众人死父。亲有尊卑,位有上下,各死其事,事不逾矩,执权而伐。兵不苟克,取不苟得,义而后行,至廉而威,质直刚毅,子胥是也。……北方者水,执法司寇也。司寇尚礼,君臣有位,长幼有序,朝廷有爵,乡党以齿,升降揖让,般伏拜谒,折旋中矩……据法听讼,无有所阿,孔子是也。"此即把五德与五行完全挂钩起来。

董仲舒的思想体系便不免有很强烈的信仰成分。① 董仲舒的思想体系经常被批评为神学目的论，都与此有关。这在道家那里是没有的，因为道家把价值追求与天地万物分开，天地万物是被作为客观存在看待的。神学化是董子把宇宙论引入儒家后出现的问题。

这就是黄老思潮自身的发展状况和它被法家、儒家分别引申以后发生的变化。这只是一个简单的介绍。

三、如何评价宇宙论

如何从总体上评价宇宙论，是我们接下来要讨论的最重要的问题。这当中涉及如下三点。

第一点是怎样评价宇宙论所表现的认知方式和它在认知上提供的价值。

大家知道，近世以来宇宙论多受批评甚至被严厉指责，就是认为它不科学，不符合现代人的认知方式和知识体系。像徐复观即认为它是经受不住理性主义考验的，也是说它经受不住知识论的反省和批评。然而，就在中国学者不断地批判宇宙论在认知方式上是荒唐的、不科学的背景之下，西方一些学者却早就对我们的宇宙论做出了许多肯定。李约瑟就把中国阴阳五行的思维称为"关联思维"，而且他的这种说法可以往前推到葛兰言的发现。葛兰言和李约瑟都用关联思维（有时也称为"有机思维"）来指称中国古典思维。李约瑟以为西方思维是一种因果思维，这种思维执认，如果某个东西停在某点上，一定是另外一个东西把它推上去的。而关联思维不是这样的。关联思维以为，某个东西停在某点上，是它与周围的事物

---

① 董仲舒的"人副天数"说把人体结构与天地阴阳、四时五行对应起来，还属于"机械观"。当他称道"天者，百神之大君也。事天不备，虽百神犹无益也"（《春秋繁露·郊语》），此则确实把儒学神学化了。

相互作用造成的。① 20世纪80年代,另一汉学家葛瑞汉写过一本《论道者》,同样用关联思维来指称中国阴阳五行这种思维。他认为其实我们日常的思维都是关联思维,只是我们需要对某一个局部弄清楚的时候才用分析思维。② 葛瑞汉无疑对关联思维也做了充分的肯定。

我在20世纪80年代所撰《中国哲学的探索与困惑:殷周—魏晋》③一书里,则把古典宇宙论的认知方式称为"类归方式",以与西方"分解—分析性"的认知方式相区别。"分解—分析性"的认知方式,习惯于把认知对象从复杂的关联中抽离出来予以把捉,以"属差加种"的方法予以定义,着眼处在"差别"。在把这种差别做得越来越精细的时候,便可以量化,由之而成就了近代的技术科学。中国古典宇宙论的"类归方式"不然。它总是习惯于把单个事物归入"类"中,进而把"小类"归入"大类"中,通过归入来予以介说与把捉。归类的结果是,事物的差别被模糊了,但由于与更多的事物发生了"类"的相关性,它的面向也更丰富了,联想的空间也更开阔了。宇宙论把各种事物归入"五行"(如《淮南子·地形训》),归入"四时"(如《吕氏春秋·十二纪》),以至归之"阴阳"(如《黄帝内经·素问·阴阳应象大论》),所体现的即是这种"类归性"的认知方式。

那么,"类归性"的认知方式有客观的依据吗?

---

① 李约瑟称:"中国人之关联式思考或联想式思考的概念结构,与欧洲因果式或法则式的思考方式,在本质上根本就不同。……中国人关联式的思考绝不是原始的思想方式。……它的宇宙,是一个极其严整有序的宇宙,在那里,万物'间不容发'地应合着。但这种有机宇宙的存在,并不是由于至高无上的造物者之谕令(万物皆臣服于其随伴天使的约束);也不是由于无数球体的撞击(一物之动为他物之动的原因)。……中国人的理想里,没有上帝和律法。宇宙内的每一分子,都由其本性的内在趋向,于全体的循环中欣然贡献自己的功能,这个非由创造而来的有机体,反映于人类社会上的,是一个普遍的理想,即人与人间的善意谅解,以及相互依持和团结的柔和体制,此种体制永不立基于绝对的法令或法律。"([英]李约瑟著:《中国古代科学思想史》,陈立夫主译,江西人民出版社1990年版,第382-387页)

② 葛瑞汉写道:"从把人与共同体和宇宙联系起来的系统的方向看,一种关联的世界观开启了一个有益得多的层面。基本的社会制度,语言,与关联世界观充分共享了它的结构……政治学、社会学和心理学从没获得分析思维的那种纯粹性,根据物理学类推,它们因宣称为'科学'故应需要这种纯粹性。除了所有学说之外,现实的日常生活也大都无可改变地属于关联思维。"([英]葛瑞汉著:《论道者——中国古代哲学论辩》,张海晏译,中国社会科学出版社2003年版,第402页)

③ 冯达文:《中国哲学的探索与困惑:殷周—魏晋》,中山大学出版社1989年版。修订版易名为《早期中国哲学略论》(广东人民出版社1998年版)。

这里的关键在一"类"字。"类"是如何确定的？这种确定的正当性在哪儿？

前面说过，宇宙论是通过把捉、还原大自然生化的过程与节律而建构起来的。它的主要概念，如阴阳，所把捉的是大自然正向与反向的两种生命力变换的节律；四时，所把捉的是原始生命力在时间上的变迁节律；五行，所把捉的是原始生命力在空间（方位、方向）上的变迁节律。而天地宇宙间的各个生命个体、各种生命物类，就都是在适应大自然在时空的交换与变迁的节律才成其为如此的；那些无法适应的生命个体、生命物类，都会被自然变迁节律所淘汰。这意味着，生命个体、有生命的各种物类，在长期适应大自然变迁节律的过程中，其实已经把这种节律内化为自己的结构、功能。《黄帝内经》所谓"人以天地之气生，四时之法成"①"阴阳有时，与脉为期"②，实即指大自然变迁节律之被内在化；所使用的"纪""经""度"等概念，又即指天人相应之节律，也即是"类"。可见，以"五行""四时""阴阳"的观念对生命体做生理、病理、药理、治理的"类"的区分，便毫无疑问地具足客观性与科学性。《黄帝内经》为中医经典。中医在近世曾经被指斥为不科学，理由是同一种病不同中医用药多不相同。然而，中医用药之不同，其实顾及男女老少的差异、春夏秋冬的不一、东南西北之各别。这无疑就是宇宙论及其"类"观念的具体运用吧！

实际上，我们可以这样说，以分解—分析为入路的认知方式本质上是以解构大自然的自然—本然形态为用力处的，这固然也是人类所需要的。但既然人的这副身骨架是大自然依其自然—本然的变迁节律塑造的，数百万年来并没有太大的变化，而人对大自然的解构已经到了无以复加的地步，人的不太变化的身骨架还能适应变化得不像样子的外在世界吗？如果说这一个世纪人们应该改弦更张，以回归自然为价值追求，那么，中国古典宇宙论及其依自然的变迁节律论生理、病理、治理、药理的认知方式，不是更应该受到认肯吗？

---

① 《黄帝内经·素问·保命全形论篇》称："天覆地载，万物悉备，莫贵于人，人以天地之气生，四时之法成。"

② 《黄帝内经·素问·脉要精微论篇》称："阴阳有时，与脉为期。……微妙在脉，不可不察，察之有纪，从阴阳始，始之有经，从五行生，生之有度，四时为宜，补泻勿失，与天地如一，得一之情，以知死生。"

第二点是怎样看待宇宙论引申出的政治哲学或政治施设。

我以前一读到《礼记·月令》篇、《吕氏春秋》的"十二纪",都会很感慨,这整个不就是生态型的政治哲学?这种政治哲学或治国理念认为,政治施设应该依据每个月天上的星星在什么位置、地下出现什么物候,而做出决定和予以颁行。如春季正月,太阳的位置在北方之营室,日干是甲乙,主神为木德之帝太皞和木官之神句芒。其时东风吹暖,地上的冰封开始解冻,各种蛰居的动物开始活动。这是万物初生的季节。与此相应的政治施设,是皇帝应于立春前斋戒三天,然后于立春当天率三公九卿文武百官举行迎春开耕典礼;又应颁布政令,不许宰杀雌性的动物,不可砍伐树木,不可倾覆鸟巢取鸟卵,不可杀害幼小的禽兽,亦不可征召农夫修城筑郭从而妨碍农事;总之是"无变天之道,无绝地之理,无乱人之纪"。所有的施设,都围绕着"生"来颁行。下来,二月、三月,以至十二月也——依天上星象的变化、地下物候的更替而取相应之举措。①

我觉得古人太伟大了,他们早已讲究生态文明了。我很感慨的原因是,近代流行的自由主义的政治哲学所带来的严重的现实状况。我们上面曾说过近代的政治自由主义主要有三个观念:其一为"自然状态",把人从神分离出来;其二为"每个个人",把人从社群分离出来;其三为"利益个体",把人的精神追求拿掉,回落到我们只是一个个追求功利的存在者。由此,我们平等了。但是,每个个人赤裸裸的利益追求同时也被极大地凸显了。我们现在评价所有的政令措施都只用利益是否获得改善做衡量标准。精神追求变成每个个人的私事。而且平等权利又只讲在场的,18岁以前不在场,死了以后也不在场。我们知道,超越一定要顾及过去、现在、未来三维。如果我们只管在场的,那么我们实际上就把很多前人和后人的权利剥夺掉了。现代鼓动的超前消费就是这样一个问题。超前消费就是把未来的资源、未来孩子们应该享有的幸福拿过来,尽量在现在花费掉。近代政治自由主义把人往下拽落成为一个个的利益个体,个人与他人、个人与社会、国家与国家不能不充满赤裸裸的、残酷的利益争夺,这就是我们现在面临的非常可悲的状况。

因为现代社会有这样的危机,20世纪80年代就有社群主义提出批评。社群主义者认为,政治自由主义在方法论上是错误的,因为绝对没有每个

---

① 详见林品石注译《吕氏春秋今注今译》之"十二纪"部分,台湾商务印书馆1985年版。

个人的所谓"单独个体",每个个人一生下来都是处在一个社群里面的,离开特定的社群来谈个人的权利是很荒唐的;其次,社群是随历史变迁而变迁的,离开历史变迁来谈个人现时的绝对权利也是荒唐的。就是说,把人从社群中抽离、从历史中抽离出来谈单独每个个人的绝对权利,在方法论上错误的,在价值观上是不恰当的。社群主义希望能够回归到对社群的责任承担。① 如果我们顺着社群主义的路子往下推,我们实质上可以这样说,每个个人生下来不仅不能够离开社群,而且不能够离开自然。我们的生命体就是由自然在不断变迁中积淀而成的,我们现时的生存处境也离不开自然。在当今,我们不仅面临难以改变的人的身骨架与已经发生巨大改变的外在世界的矛盾;又且,在人为着自己贪婪的欲望而无节制地侵占自然物种的生存领地,逼迫自然物种不得不通过不断改变形态而潜入人的生存领地以谋求生存,自然物种这种报复性行为不也把人类的存续问题推向极其危险之地?人类面对此情此景,难道还不应该讲求回归自然吗?毫无疑问,中国宇宙论这种政治运作措施或者这种政治哲学能为我们回归自然提供非常有益的思想资源。这是我为宇宙论翻案的第二点。

  第三点主要涉及儒家引入宇宙论的问题。这也是价值存在化与存在价值化如何可能的问题。

  我们前面说到董仲舒是把宇宙论引进儒家,追求把价值存在化以使价值信实化从而导致存在世界灵性化,以至于走向神学的。我们知道,世界上许多大的宗教都是靠神话传播信念,有的还靠权力支撑起来的。比较之下,董子没有创世纪,也没有编织许多神话故事。他引入宇宙论,以为我们依一年四季的变迁付出努力,就可以成就价值,这其实是很理性的。而

---

  ① 俞可平在一篇题为《从权利政治学到公益政治学——新自由主义之后的社群主义》的文章中概述社群主义与自由主义的区别称:"从方法论上说,自由主义的出发点是个人,而社群主义的出发点则是社群;从价值观方面看,自由主义强调个人的权利,而社群主义则强调公共的利益。……在方法论上,社群主义者认为,个人主义关于理性的个人可以自由地选择的前提,是错误的或虚假的,理解人类行为的唯一正确方式是把个人放到其社会的、文化的和历史的背景中去考察。换言之,分析个人首先必须分析其所在的社群和社群关系。在规范理论方面,社群主义者断定,作为公平的正义不可能对善具有优先性,反之,我们对善的感知(our conception of the good)应当具有绝对的优先性。社群既是一种善,也是一种必需,人们应当努力追求而不应当放弃。正义优先的原则要求权利优先的政治学,而善优先的原则要求公益优先的政治学。因此,用公益政治学替代权利政治学,便成为社群主义的实质性主张。"(刘军宁等编:《自由与社群》,生活·读书·新知三联书店1998年版,第66-68页)

且，就文化发展的轨迹看，文化在时空上的拓展不正是通过不断地把价值存在化而实现的？如我们日常说的，"天多么湛蓝""山多么雄伟""海多么宏阔""花多么美丽"，我们能够区分这些说法到底是指事实还是指价值？无疑，这些提法就已经把存在世界灵性化了。

再说，董子引入宇宙论，是从气的生生化化来讲灵性的。气因为可以无限生化，具有无限的生命力，因而本身就表现出一种灵性。气禀而为人为物，人与物亦获得生命力，便亦具足灵性。有生命力，有灵性，必当有原发性的生命冲动，汉唐人讲"天生才情"，看重生命力的原发性和禀赋上的个性，精神文化就比较上扬、比较浪漫。宋明人讲"变化气质"，把"气"质料化，便消解了灵性与活力；"气"还得被公共划一的"理"框定与改变，也再不讲个性。宋明文化精神过分地讲求"内圣"，其实难以开出接通天地、拥抱宇宙的大气象。学界多推重宋明儒学，并不见得完全得当。

无疑，董学被认作有问题并不止于它的灵性化，更在于它带出了谶纬神学。我们必须承认，谶纬之学在被各种政治势力引作争权夺利的工具时带来了许多混乱。但是，不要忘记它成为民间流行还有其特定意义：它为民间日常杂乱的生活建构了秩序，为民间日常平庸的生活提供了意义。它为民间日常杂乱的生活建构的秩序是依一年四季十二个月二十四节气安排的，因之，它守护了人与自然变迁节律的协和性；它为民间日常平庸的生活提供的意义则是：每个个人是有限的，个人的每一次成长、每一次成功，都离不开他人、社会、天地宇宙。因之，对他人、社会与天地宇宙应该心存敬畏与感恩。凭着这一分敬畏与感恩，个人得以走出个我，走向他人、社会与天地宇宙，使自己哪怕是微薄的努力，都获得一种终极的意义。

这就表明，董子的神学走向乃至谶纬神学，其评价也是可以一分为二的。

价值存在化及其灵性化如何看待已如上述。那么，存在价值化又是如何可能？劳思光先生曾明确认定，存有和价值不是一回事，"实然"和

重评中国古典哲学的宇宙论

"应然"不是一回事,从知识不能够转出价值。① 但在董子那里,存在价值化的问题不是一个知识论问题,而是一个生存论问题,涉及生存处境、生存体验。用董仲舒所表达的意思来说就是:我们人类是大自然用自己长久的发展变迁培育出来的最有灵性、最有聪明才智的一个族类,大自然对我们多么佑护,我们难道不应该敬畏与感恩吗?而且大自然不仅把我们人类塑造成为最有灵性、最聪明的一族,同时还年复一年地生存长养万物来为我们的生活提供基本的保障,为我们族类的发展提供基本的物质基础,今年大自然生长出来的东西我们吃完、用完了,明年又会重新生长出万物,使我们明年的生活也有了保障。大自然对我们这样恩宠,难道我们不也应该敬畏和感恩吗?②

我们的道德就从对大自然的敬畏和感恩中证取出来、延伸出来。如大自然一年四季、十二个月、二十四节气的变迁是依时而来的,这体现了大自然的诚信,所以我们人也应该以诚信作为我们的基本道德;在一年四季、十二个月的变迁中,春天是最重要的,春天万物生长得好,我们一年的生计就有了保障,这体现了天地宇宙对我们的仁恩,所以我们也应该以"仁"作为我们的基本道德;我们现在有这样的生活境遇,是大自然长期的发展,也包括我们前辈"赞天地之化育"的努力而成就的,所以我们对前辈、对天地宇宙都要感恩;"天地生之本,父母类之本",因之我们都应该讲孝;当然,我们这一代人也要对后代负责,为后代付出,由是我们又必须讲慈和爱。显然,儒家所有的道德信念都可以从对大自然变迁的敬畏

---

① 劳思光称:"儒学心性论之基源问题,原为:'德性如何可能?'故必须深究所谓'善'之本义——亦即'德性价值'之本义。而此一问题即与描述任何'存有'之问题,不同类属。盖无论取经验意义或形上意义,'存有'问题总与价值问题本性不同。……'应该'或'不应该'之问题,本身另有一领域,此领域必成立于一自觉基础上。因必有自觉之活动,方有如理或不如理之问题,离开自觉,专就'存有'讲,则无所谓'应该'或'不应该'。因无论'有'或'无',皆是一'实然问题',非'应然问题'。"[劳思光:《新编中国哲学史》(二卷),广西师范大学出版社2005年版,第29页] 劳氏此即强调"存有"与"价值"、"实然"与"应然"之不相连属。

② 董仲舒说:"仁之美者在于天。天,仁也。天覆育万物,既化而生之,有养而成之。事功无已,终而复始,凡举归之以奉人。察于天之意,无穷极之仁也。人之受命于天也,取仁于天而仁也。""天德施,地德化,人德义。天气上,地气下,人气在其间。春生夏长,百物以兴;秋杀冬收,百物以藏。故莫精于气,莫富于地,莫神于天。天地之精所以生物者,莫贵于人。人受命乎天也,故超然有以倚。物疢疾莫能为仁义,唯人独能为仁义;物疢疾莫能偶天地,唯人独能偶天地。"此即从敬畏与感恩引申出"仁"。

· 109 ·

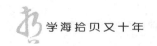

和感恩中引申出来。明代思想家罗汝芳的以下一段话讲得多么深切：

> 孔子云："仁者人也。"夫仁，天地之生德也。天地之大德曰"生"，生生而无尽曰"仁"，而人则天地之心也。……夫知天地万物之以生而仁乎我也，则我之生于其生，仁于其仁也，斯不容已矣。夫我生于其生以生，仁于其仁以仁也，既不容已矣，则生我之生，以生天地万物，仁我之仁，以仁天地万物也，又恶能以自己也哉？夫我能合天地万物之生以为生，尽天地万物之仁以为仁也，斯其生也不息，而其仁也无疆，此大人之所以通天地万物以成其身者也。①

罗汝芳这是说，天地万物是以它的生来养育我、成全我的，这体现了天地之仁；我既以天地万物之生为生，则我亦当以我之生来延续天地万物之生，这是不容自己、不允许自己不这样做的，这是我之仁；正是由天地万物之生生我，由我之生生天地万物，而使天地宇宙得以无限地延续、无限地发展，我亦得以融入天地宇宙无限延续、无限发展的长河，而获得无限的意义。

我们看植物，在花开得最灿烂、绽放得最美丽的时候，无疑是最能呈现它自己的时候。但是花开得灿烂，长得漂亮是为什么？为了传授花粉，繁殖后代。动物也是一样，动物在其性功能还没有成熟的时候，雌雄是不分的，在其性功能成熟以后，雄性长得特别漂亮，叫得特别响亮，那也是最"自我"、最可显耀的时候。但它长得那么漂亮，叫得那么响亮是干什么？是为了求偶，也是为了繁殖后代。这就是大自然。

我们人类能够逃脱大自然的魔法吗？不可能。恰恰相反，如果大自然把我们人类塑造成为最聪明、最有才干的一族，我们不仅不能够过分地讲求个体自我，而且应该更自觉地承担更多的责任。这一点也许正是儒学和西学的重要区别。近代西学讲天赋人权，凸显的是个人权利。中国儒学讲天地宇宙塑造我们，是要我们承担责任，包括维护人类族群的发展，守护自然正常变迁的责任。我们的价值恰恰也就是在使得族群获得正常发展，使得大自然获得正常变迁中实现的。在儒学这里，自我和世界、有限和无限是一体的。许多宗教强调要把自我去掉，才能获得神的救赎，回到神的

---

① 方祖猷、梁一群等编校整理：《罗汝芳集》（上），凤凰出版社2007年版，第388页。

身旁，自我和神是割裂的。在纯粹知识的建构中，也要把"我"拿走，知识才具有所谓的客观性。可是中国人的观念不是这样的，中国人认为自我和世界、有限和无限是连成一体的。一个人尽个人有限的努力让族群、世界获得更好的发展，个人的价值就会和世界发展的长河融汇在一起，从而获得永恒。可见，儒家引进宇宙论来支撑与证成其价值信念也是极具正当性的，我们应该为它辩护并诚心予以持守！

（2014年7月4日，应北京大学哲学系、北京大学道家研究中心邀请做了题为"黄老思潮新探"的讲演。本文初稿由北京大学哲学系研究生苗玥君据录音整理而成，修订与删削后以《重评中国古典哲学的宇宙论》为题刊载于《孔学堂》2015年第4期）

儒家系统的宇宙论及其变迁

——董仲舒、张载、戴震之比较研究

孔子、孟子的原创儒学,是从亲亲之情、不忍之心引申出来的,这一点学界多有共识。及在后来的发展中,儒家学者力图引入道家的宇宙论为孔孟建立的价值信念提供存在论的依据,其确当性则众说纷纭。拙著《道家哲学略述——回归自然的理论建构与价值追求》之第五章"道家与儒学",对董仲舒的做法有过若干检讨并多予以正面的肯定。本文无意就儒学引入宇宙论是否适切再做评论,而仅就从董仲舒到张载再到戴震引入宇宙论证成儒学价值信念所取的方式的差别,从一个侧面来看思想史的变化历程。

一、董仲舒:从因顺阴阳之化证得仁义之道

儒学引入宇宙论,并非董仲舒始创。《中庸》"天命之谓性"说,就已经把人—主体的心性,往上挂搭于"天命",力图从"天命"的下贯,求得心性所认取的价值信念的正当性。只是,《中庸》并没有就"天命"是怎样的,做进一步的开展。来到《易传·系辞上》,宇宙论得到了稍为完整的表述:"易有太极,是生两仪,两仪生四象,四象生八卦,八卦定吉凶,吉凶生大业。"《易传》的这一说法,尽管与筮法有关,但筮法所依托的正是宇宙论,而且秦汉时期人们也多以宇宙论释译。及《易传》的一些提法,如"一阴一阳之谓道,继之者善也,成之者性也"[1]"有天地然后有万物,有万物然后有男女,有男女然后有夫妇,有夫妇然后有父子,有父子然后有君臣,有君臣然后有上下,有上下然后礼义有所错"[2],等等,即从宇宙论来讲成德论。

《易传》讲"太极""阴阳""四时",未及"五行"。"四时"是指的

---

[1] 《易传·系辞上》。
[2] 《易传·序卦》。

儒家系统的宇宙论及其变迁

宇宙生化的时间节律,"五行"所及为方位、方向,乃为生化的空间节律。不讲"五行",宇宙论仍是不完整的。到了董仲舒,充分吸纳包括《吕氏春秋》《淮南子》等一批被称为"黄老思潮"的思想成果入于儒学,儒学的宇宙论才得以走向完备。

董子于其所著《春秋繁露·五行相生》篇中称:

> 天地之气,合而为一,分为阴阳,判为四时,列为五行。

这里,董子就把宇宙的生化完整地表述为由天地之气而阴阳而四时而五行的过程。气或元气无疑被视为天地宇宙最原初的生命力,阴阳则是原初生命力发动呈现的两种不同趋向。

由阴阳的不同趋向带出四时:

> 阴与阳,相反之物也,故或出或入,或左或右。春俱南,秋俱北,夏交于前,冬交于后,并行而不同路,交会而各代理;此其文与。①

这是说,春夏秋冬四时是由阴阳之气的不同运化状况带出的。

阴阳的运化不但带出四时,而且兼及方位:

> 天之道,终而复始,故北方者,天之所终始也,阴阳之所合别也。冬至之后,阴俯而西入,阳仰而东出,出入之处常相反也。多少调和之适,常相顺也。有多而无溢,有少而无绝。春夏阳多而阴少,秋冬阳少而阴多。多少无常,未尝不分而相散也。以出入相损益,以多少相溉济也……春秋之中,阴阳之气俱相并也。中春以生,中秋以杀。由此见之,天之所起其气积,天之所废其气随。故至春少阳东出就木,与之俱生;至夏太阳南出就火,与之俱煖。此非各就其类而与之相起与?少阳就木,太阳就火,火木相称,各就其正。此非正其伦与?至于秋时,少阴兴而不得以秋从金,从金而伤火功。虽不得以从

---

① 〔汉〕董仲舒:《天道无二第五十一》,见〔清〕苏舆撰,钟哲点校《春秋繁露义证》,中华书局1992年版,第345页。

金，亦以秋出于东方，倦其处而适其事，以成岁功，此非权与？阴之行，固常居虚而不得居实。至于冬而止空虚，太阳乃得北就其类，而与水起寒。是故天之道，有伦、有经、有权。①

董子这里所说，"天之道，终而复始"，依苏舆义证，近于《淮南子·天文训》所述："昼者阳之分，夜者阴之分，是以阳气胜则日修而夜短，阴气胜则日短而夜修。帝张四维，运之以斗。月徙一辰，复反其所。正月指寅，十二月指丑，一岁而匝，终而复始。"《淮南子·诠言训》又称："阳气起于东北，尽于西南；阴气起于西南，尽于东北。阴阳之始，皆调适相似。"董子这里所说阴阳出入与春夏秋冬四时的关联，即有得于黄老道家。及所说四时与五行的关联，董子有进一步解释：

  天有五行，木火土金水是也。木生火，火生土，土生金，金生水。水为冬，金为秋，土为季夏，火为夏，木为春。春主生，夏主长，季夏主养，秋主收，冬主藏。②
  五行之随，各如其序；五行之官，各致其能。是故木居东方而主春气，火居南方而主夏气，金居西方而主秋气，水居北方而主冬气。是故木主生而金主杀，火主暑而水主寒。使人必以其序，官人必以其能，天之数也。土居中央，为之天润。土者，天之股肱也，其德茂美，不可名以一时之事，故五行而四时者，土兼之也。③

董子确认，木、火、土、金、水五行是各居东、南、中、西、北各方，且主理春、夏、季夏、秋、冬五时的。"五行"所代表的"五方"观念的引入，显然比《易传》更贴近大自然变化的节律与农业文明的经验直观。

  依宇宙论，天地万物因顺着阴阳、四时、五行（五方）的秩序而生生

---

① 〔汉〕董仲舒：《阴阳终始第四十八》，见〔清〕苏舆撰，钟哲点校《春秋繁露义证》，中华书局1992年版，第339－340页。
② 〔汉〕董仲舒：《五行对第三十八》，见〔清〕苏舆撰，钟哲点校《春秋繁露义证》，中华书局1992年版，第315页。
③ 〔汉〕董仲舒：《五行之义第四十二》，见〔清〕苏舆撰，钟哲点校《春秋繁露义证》，中华书局1992年版，第322－323页。

化化；阴阳、四时、五行变迁的节律便使万物形成不同的品类；同类的事物由于有相同的性质、功用，可以相互通感；异类的事物则因性质、功用的不同而产生互制。这种情况早在《管子》诸篇已有论述。《吕氏春秋·有始览·应同》称："类固相召，气同则合，声比则应。鼓宫而宫动，鼓角而角动。平地注水，水流湿；均薪施火，火就燥。山云草莽，水云鱼鳞，旱云烟火，雨云水波，无不皆类其所生以示人。"董子既取宇宙论之阴阳、四时、五行为说，必也认同这种"类"观念。他甚至专撰《同类相动》一文，以便发挥《应同》篇的见解。他称：

> 今平地注水，去燥就湿；均薪施火，去湿就燥。百物去其所与异，而从其所与同。故气同则会，声比则应，其验皦然也。试调琴瑟而错之，鼓其宫则他宫应之，鼓其商则他商应之，五音比而自鸣，非有神，其数然也。美事召美类，恶事召恶类，类之相应而起也。①

董子于此也强调同类事物的相感相动性，并力图赋予这种同类相感相动性以经验的实证意义。

那么，从这样一种宇宙论，如何引申与证成儒家的价值论呢？

董子首先是把人的身体构成与天地、阴阳、四时、五行联结起来予以介说的。这种联结，董子又称"为人者天""人副天数"。他称道：

> 为生不能为人，为人者天也。人之人本于天，天亦人之曾祖父也。此人之所以乃上类天也。②

> 天地之符，阴阳之副，常设于身，身犹天也，数与之相参，故命与之相连也。天以终岁之数，成人之身，故小节三百六十六，副日数也；大节十二分，副月数也；内有五藏，副五行数也；外有四肢，副四时数也；乍视乍瞑，副昼夜也；乍刚乍柔，副冬夏也……于其可数

---

① 〔汉〕董仲舒：《同类相动第五十七》，见〔清〕苏舆撰，钟哲点校《春秋繁露义证》，中华书局1992年版，第358页。
② 〔汉〕董仲舒：《为人者天第四十一》，见〔清〕苏舆撰，钟哲点校《春秋繁露义证》，中华书局1992年版，第318页。

也，副数；不可数者，副类。皆当同而副天，一也。①

董子如此论说"人副天数"，未免显得简单，但《淮南子·精神训》也有相似的说法。② 可见，以为天地阴阳与人体构成有对应的关系，为秦汉人共识。

董子与《淮南子》的不同之处在于，董子进而把人体构成与天地阴阳的关联引申为儒家追求的"治道"。他写道：

> 天之道，春暖以生，夏暑以养，秋清以杀，冬寒以藏。暖暑清寒，异气而同功，皆天之所以成岁也。圣人副天之所行以为政，故以庆副暖而当春，以赏副暑而当夏，以罚副清而当秋，以刑副寒而当冬。庆赏罚刑，异事而同功，皆王者之所以成德也。庆赏罚刑与春夏秋冬，以类相应也，如合符。③

董子这里即从阴阳四时变迁的"天之道"，开出庆赏罚刑的"人之政"。阴阳四时的"天道"变迁是重阳轻刑，重春夏乃至秋之"三时"而轻"冬"之一时的，故为政之道便亦应重赏轻刑。董子说：

> 阴阳二物，终岁各一出。一其出，远近同度而不同意。阳之出也，常悬于前而任事；阴之出也，常悬于后而守空处。此见天之亲阳而疏阴，任德而不任刑也。④

---

① 〔汉〕董仲舒：《人副天数第五十六》，见〔清〕苏舆撰，钟哲点校《春秋繁露义证》，中华书局1992年版，第356-357页。
② 该篇写道："夫精神者，所受于天也，而形体者，所禀于地也。故曰：'一生二，二生三，三生万物。万物背阴而抱阳，冲气以为和。'……故头之圆也象天，足之方也象地。天有四时、五行、九解、三百六十六日，人亦有四支、五藏、九窍、三百六十六节。天有风雨寒暑，人亦有取与喜怒。故胆为云，肺为气，肝为风，肾为雨，脾为雷，以与天地相参也，而心为之主。"此亦有"人副天数"之意。
③ 〔汉〕董仲舒：《四时之副第五十五》，见〔清〕苏舆撰，钟哲点校《春秋繁露义证》，中华书局1992年版，第353页。
④ 〔汉〕董仲舒：《基义第五十三》，见〔清〕苏舆撰，钟哲点校《春秋繁露义证》，中华书局1992年版，第351页。

儒家系统的宇宙论及其变迁

董子于此，即从阴阳四时的变迁，证成儒家治国的基本原则。

进而，董子更从阴阳四时五行的运化，确立国家政治运作的具体施设与仁、义、礼、智、信的五大德目。他在《五行相生》一文中写道：

> 东方者木，农之本。司农尚仁，进经术之士，道之以帝王之路，将顺其美，匡救其恶。执规而生，至温润下，知地形肥硗美恶，立事生则，因地之宜，召公是也。……
>
> 南方者火也，本朝。司马尚智，进贤圣之士，上知天文，其形兆未见，其萌芽未生，昭然独见存亡之机，得失之要，治乱之源，豫禁未然之前，执矩而长，至忠厚仁，辅翼其君，周公是也。……
>
> 中央者土，君官也。司营尚信，卑身贱体，夙兴夜寐，称述往古，以厉主意。明见成败，微谏纳善，防灭其恶，绝源塞隟，执绳而制四方，至忠厚信，以事其君，据义割恩，太公是也。……
>
> 西方者金，大理司徒也。司徒尚义，臣死君而众人死父。亲有尊卑，位有上下，各死其事，事不逾矩，执权而伐。兵不苟克，取不苟得，义而后行，至廉而威，质直刚毅，子胥是也。……
>
> 北方者水，执法司寇也。司寇尚礼，君臣有位，长幼有序，朝廷有爵，乡党以齿，升降揖让，般伏拜谒，折旋中矩……据法听讼，无有所阿，孔子是也。①

董子这里也把国家政治的施设和运作与五方挂搭起来了，但他所说的"东方者木"主"进经术之士"，"南方者火"主"进贤圣之士"等与自然世界的空间方位似无太多关联。及"西方者金"重"亲有尊卑，位有上下"，其实属"礼"；"北方者水"讲"君臣有位，长幼有序"，也还是"礼"。显见二方所应取的施设也不太清晰。

但是，最重要的是，董子把孔子、孟子所倡导的仁、智、信、义、礼等价值信念与天地宇宙的生化联系起来了。儒家原先从心理情感引申出来的价值信念，就此获得了存在论的完备的证明。

董仲舒引入宇宙论为孔孟始创的价值信念提供存在论的支撑，应该如

---

① 〔汉〕董仲舒：《五行相生第五十八》，见〔清〕苏舆撰，钟哲点校《春秋繁露义证》，中华书局1992年版，第362—365页。

何评说呢？

要知道，在道家—黄老思潮的宇宙论系统中，人的价值追求是被安置在万物之外、之上的终极本原那里的。作为终极本原的"道"得以以"无""无名""虚空"介说，正表现了价值追求的绝对超越性。为了证入这种价值，修习功夫必须取"归根复命""复性之初"为通途。通过这种功夫证成超越的价值追求后，往下审视散殊的天地万物，它们之间的差别再也没有意义。由之而有"齐万物""万物一体"的观念。这或许就是道家式的"治道"。这种"治道"透显着一种"平等"意识。

然而，董仲舒虽然引入宇宙论，却不像道家那样讲"无"，讲"虚空"，不追求"归根复命""复性之初"。他显然是把价值的实现放在依天地宇宙变迁的节律付出人的努力的当下中。此即如同《中庸》所说的在"赞天地之化育"中体认人的价值，亦如同《易传·系辞上》所说的"一阴一阳之谓道，继之者善也，成之者性也"，在承接（继之）阴阳变迁的"道"的当下，体证善的价值与成就人的本性。秦汉至隋唐时期儒学的宇宙论无疑都持守这样一种价值论。

这样一种把价值追求置入依宇宙变迁的节律去行事、去证成的思想路数，似乎有把"事实"与"价值"、"是"与"应当"混为一谈之嫌疑，故多受批评。① 然而，我们看董子的论说：

> 仁之美者在于天。天，仁也。天覆育万物，既化而生之，有养而成之。事功无已，终而复始，凡举归之以奉人。察于天之意，无穷极

---

① 劳思光称："儒学心性论之基源问题，原为：'德性如何可能？'故必须深究所谓'善'之本义——亦即'德性价值'之本义。而此一问题即与描述任何'存有'之问题，不同类属。盖无论取经验意义或形上意义，'存有'问题总与价值问题本性不同……'应该'或'不应该'之问题，本身另有一领域，此领域必成立于一自觉基础上。因必有自觉之活动，方有如理或不如理之问题，离开自觉，专就'存有'讲，则无所谓'应该'或'不应该'。因无论'有'或'无'，皆是一'实然问题'，非'应然问题'。"[劳思光：《新编中国哲学史》（二卷），广西师范大学出版社2005年版，第29页] 劳氏此即强调"存有"与"价值"、"实然"与"应然"之不相属连。牟宗三则称："董仲舒是宇宙论中心，就是把道德基于宇宙论，要先建立宇宙论然后才能讲道德，这是不行的，这在儒家是不赞成的，《中庸》《易传》都不是这条路。"（牟宗三：《中国哲学十九讲》，台湾学生书局1983年版，第76页）牟先生于此更意味不能把道德挂搭于宇宙论，甚至认为这种做法有违儒家的道德形上学，而无法为儒家所认同。只有像《中庸》《易传》那样，从道德形上学开出宇宙论，才是儒家所坚执的。

之仁也。人之受命于天也,取仁于天而仁也。①

　　天德施,地德化,人德义。天气上,地气下,人气在其间。春生夏长,百物以兴;秋杀冬收,百物以藏。故莫精于气,莫富于地,莫神于天。天地之精所以生物者,莫贵于人。人受命乎天也,故超然有以倚。物疢疾莫能为仁义,唯人独能为仁义;物疢疾莫能偶天地,唯人独能偶天地。②

　　董子这里显然是说,人是天地宇宙创生的最优秀的族类,天地宇宙把人这一族类造就得最有灵性、最富活力,这显示了天地宇宙"无穷极之仁",人对天地宇宙岂能不怀敬仰、敬畏与感恩之情?

　　又且,天地宇宙不仅把人创造为最优秀的族类,还通过春生、夏长、秋收、冬藏的变迁,年复一年地生养百物供人们享用,使族类得以繁衍,这更体现着天地宇宙"无穷极之仁",人对天地宇宙岂能不敬仰、敬畏与感恩?

　　显然,从天地宇宙作为"事实"证取仁、义、礼、智之为"价值",不是一个如何"认知"的问题,而是人的生存处境与生命体验的问题。凭借生命体验,人的生成长养才得以与天地宇宙——大自然的变迁紧密关联起来,人由这种关联而证成的价值才获得一种信实性意义。董子对儒学的发展无疑功不可没。

　　当然,从儒学往后推进的角度审视,董子也不是没有问题与不足。这主要见诸以下两点。

　　其一,讲求天地宇宙变迁的节律、秩序,必得承认上下先后的层级区分。所以,董子不取道家那种"万物一体"的"平等"理念,而更认可层级区分的正当性。他称道:

　　凡物必有合。合,必有上,必有下,必有左,必有右,必有前,必有后,必有表,必有里。……阴者阳之合,妻者夫之合,子者父之

---

① 〔汉〕董仲舒:《王道通三第四十四》,见〔清〕苏舆撰,钟哲点校《春秋繁露义证》,中华书局1992年版,第329页。
② 〔汉〕董仲舒:《人副天数第五十六》,见〔清〕苏舆撰,钟哲点校《春秋繁露义证》,中华书局1992年版,第354页。

合，臣者君之合。物莫无合，而合各有阴阳。阳兼于阴，阴兼于阳，夫兼于妻，妻兼于夫，父兼于子，子兼于父，君兼于臣，臣兼于君。君臣、父子、夫妇之义，皆取诸阴阳之道。①

董子于此即以自然世界中阴阳区分的存在状况，来说明人间社会层层区分的合理性。这一说法后来多被诟病。

其二，董子从天地宇宙的变迁证成仁、义、礼、智诸种价值，固可以使价值信实化，但又不免会把天地宇宙—自然世界目的化与灵性化。这也不同于道家。道家把价值追求设置于天地宇宙之外、之上，天地万物是被客观看待的。董子既把天地宇宙—自然世界目的化、灵性化，难免要带出谶纬神学。谶纬神学在作为民间信仰的情况下，固可以为日常杂乱的生活建构秩序，为日常平庸的生活提供意义。但是一旦被介入政治操作，便会蜕变为争权夺利的工具。两汉政权的更替、南北朝各代的兴衰，无不暴露谶纬神学作为争夺手段所带来的困窘。

由是，入宋以后，就有以张载为代表的儒家学者对宇宙论与儒家价值意识的关联做出的一种新的理解与论说。

二、张载：从以天体身证成一体之仁

张载是从批评佛、老开始其宇宙论建构的。他于《正蒙·太和篇》称：

> 知虚空即气，则有无、隐显、神化、性命通一无二，顾聚散、出入、形不形，能推本所从来，则深于《易》者也。若谓虚能生气，则虚无穷，气有限，体用殊绝，入老氏"有生于无"自然之论，不识所谓有无混一之常；若谓万象为太虚中所见之物，则物与虚不相资，形自形，性自性，形性、天人不相待而有，陷于浮屠以山河大地为见病之说。②

---

① 〔汉〕董仲舒：《基义第五十三》，见〔清〕苏舆撰，钟哲点校《春秋繁露义证》，中华书局1992年版，第350页。
② 〔宋〕张载：《正蒙·太和篇第一》，见章锡琛点校《张载集》，中华书局1978年版，第8页。

儒家系统的宇宙论及其变迁

张子指出，老氏讲"有生于无"，佛家把"万象"归于"虚"，都是不对的。他以"虚空即气"说，确认存在世界的真实性。张子继续称：

> 太和所谓道，中涵浮沉、升降、动静、相感之性，是生絪缊、相荡、胜负、屈伸之始。其来也几微易简，其究也广大坚固。起知于易者乾乎！效法于简者坤乎！散殊而可象为气，清通而不可象为神。不如野马、絪缊，不足谓之太和。①
>
> 气坱然太虚，升降飞扬，未尝止息，《易》所谓"絪缊"，庄生所谓"生物以息相吹""野马"者与！此虚实、动静之机，阴阳、刚柔之始。浮而上者阳之清，降而下者阴之浊，其感（遇）[通]聚（散）[结]，为风雨，为雪霜，万品之流形，山川之融结，糟粕煨烬，无非教也。②

张子这些话语，都是对宇宙生化状态的描写。这些描写与董子和汉唐儒者所述没有太多不同。

张子与汉唐儒者的不同之处在以下两点。

其一，张子特别强调了宇宙生化过程的自然性，如张子于《正蒙·天道篇》即说：

> "鼓万物而不与圣人同忧"，天道也。圣不可知也。无心之妙非有心所及也。③
>
> 世人知道之自然，未始识自然之为体尔。④

于《横渠易说·系辞上》中又称：

---

① 〔宋〕张载：《正蒙·太和篇第一》，见章锡琛点校《张载集》，中华书局1978年版，第7页。
② 〔宋〕张载：《正蒙·太和篇第一》，见章锡琛点校《张载集》，中华书局1978年版，第8页。
③ 〔宋〕张载：《正蒙·天道篇第三》，见章锡琛点校《张载集》，中华书局1978年版，第14页。
④ 〔宋〕张载：《正蒙·天道篇第三》，见章锡琛点校《张载集》，中华书局1978年版，第15页。

> 老子言"天地不仁，以万物为刍狗"，此是也；"圣人不仁，以百姓为刍狗"，此则异矣。圣人岂有不仁？所患者不仁也。天地则何意于仁？鼓万物而已。圣人则仁尔，此其为能弘道也。
>
> 天不能皆生善人，正以天无意也。"鼓万物而不与圣人同忧"，圣人之于天下，法则无不善也。①

张子的这些话语，都明确指认天地宇宙的变迁过程是自然的、无意识与无目的性的。

其二，张子对宇宙生化过程的描述仅涉及天地阴阳，未涉及四时五行。我们看他的《正蒙·动物篇》：

> 动物本诸天，以呼吸为聚散之渐；植物本诸地，以阴阳升降为聚散之渐。物之初生，气日至而滋息；物生既盈，气日反而游散。至之谓神，以其伸也；反之为鬼，以其归也。②
>
> 有息者根于天，不息者根于地。根于天者不滞于用，根于地者滞于方，此动植之分也。③

张子于此只以天地阴阳分"类"，不以四时五行之变迁节律论类分与类归。宇宙的生化既然是自然的，即意味着它不直接给出某种价值；对宇宙的变迁及其"类"的描述无涉于四时五行，又表明张子也无意于把价值与宇宙生化节律挂搭。那么，价值从何而来，圣人依持什么建立起价值信念？

我们先看《正蒙·天道篇》：

> 天道四时行，百物生，无非至教；圣人之动，无非至德，夫何言哉！

---

① 〔宋〕张载：《横渠易说·系辞上》，见章锡琛点校《张载集》，中华书局1978年版，第188—189页。

② 〔宋〕张载：《正蒙·动物篇第五》，见章锡琛点校《张载集》，中华书局1978年版，第19页。

③ 〔宋〕张载：《正蒙·动物篇第五》，见章锡琛点校《张载集》，中华书局1978年版，第19页。

儒家系统的宇宙论及其变迁

> 天体物不遗，犹仁体事无不在也。"礼仪三百，威仪三千"，无一物而非仁也。"昊天曰明，及尔出王，昊天曰旦，及尔游衍"，无一物之不体也。①

这里我们看到张子一方面仍然把价值的源头上诉于"天道四时行"，另一方面却并不谈及"天道四时"如何"行"，更不涉及"天道四时行"的先后上下种种次序上的差别。张子是直接从"天道四时行"对"百物"均予同等的施生，即"天体物不遗"的无私性，而引申出"仁体事无不在"的大爱精神的。

我们再看《正蒙·诚明篇》：

> 天所以长久不已之道，乃所谓诚。仁人孝子所以事天诚身，不过不已于仁孝而已。故君子诚之为贵。②

《正蒙·大心篇》又称：

> 大其心则能体天下之物，物有未体，则心为有外。世人之心，止于闻见之狭。圣人尽性，不以见闻梏其心，其视天下无一物非我，孟子谓尽心则知性知天以此。天大无外，故有外之心不足以合天心。见闻之知，乃物交而知，非德性所知；德性所知，不萌于见闻。
> ……………
> 体物体身，道之本也，身而体道，其为人也大矣。道能物身故大，不能物身而累于身，则藐乎其卑矣。
> 能以天体身，则能体物也不疑。③

张子这些话语同样也都把价值的生发安立于"以天体身""以心体

---

① 〔宋〕张载：《正蒙·天道篇第三》，见章锡琛点校《张载集》，中华书局1978年版，第13页。
② 〔宋〕张载：《正蒙·诚明篇第六》，见章锡琛点校《张载集》，中华书局1978年版，第21页。
③ 〔宋〕张载：《正蒙·大心篇第七》，见章锡琛点校《张载集》，中华书局1978年版，第24—25页。

物"之"体"当中。天地宇宙之生化是长久不已的,此是"天"(道)之"诚",效天法地,"故君子诚之为贵";天地宇宙之生化对天下万物是均等的,故圣人"体物体身","其视天下无一物非我"。显然,在张子这里,价值之从出虽毋如于董子为得自阴阳四时五行变迁节律的定然性,但其源头还是根自对天地宇宙生化伟力的敬仰、敬畏、敬祈与感恩。

那么,张子"以天体身""以心体物"引申的价值有什么独特之处呢?是"一体之仁"。

上引《大心篇》已表达了这一价值信念。张载于《西铭》中又称:

> 乾称父,坤称母;予兹藐焉,乃混然中处。故天地之塞,吾其体;天地之帅,吾其性。民吾同胞,物吾与也。大君者,吾父母宗子;其大臣,宗子之家相也。尊高年,所以长其长;慈孤弱,所以幼其幼。圣其合德,贤其秀也。凡天下疲癃残疾、茕独鳏寡,皆吾兄弟之颠连而无告者也。于时保之,子之翼也;乐且不忧,纯乎孝者也。违曰悖德,害仁曰贼;济恶者不才,其践形,唯肖者也。知化则善述其事,穷神则善继其志。不愧屋漏为无忝,存心养性为匪懈。……富贵福泽,将厚吾之生也;贫贱忧戚,庸玉女于成也。存,吾顺事;没,吾宁也。①

张子这里倡导的"民胞物与"的观念,很好地表达了"一体之仁"的价值诉求。

这当中"仁"毫无疑问是儒学脉络中最基本的价值信念,然而"一体"却不是传统儒学所本有。从孔子、孟子到董仲舒,都以"爱有差等"为说。那么,"一体"从何而来,又如何可能呢?

在这里,我们又不得不重新回溯到道家—黄老思潮。前面说过,"齐万物""万物一体"本是道家的主张。道家—黄老思潮建构以"无"为本的形上学,一方面就是为了把价值追求安立在舍弃与超越形下万物的终极层面上;另一方面从形上终极层面回落下来省察万物,便可以以万物为"一体"而平等对待之。

---

① 〔宋〕张载:《正蒙·乾称篇第十七》,见章锡琛点校《张载集》,中华书局1978年版,第62-63页。

我们看张子。张子没有像道家那样明确的形上形下区分，但他对"性"做了"天地之性"与"气质之性"的二分。关于"天地之性"，他称道：

> 合虚与气，有性之名。①
> 气本之虚则湛（本）无形，感而生则聚而有象。②
> 气之性本虚而神，则神与性乃气所固有。③
> 性通极于无，气其一物尔。④
> 天地以虚为德，至善者虚也。虚者天地之祖，天地从虚中来。⑤

张子这也是以"虚"以"无"指称"天地之性"。因为"天地之性"为"虚"为"无"，故复归"天地之性"便需讲求"无我"。张子称：

> 无我而后大，大成性而后圣，圣位天德不可致知谓神。故神也者，圣而不可知。⑥
> 能通天下之志者为能感人心，圣人同乎人而无我，故和平天下，莫盛于感人心。⑦

张子此所谓"无我"，亦即把"我"从万物中抽离出来，往上提升；"无我而后大"，此"大"即能"体天下之物"，"视天下无一物非我"。

---

① 〔宋〕张载：《正蒙·太和篇第一》，见章锡琛点校《张载集》，中华书局1978年版，第9页。
② 〔宋〕张载：《正蒙·太和篇第一》，见章锡琛点校《张载集》，中华书局1978年版，第10页。
③ 〔宋〕张载：《正蒙·乾称篇第十七》，见章锡琛点校《张载集》，中华书局1978年版，第63页。
④ 〔宋〕张载：《正蒙·乾称篇第十七》，见章锡琛点校《张载集》，中华书局1978年版，第64页。
⑤ 〔宋〕张载：《张子语录》（中），见章锡琛点校《张载集》，中华书局1978年版，第326页。
⑥ 〔宋〕张载：《正蒙·神化篇第四》，见章锡琛点校《张载集》，中华书局1978年版，第17页。
⑦ 〔宋〕张载：《正蒙·至当篇第九》，见章锡琛点校《张载集》，中华书局1978年版，第34页。

这就是"一体之仁"。

如何修习才能上达于"天地之性"而成就"一体之仁"呢？张子依其"天地之性"与"气质之性"的二重区分，对功夫也做了"德性所知"与"见闻之知"的二重区分。上引《大心篇》所述，张子是明确否认"见闻之知"，即经验知识在"一体之仁"的境界追求上的意义的。因为经验知识乃"物交而知"，只关涉相互区别的具体事物。为是，只有抛离经验知识，通过"体认"才可以把心境上提而成就"一体之仁"。张子对修习功夫上的这种二分，已隐含有形上形下二分的意义。

张子以"一体之仁"，消解了传统儒学"爱有差等"的层级观念，成就了儒学脉络中的最高境界。而这种境界的确立，无疑就得益于道家—黄老思潮的形上形下二分的理论建构。

张载引入宇宙论支撑儒学价值信念的做法，显然不为后来的程颐与朱熹所认同，但他们极其赞赏张载的"天地之性"与"气质之性"的二分说，进而从"理"的本体论的角度对这种区分做了提升。朱子把张子的"天地之性"改为"天命之性"，指出"天命之性"源于形而上的"天理"，"气质之性"得自形而下的"气禀"。程颐称：

> "一阴一阳之谓道"，道非阴阳也。所以一阴一阳道也，如一阖一辟谓之变。①
>
> 离了阴阳更无道，所以阴阳者是道也。阴阳，气也。气是形而下者，道是形而上者。②

由是，"气"被贬落为形而下，且形上与形下及与之相关的体与用、未发与已发、理与欲等得以截然判分。形上、体、未发、理均被赋予先验绝对意义，形下、用、已发、欲等不具正当性。朱熹认为："圣贤千言万语，只是教人明天理，灭人欲。"③

学者不管对朱子这一说法做何种辩解，但对情欲的贬斥还是毋庸置疑

---

① 〔宋〕程颐：《河南程氏遗书》（卷三），见〔宋〕程颢、程颐著，王孝鱼点校《二程集》（第1册），中华书局1981年版，第67页。

② 〔宋〕程颐：《河南程氏遗书》（卷十五），见〔宋〕程颢、程颐著，王孝鱼点校《二程集》（第1册），中华书局1981年版，第162页。

③ 〔宋〕黎靖德编，王星贤点校：《朱子语类》（卷十二），中华书局1986年版，第207页。

的，不然就不会有接下来戴震的批评。

至于张载在境界上的"一体之仁"说，程子、朱子却另有一番说法。他们或者就辨识，张子其实并不讲求"一体之仁"，其《西铭》还是讲"理一分殊""爱有差等"①；或者直认，"万物一体""一体之仁"说不可提倡。朱子于《仁说》一文中指认："泛言'同体'者，使人含糊昏缓，而无警切之功，其弊或至于认物为己者有之矣。"②而所谓"含糊昏缓"至于"认物为己者"，即指其不做分别。这种不做分别的做法，在朱子看来，其实是"立意愈高，为说愈妙，而反之于身愈无根本可据之地也"③。就是说，在现实处境中，人与人、人与物是有别的，讲"万物一体"，对万物"一视同仁"，"立意"虽高，却是无法施行的。因之，朱子不取"一体之仁"说，他更认可层级区分，而以"公"——公正为价值所赏。下面我们又会看到，戴震对层级区分有所认同，然而却是在经验知识的意义上给出的。

三、戴震：从资于学问求取德性价值

来到戴震，儒学思想史已经历了从程朱理学到陆王心学的长久变迁。程朱理学与陆王心学均强调形上与形下、体与用、理与气、理与欲的二分，只是究竟是以"理"为本还是以"心"为本，才形成在学派上的差异。但是，至明末清初，应合市民社会的需要，思想史的发展已经要求打破这种二分，给形下、事用、情感与欲望一种正当性的说明。因为形下、

---

① 程颐于《答杨时论西铭书》中称："横渠立言，诚有过者，乃在《正蒙》。……《西铭》明理一而分殊。"[〔宋〕程颐：《伊川先生文五》，见〔宋〕程颢、程颐著，王孝鱼点校《二程集》（第2册），中华书局1981年版，第609页]《朱子语类》称："《西铭》通体是一个'理一分殊'，一句是一个'理一分殊'，只先看'乾称父'三字。"[〔宋〕黎靖德编，王星贤点校：《朱子语类》（卷九十八），中华书局1986年版，第2522页] 按，这是程朱依自己的理路对张载"一体"说的解释。检阅张载《正蒙》，不仅不取四时五行变迁节律论价值及层级区分，即便反复谈阴阳，也不取"尊""卑""贵""贱"之差等为说。张载在释《易传·系辞上》"天尊地卑，乾坤定矣；卑高以陈，贵贱位矣"一句称："不言高卑而曰卑高者亦有义，高以下为基，亦是人先见卑处，然后见高也。"（章锡琛点校：《张载集》，中华书局1978年版，第177页）张子于此对"卑高"的解释就不涉及"贵贱位"，而仅取老子"高以下为基"为言。
② 〔宋〕朱熹：《仁说》，见郭齐、尹波点校《朱熹集》（卷六十六），四川教育出版社1996年版，第3544页。
③ 〔宋〕朱熹：《又论仁说》，见郭齐、尹波点校《朱熹集》（卷三十二），四川教育出版社1996年版，第1397页。

事用、情感与欲望，在理学与心学那里均被指认为由"气"带出来的，因之，恢复与重构以"气"为本原的宇宙论，便构成清初儒学的中心话题。王夫之、黄宗羲、方以智等众多学者为此都做出了努力。但由于篇幅的关系，本文只关涉戴震。①

在《孟子字义疏证》中，戴震反复指出，程朱乃至陆王关于形上、形下的区分，其实源自老庄释氏。他写道：

> 程子朱子谓气禀之外，天与之以理，非生知安行之圣人，未有不污坏其受于天之理者也，学而后此理渐明，复其初之所受。……陆子静王文成诸人，推本老庄释氏之所谓"真宰""真空"者，以为即全乎圣智仁义，即全乎理……此又一说也。程子朱子就老、庄、释氏所指者，转其说以言夫理，非援儒而入释，误以释氏之言杂入于儒耳；陆子静王文成诸人就老、庄、释氏所指者，即以理实之，是乃援儒以入于释者也。②

> 程朱乃离人而空论夫理……不过从老庄释氏所谓真宰真空者之受形以后，昏昧于欲，而改变其说。特彼以真宰真空为我，形体为非我，此乃以气质为我，难言性为非我，则惟归之天与我而后可谓之我有，亦惟归之天与我而后可为完全自足之物，断之为善，惟使之截然别于我，而后虽天与我完全自足，可以咎我之坏之而待学以复之，以水之清喻性，以受污而浊喻性堕于形气中污坏，以澄之而清喻学。水静则能清，老庄释氏之主于无欲，主于静寂是也。因改变其说为主敬，为存理，依然释氏教人认本来面目，教人常惺惺之法。③

戴子这是说，老庄释氏以"真宰""真空"为体，为"真我"，以形

---

① 胡适曾称："这八百年来，中国思想史上出了三个极重要的人物，每人画出了一个新纪元。一个是朱子（1130—1200），一个是王阳明（1470—1528），一个是戴东原（1724—1777）。"（胡适：《戴东原的哲学》，安徽教育出版社1999年版，第139页）可见，单独拈出戴震来讨论，也不是没有理由的。

② 〔清〕戴震：《孟子字义疏证》（卷上），见戴震研究会、徽州师范专科学校、戴震纪念馆编纂《戴震全集》（第1册），清华大学出版社1991年版，第166页。

③ 〔清〕戴震：《孟子字义疏证》（卷中），见戴震研究会、徽州师范专科学校、戴震纪念馆编纂《戴震全集》（第1册），清华大学出版社1991年版，第186-187页。

体为幻,为非我;宋儒以"理"为体,以形气(气质)为杂污,其理论构架与价值追求其实是相似的。只不过,宋儒以"理"取代"空",又以"理"加之于"形气"才具自足性,才得成其为"我",而与老庄、释氏稍有区别。然认为修习的功夫和目的均以"复其初""认本来面目",即摆脱形下,追求形上先验、绝对为旨,宋儒与老庄、释氏并无二致。

戴子借此批判,得以回落到气化流行的论域中。戴子称:

> 一阴一阳,流行不已,生生不息。主其流行言,则曰道;主其生生言,则曰德。道其实体也,德即于道见之者也。"天地之大德曰生",天德不于此见乎?其流行,生生也,寻而求之,语大极于至钜,语小极于至细,莫不各呈其条理;失条理而能生生者,未之有也。故举生生即赅条理,举条理即赅生生,信而可征曰德,微而可辨曰理,一也。①

又称:

> 盖气初生物,顺而融之以成质,莫不具有分理,得其分则有条理而不紊,是以谓之条理。以植物言,其理自根而达末,又别于干为枝,缀于枝成叶;根接土壤肥沃以通地气,叶受风日雨露以通天气;地气必上至乎叶,天气必下反诸根,上下相贯,荣而不瘁者,循之于其理也。以动物言,呼吸通天气,饮食通地气,皆循经脉散布,周溉一身,血气之所循,流转不阻者,亦于其理也。理字之本训如是。②

戴子于此即以气化之流行论人与物之生成长养,而以"道"即指流行,称"理"为流行显示之条理。戴子此说近于张载。张载也称"由气化,有道之名"③。然进而从"生"说"性",二人却甚为不同了。

---

① 〔清〕戴震:《孟子私淑录》(卷上),见戴震研究会、徽州师范专科学校、戴震纪念馆编纂《戴震全集》(第1册),清华大学出版社1991年版,第40页。
② 〔清〕戴震:《孟子私淑录》(卷上),见戴震研究会、徽州师范专科学校、戴震纪念馆编纂《戴震全集》(第1册),清华大学出版社1991年版,第41页。
③ 〔宋〕张载:《正蒙·太和篇第一》,见章锡琛点校《张载集》,中华书局1978年版,第9页。

上面说到,张子把"性"做了二分,以为"天地之性"是纯善的。戴子不然。他写道:

> 性,言乎本天地之化,分而为品物者也。限于所分曰命;成其气类曰性;各如其性以有形质,而秀发于心,征于貌、色、声曰才。①

是则戴震以气禀所生物类之不同特征论"性"。此"性"不是"德性",而为"物性"。及气禀生人,则以"血气心知"为之"性"。此"血气心知"亦为"自然"所得。戴子称:

> 人之血气心知本乎天者也,性也。如血气资饮食以养,其化也,即为我之血气,非复所饮食之物矣;心知之资于问学,其自得之也即为我之心知。以血气言,昔者弱而今者强,是血气之得其养也;以心知言,昔者狭小而今也广大,昔者闇昧而今明察,是心知之得其养也。故人之血气心知,本乎天者之不齐,得养不得养,则至于大异。②

戴子这里把"血气心知"均指为"性"。"血气"为形体,故源于自然禀赋;"心知"为认知能力,亦为自然之赠予。是即可见戴子以"自然"论"性"。

"血气心知"既为自然禀赋,则其所需之滋养自当亦是必需的。由之,戴子又强调"欲"与"情"的正当性:

> 凡有血气心知,于是乎有欲,性之征于欲,声色臭味而爱畏分;既有欲矣,于是乎有情,性之征于情,喜怒哀乐而惨舒分;既有欲有情矣,于是乎有巧与智,性之征于巧智,美恶是非而好恶分。生养之道,存乎欲者也;感通之道,存乎情者也。二者,自然之符,天下之

---

① 〔清〕戴震:《原善》(卷上),见戴震研究会、徽州师范专科学校、戴震纪念馆编纂《戴震全集》(第1册),清华大学出版社1991年版,第9页。
② 〔清〕戴震:《绪言》(卷下),见戴震研究会、徽州师范专科学校、戴震纪念馆编纂《戴震全集》(第1册),清华大学出版社1991年版,第111页。

事举矣。①

戴子这里把"欲""情""巧""智"均视为"性"的表征。此性及其种种表征,作为"自然之符"自不具价值意义,但是正当的。戴子以"实体实事"②指称气化流行及其所成人物之性状、欲求,无疑即是要回落到形下的与经验的层面上,凸显经验世界与经验生活的正当性。

那么,"价值"从何引出?戴子认为应该从"必然"引出。他写道:

> 耳目百体之所欲,血气资之以养,所谓性之欲也,原于天地之化者也,是故在天为天道,在人,咸根于性而见于日用事为,为人道。仁义之心,原于天地之德者也,是故在人为性之德。斯二者,一也。由天道而语于无憾,是谓天德;由性之欲而语于无失,是谓性之德。性之欲,其自然之符也;性之德,其归于必然也。归于必然适全其自然,此之谓自然之极致。……自然者,散之普为日用事为;必然者,秉之以协于中,达于天下。③

戴子这里继续认肯"性之欲"作为"天地之化"的正当性,并由"性之欲"的正当性,进而揭明"日用事为"即日常感性生活的正当性。作为价值追求的"仁义之心",并不在"性之欲"之外给出,它是从"性之欲"得以"协于中"而"无憾""无失"中确立的。"性之欲"为"自然","性之德"为"必然";讲求"必然",即讲求"性之德",恰恰是为了"全其自然"。就是说,价值追求绝不是通过拒绝"性之欲"才得以实现的;恰恰相反,价值追求是在实现与完善"性之欲"之中而成就的。

价值追求作为"必然",是从"协于中"得以成就,那么,何谓"协

---

① 〔清〕戴震:《原善》(卷上),见戴震研究会、徽州师范专科学校、戴震纪念馆编纂《戴震全集》(第1册),清华大学出版社1991年版,第12页。

② 戴震称:"阴阳五行,道之实体也;血气心知,性之实体也。"〔〔清〕戴震:《孟子字义疏证》(卷中),见戴震研究会、徽州师范专科学校、戴震纪念馆编纂《戴震全集》(第1册),清华大学出版社1991年版,第172页〕"物者,指其实体实事之名;则者,称其纯粹中正之名。实体实事,罔非自然,而归于必然,天地、人物、事为之理得矣。"〔《孟子字义疏证》(卷上),第163页〕戴子于此均视经验世界与感性欲求为"实体实事"。

③ 〔清〕戴震:《原善》(卷上),见戴震研究会、徽州师范专科学校、戴震纪念馆编纂《戴震全集》(第1册),清华大学出版社1991年版,第12-13页。

于中",又如何可以"协于中"呢?戴子袭用宋明儒学,以"理"总括儒家的价值信念。他称道:

> 理也者,情之不爽失也,未有情不得而理得者也。凡有所施于人,反躬而静思之:人以此施于我,能受之乎?凡有所责于人,反躬而静思之:人以此责于我,能尽之乎?以我絜之人,则理明。天理云者,言乎自然之分理也。自然之分理,以我之情絜人之情,而无不得其平是也。①

又谓:

> 反躬而思其情,人岂异于我?盖方其静也,未感于物,其血气心知,湛然无有失,故曰"天之性"。及其感而动,则欲出于性。一人之欲,天下人之之(所)同欲也,故曰"性之欲"。好恶既形,遂己之好恶,忘人之好恶,往往贼人以逞欲。反躬者,以人之逞其欲,思身受之之情也。情得其平,是为好恶之节,是为依乎天理。古人所谓天理,未有如后儒之所谓天理者矣。②

依此说,戴子所谓"协于中"者,即谓"以我之情絜人之情,而无不得其平是也"。要注意的是,戴子这番话语有似于孔子所说"己欲立而立人,己欲达而达人""己所不欲,勿施于人"。其实不然。孔子是从作为君子、作为有教养的"人"出发的,一个"人"如果不能做到"推己及人",便失去"人性";戴震却更多是从"人"之"欲"出发,反躬而求其"平",便不可免落在利欲关系的权衡上。显然,戴子反对在个体情欲之外设置所谓"天理",仅认取在个体情欲相互比较中求得公平为"理"。

及"理"的细目,戴震也称:

---

① 〔清〕戴震:《孟子字义疏证》(卷上),见戴震研究会、徽州师范专科学校、戴震纪念馆编纂《戴震全集》(第1册),清华大学出版社1991年版,第152页。
② 〔清〕戴震:《孟子字义疏证》(卷上),见戴震研究会、徽州师范专科学校、戴震纪念馆编纂《戴震全集》(第1册),清华大学出版社1991年版,第152-153页。

生生者，仁乎！生生而条理者，礼与义乎！何谓礼？条理之秩然有序，其著也。何谓义？条理之截然不可乱，其著也。得乎生生者谓之仁，得乎条理者谓之智。……是故生生者仁，条理者礼，断决者义，藏主者智。仁智中和曰圣人；圣合天，是谓无妄。无妄之于百物生生，至贵者仁。仁得则父子亲，礼得则亲疏上下之分尽，义得则百事正，藏于智则天地万物为量，归于无妄则圣人之事。①

以"生生"为"仁"，近似于董仲舒。"生生"必有"条理"，"条理者礼"，依"条理"做断决为"义"，则"生生"之"仁"是放在由"条理"及其"断决"的亲疏上下的层级关系中被限定的。这就是说，戴子无意于张载的"一体之仁"。

又，"协于中"之理，生生之仁和"生生而条理"之礼和义，这些属价值意识的东西，从何得以确定？我们知道，董子是诉诸对天地宇宙变迁节律的敬顺，张子则诉诸对"天体物不遗"的认取，二人无疑都不取认知为入路。戴子不然。他特讲求"学"，讲求认知。他写道：

就人言之，有血气，则有心知；有心知，虽自圣人而下，明昧各殊，皆可学以牖其昧而进于明。②

仁义礼智非他，心之明之所止也，知之极其量也。知觉运动者，人物之生；知觉运动之所以异者，人物之殊其性。……性者，血气心知本乎阴阳五行，人物莫不区以别焉是也，而理义者，人之心知，有思辄通，能不惑乎所行也。……然人之心知，于人伦日用，随在而知恻隐，知羞恶，知恭敬辞让，知是非，端绪可举，此之谓性善。……此可以明仁义礼智非他，不过怀生畏死，饮食男女，与夫感于物而动者之皆不可脱然无之，以归于静，归于一，而恃人之心知异于禽兽，能不惑乎所行，即为懿德耳。古贤圣所谓仁义礼智，不求于所谓欲之外，不离乎血气心知，而后儒以为别如有物凑泊附着以为性，由杂乎

---

① 〔清〕戴震：《原善》（卷上），见戴震研究会、徽州师范专科学校、戴震纪念馆编纂《戴震全集》（第1册），清华大学出版社1991年版，第4页。

② 〔清〕戴震：《孟子字义疏证》（卷上），见戴震研究会、徽州师范专科学校、戴震纪念馆编纂《戴震全集》（第1册），清华大学出版社1991年版，第170页。

老、庄、释氏之言,终昧于六经、孔、孟之言故也。①

戴子这里更毫不遮蔽地把"性之欲"指为"怀生畏死,饮食男女"。从每个个人的"性之欲"出发,之所以还能够建立起关切他人的公共道德,乃因为人不仅有"血气",而且有"心知"。这"心知"不是在"欲"之外冒出来的,它就表现在如何以己之欲絜人之欲求得公平这样一种理性分判之中。人正是借这种理性分判成就仁、义、礼的种种价值的,而这种理性分判是通过闻见的广博、学问的积累养成的。可见,"德性"不仅不排斥认知,恰恰相反,"德性资于学问"②。就是说,在戴子这里,价值信念是在认知的基础上给出的。

这样一来,我们无疑看到,戴子的基本理路是通过消解理与气、形上与形下的二分,回到阴阳五行生化的宇宙论中来。③ 然戴子不同于董子与张子之处在于,董子、张子对天地宇宙生化持敬仰、敬畏之心,凭着这份敬仰、敬畏之情得以把人的价值追求往上提升。而戴子引入宇宙论并不是为了对人与万物的创生者表达敬畏与感恩以使人的精神心灵往上提升,而

---

① 〔清〕戴震:《孟子字义疏证》(卷中),见戴震研究会、徽州师范专科学校、戴震纪念馆编纂《戴震全集》(第1册),清华大学出版社1991年版,第179－180页。

② 〔清〕戴震《孟子字义疏证》(卷上)写道:"试以人之形体与人之德性比而论之,形体始乎幼小,终乎长大;德性始乎蒙昧,终乎圣智。其形体之长大也,资于饮食之养,乃长日加益,非'复其初';德性资于学问,进而圣智,非'复其初'明矣。"[戴震研究会、徽州师范专科学校、戴震纪念馆编纂:《戴震全集》(第1册),清华大学出版社1991年版,第166－167页] 戴震于此即明确认定,"德性"成就于"知识"。余英时称:"清代考证学,从思想史的观点说,尚有更深一层的涵义,即儒学由'尊德性'的层次转入'道问学'的层次。这一转变,我们可以称它作'儒家智识主义'(Confucian Intellectualism)的兴起。"(余英时:《论戴震与章学诚:清代中期学术思想史研究》,生活·读书·新知三联书店2000年版,第20页) 又称:"其实如果从学术史的观点来看,东原对学问与知识的态度正是儒家智识主义发展到高峰时代的典型产品。"(余英时:《论戴震与章学诚:清代中期学术思想史研究》,生活·读书·新知三联书店2000年版,第23页) 余英时于此也认定戴震的知识主义倾向。

③ 戴震承接《易传》"形而上者谓之道,形而下者谓之器"说,也谈及形上、形下二分,称:"气化之于品物,则形而上下之分也。形乃品物之谓,非气化之谓。《易》又有之:'立天之道,曰阴与阳。'直举阴阳,不闻辨别所以阴阳而始可当道之称,岂圣人立言皆辞不备哉?一阴一阳,流行不已,夫是之谓道而已。"[〔清〕戴震:《孟子私淑录》(卷上),见戴震研究会、徽州师范专科学校、戴震纪念馆编纂《戴震全集》(第1册),清华大学出版社1991年版,第34页] 戴震这番话明显是针对程朱以阴阳为形而上,以"所以阴阳"为形而上之道的二分说的。戴震以阴阳气化为形而上,以器物为形而下,并均以"实体实事"指称,又以为可以为"心知"把捉,依当今的判分,是消解了先验设准,回落到经验世界层面上来了。

只在于往下确认每个个人"血气心知"作为"实体实事"的正当性。戴震不讲"敬""静"即表明了他的这种取向。缺失敬畏与感恩之情，自然界的变迁只是客观事实，不可能与仁、义、礼、智之价值意识关联起来。因之，戴震引入宇宙论，其实无法成就价值论。他只好从"性之欲"的平衡与协调论"理"，并把"理"置于"心知"的基础上，因此，他确认的价值观念不具超越意义，它也只是经验的、相对的。

至此可见，戴子的理论明显地已经发生了一大转向：这是从信仰向认知理性的转向；在其借宇宙论确认"欲"的正当性时，实际上标志着这一转向开启了近代社会的俗世化过程。这似乎在走向进步，但也似乎在走向堕落。要知道，在董子那里，借参与宇宙大化给出价值信仰，能够使一年四季平庸的劳作获得神圣的意义；张子、朱子取老庄、释氏的形上、形下区分并对形上保持一种诚敬之心，则有助于人们从充满欲望的俗世社会中摆脱出来，提升起来，变得尊贵。然而，在戴子借把"敬"比拟于老庄、释氏之"静"而予以斥逐之后，人们对神圣、尊贵、崇高的追求便日渐淡化。及于当今，汹涌澎湃的俗世生活更把神圣、尊贵、崇高的一切事情都予以游戏化，使之都被化作嘲弄、挖苦的对象。社会历史的这样一种转向也许可以用"众说纷纭"来开解，但是不免使得有责任感、有献身精神的人带有一分悲凉！

（原载《社会科学战线》2016 年第 5 期）

个人·社群·自然

——为回归古典儒学提供一个说法

这也许不是一篇严格的学术论文,而只是发表一种感慨。我们面对的当今世界,何以会变成这个样子?被全力帮助过的,为什么丝毫不知道感恩?曾经践踏人家的国土屠杀过千千万万无辜的生命的,为什么丝毫不知道忏悔?特别是那些被视为最早步入"文明"的人们在世界每一个角落喊打喊杀,竟也不再披上"平等、博爱、自由、民主"的伪装,而赤裸裸地以"某国利益"为旗帜?

现代社会真的不需要再讲道义,完全地拒斥信仰了?

一

现代社会何以会蜕变成这个样子?我们没有办法不追溯到始创于18世纪的理论源头——尽管这些源头流出来的信息也曾经为我们所看重,而且在后来的两个世纪也有所变迁,但是从源出处讲起会使问题变得更加清晰。更何况,现代社会的体制、现代人崇尚的认知方式与价值意识,都是那个时代奠基的。

让我们先选读霍布斯的名著《利维坦》。它写道:

> 因为人的状况是一种每一个人对每一个人战争的状况;在这种状况下,每一个人都是为他自己的理性所统治。凡是他所能利用的东西,都可以帮助他反对敌人,保全自己的生命。因此,在这种情况下,每一个人对每一样事物都有权利,甚至对彼此的身体也有权利。所以,只要每一个人对每一样事物的这种自然权利继续下去,任何人(不管如何强悍或如何聪明)都不可能完全地活完自然通常许可人们生活的时间。于是,这就成了一条格言或理性的一般准则:每一个人只要有获得和平的希望,就应该力求和平;在不能得到和平时,他就

可以寻求并且利用战争的一切帮助和利益。①

在霍布斯的这番话里我们看到，上帝创世的观念隐退了，被凸显的是不分男女老少远近亲疏的每个个人；每个个人在"自然状态"中获得的权利具有绝对性；为保卫权利，每个个人与他人只能处于战争状态中。

然后，为了避免因战争而"不可能完全地活完自然通常许可人们生活的时间"，每个个人不得不做出权利转让。于是，霍布斯称：

> 每当一个人转让他的权利，或者放弃他的权利时，那总是或者由于考虑到对方转让给他某种权利，或者因为他希望由此得到某种别的好处。因为这是一种自愿行为，而任何人的自愿行为，目的都是为了某种对自己的好处。……
> 权利的相互转让就是人们所谓"契约"。②

依霍布斯的看法，公共权力机构的产生出于每个个人权利的转让。每个个人之所以同意把权利让出，是因为他意识到唯有这样，才可以生存。就是说，公共机构乃至国家的建立不是来自神的旨意，而仅源于每个个人理性的考量；而每个个人转让权利使公共机构——国家得以建立，其目的也是"为了某种对自己的好处"。这意味着，这种权力机构与个人的关系是外在的，对每个个人是工具性的。

就这样，霍布斯开启了把每个个人与神分离开来，同时也与族群分离开来予以单一化与同一化，且把每个个人权利绝对化和把公共机构契约化的先河。由是，他得以被罗素称为"讲政治理论的第一个真正近代的著述家"③。

然而，霍布斯是极其矛盾的。在他提议每个个人把权利转让出去建立公共权力机构之后，竟然以君主集权制为所尚。在一个专制独裁的政府统

---

① 北京大学哲学系外国哲学史教研室编译：《西方哲学原著选读》（上卷），商务印书馆1981年版，第397—398页。
② 北京大学哲学系外国哲学史教研室编译：《西方哲学原著选读》（上卷），商务印书馆1981年版，第398—399页。
③ ［英］罗素著：《西方哲学史》（下卷），何兆武、李约瑟译，商务印书馆1988年版，第78页。

治下，每个个人的权利怎么还可能得到绝对的保障呢？

还是后来的洛克想得妥帖。洛克不认为人的自然状态为战争状态，他在《政府论》下篇中写道：

> 为了正确地了解政治权力，并追溯它的起源，我们必须考究人类原来自然地处在什么状态。那是一种完备无缺的自由状态，他们在自然法的范围内，按照他们认为合适的办法，决定他们的行动和处理他们的财产和人身，而毋需得到任何人的许可或听命于任何人的意志。①

洛克这里的"自然法""自然地处在什么状态"，一方面也和霍布斯一样地排斥神的意志，另一方面又不认同霍布斯的"人与人的战争状态"说与处理方法的君主专制论。他把"自然状态"赞美为"一种完备无缺的自由状态"。接下来，洛克继续写道：

> 这也是一种平等的状态，在这种状态中，一切权力和管辖权都是相互的，没有一个人享有多于别人的权力。极为明显，同种和同等的人们既毫无差别地生来就享有自然的一切同样的有利条件，能够运用相同的身心能力，就应该人人平等，不存在从属或受制关系，除非他们全体的主宰以某种方式昭示他的意志，将一人置于另一人之上，并以明确的委任赋予他以不容怀疑的统辖权和主权。②

这段话的最后一句"除非他们全体的主宰……"说得不明不白，似乎是有意给创世主留有余地，但这样一来，即与《政府论》上篇否定君权神授论的观点不协调。不过，我们还是回到他的出发点——"自然状态"吧。他强调，在"自然状态"中，每个个人生来不仅是自由的，而且是平等的。在平等状态下通过契约关系建立的政府，绝不可以是完全剥夺个人自由的集权机构。通过社会契约所建立的"公民社会的目的原是为了避免并补救自然状态的种种不方便"③ 而已。当中，个人自由平等的一切权利

---

① [英]洛克著：《政府论》（下篇），瞿菊农、叶启芳译，商务印书馆1993年版，第6页。
② [英]洛克著：《政府论》（下篇），瞿菊农、叶启芳译，商务印书馆1993年版，第6页。
③ [英]洛克著：《政府论》（下篇），瞿菊农、叶启芳译，商务印书馆1993年版，第54页。

仍旧得到确保,尤其重要的是经济利益:

> 人们联合成为国家和置身于政府之下的重大的和主要的目的,是保护他们的财产;在这方面,自然状态有着许多缺陷。①

洛克这里无疑也是说,在"自然状态"中,每个个人获得的与拥有的是绝对的,公共机构——政府的设置只是一种确保个人权益特别是经济利益的手段。

稍后的卢梭虽然没有像洛克那样被列入自由主义先驱者的行列,而只被供奉为"浪漫主义运动之父",但是他的《社会契约论》毫无疑问为18世纪末的法国大革命,乃至美国的民主革命奠定了理论基石。在该书中,卢梭宣称:

> 人是生而自由的,但却无往不在枷锁之中。自以为是其他一切的主人的人,反而比其他一切更是奴隶。②

这也是从每个个人生来如何立论,也即以"自然状态"为说。然后谈及家庭,卢梭说:

> 一切社会之中最古老而又唯一自然的社会,就是家庭。然而孩子也只有在需要父亲养育的时候,才依附于父亲。这种需要一旦停止,自然的联系也就解体。孩子解除了他们对于父亲应有的服从,父亲解除了他们对于孩子应有的照顾以后,双方就都同等地恢复了独立状态。如果他们继续结合在一起,那就不再是自然的,而是志愿的了;这时,家庭本身就只能靠约定来维系。
>
> 这种人所共有的自由,乃是人性的产物。人性的首要法则,是要维护自身的生存,人性的首要关怀,是对于其自身所应有的关怀;而且,一个人一旦达到有理智的年龄,可以自行判断维护自己生存的适

---

① [英]洛克著:《政府论》(下篇),瞿菊农、叶启芳译,商务印书馆1993年版,第76页。
② [法]卢梭著:《社会契约论》,何兆武译,商务印书馆2003年版,第3页。

当方法时，他就从这时候起成为自己的主人。①

不知道是不是因为卢梭从小缺失亲情之爱，他这里是连家庭也解构了：子女年幼的时候因为需要父亲供养（功利性的），才有服从问题（工具性的）；从"自然状态"看，他们依然是个体的与独立的；他们以自己的生存为最高目标。至于公共社会的建构，卢梭说：

> 我设想，人类曾达到过这样一种境地，当时自然状态中不利于人类生存的种种障碍，在阻力上已超过了每个个人在那种状态中为了自存所能运用的力量。于是，那种原始状态便不能继续维持；并且人类如果不改变其生存方式，就会消灭。②

由是，卢梭也认为人们需要订立契约组成国家。组成国家本来即意味着人们要付出个人的独立和自由，但卢梭坚信：

> 每个人既然是向全体奉献出自己，他就并没有向任何人奉献出自己；而且既然从任何一个结合者那里，人们都可以获得自己本身所渡让给他的同样的权利，所以人们就得到了自己所丧失的一切东西的等价物以及更大的力量来保全自己的所有。③

交出去只是为了取回来，对于每个个人来说还是没有任何失去。卢梭这个设想比霍布斯好很多。霍布斯把个人交给专制政府，是不允许再要回什么的。卢梭还想到要给每个个人发一张空头支票。

然而，且不管霍布斯、洛克、卢梭等人相互之间在理论上有多大的差异，他们作为开启近代自由主义政治理论架构的代表性人物，有许多共同之处：他们都着意地挤兑神，回归人，开启了一种所谓的"俗世化"的历史进程；他们不仅让每个个人摆脱神，也力图抽离社会，而虚设了一种"自然状态"，以为在这种状态中每个个人具有自存自足性；他们更把每个

---

① ［法］卢梭著：《社会契约论》，何兆武译，商务印书馆2003年版，第5页。
② ［法］卢梭著：《社会契约论》，何兆武译，商务印书馆2003年版，第18页。
③ ［法］卢梭著：《社会契约论》，何兆武译，商务印书馆2003年版，第20页。

个人的自存自足性落实在每个个人的权益上,由自存自足的个人以契约的方式组合而成的社会——国家,只是用以保障个人权益的工具施设。

实际上,我们不难看到,近代这批自由主义思想家开启的"俗世化"过程,也就是个人欲望不断放大与释放的过程。每个个人受着欲望的驱动且无所畏惧,便不能不爆发巨大的争夺。面对这种争夺而采取的管理体制,美国学者本杰明·巴伯所撰《强势民主》一书,把其斥为"动物管理"。他写道:

> 自由主义民主看起来已经被塑造成动物园的形象。在这种动物园中,充满了所描述的各种动物和家畜:作为最高统治者的狮子,高贵的狐狸,胆怯的绵羊和卑鄙的冷血动物,缺乏同情心的野猪和处于管理者地位的鲸鱼,狡猾阴险的狸猫,机灵的郊狼,品性卑劣(通常披着羊皮)的狼,最后,在汉密尔顿令人恐惧的想象中,人本身也是一种重要的野兽。①

他继续写道:

> 作为一种欲望的动物,或者作为一种理性的由契约对欲望进行规定的动物,自由主义式的个人看起来并不能承担其想象中的重任。自由变得与自私自利难以区别,并且由于冷漠、疏远和道德沦丧而变得腐化堕落;平等变成为市场交换,同时也与它本来需要的家庭背景和社会背景相脱离;而幸福则是通过不利于其精神品质的物质满足来衡量的。也许,这就是为什么美国民主政治的奇迹既拥有受惠者又有许多没能享受其好处的人,既产生了成功人士又产生出许多不满于现状的人,既造就了百万富翁又造成了许多失魂落魄者,既带来富足又制造出恐怖主义,既带来了安全又造成社会冲突,既具有文明的外表又产生诸多的社会不公正。②

---

① [美]本杰明·巴伯著:《强势民主》,彭斌、吴润洲译,吉林人民出版社2006年版,第22页。
② [美]本杰明·巴伯著:《强势民主》,彭斌、吴润洲译,吉林人民出版社2006年版,第25–26页。

巴伯无疑告诉我们，现代社会之所以变成这个样子，是因为每个个人被动物化了。

诚然，人们会说，上面所指陈的是18世纪有功利主义倾向的老一代的自由主义，20世纪的新自由主义已有不同。但是，在我的印象中，即便是讲求社会正义的罗尔斯，其理论建构也依然从"自然状态"（"原初状况"）和"每个个人"及其"自利性"出发，他的"正义"论无非是想把利益的分配做更精密的计度，以使处于最不利地位的人有利而已。及至被称为"极端自由主义者"的诺齐克，甚至借更严实的理论辩驳把个人利益凸显到了比老一代自由主义者还要张狂的境地。①

现代自由主义在方法论和价值观上，实际上都不过是洛克、卢梭等人的思想路数的延续与引申。

二

鉴于由自由主义思潮带来的现代社会的严重危机，20世纪80年代兴起了一股被命名为"社群主义"的思潮。这个思潮中的各路人物理论主张很有区别，但依俞可平的看法，大体仍可以归结为：

> 从方法论上说，自由主义的出发点是个人，而社群主义的出发点则是社群；从价值观方面看，自由主义强调个人的权利，而社群主义则强调公共的利益。……
>
> 在方法论上，社群主义者认为，个人主义关于理性的个人可以自由地选择的前提，是错误的或虚假的，理解人类行为的唯一正确方式是把个人放到其社会的、文化的和历史的背景中去考察。换言之，分析个人首先必须分析其所在的社群和社群关系。在规范理论方面，社群主义者断定，作为公平的正义不可能对善具有优先性，反之，我们对善的感知（our conception of the good）应当具有绝对的优先性。社群既是一种善，也是一种必需，人们应当努力追求而不应当放弃。正义优先的原则要求权利优先的政治学，而善优先的原则要求公益优先的政治学。因此，用公益政治学替代权利政治学，便成为社群主义的

---

① 关于罗尔斯和诺齐克的自由主义思想，香港中文大学石元康教授有精到的评介，见石元康著《当代自由主义理论》（联经出版事业公司1998年版）有关章节。

实质性主张。①

俞可平从方法论与价值观两方面分析了社群主义与自由主义的差别，诚为得当。

我们也可通过社群主义代表人物之一麦金太尔的著作《德性之后》中一些论说来领会社群主义的主张。麦金太尔在批评现代社会把每个个人的生活分成多种片段、现代哲学（分析哲学）以原子论的方式思考人的行为时就指出：

> 唯有在想象中，我们生活在无忧虑的故事里。在生活中，正如亚里士多德和黑格尔所注意到的，我们总是处于一定的约束之下。我们进入了一个不是我们自己所搭的舞台，我们发现我们自己对一个不是我们自己产生的行为的作用。在自己的戏中扮演一个主要角色的我们中的每一个人，在其他人的戏里起一些次要作用，并且每个人的戏都制约着其他人的戏。②

麦金太尔又称：

> 我们都是作为一个特殊的社会身份的承担者与我们自己的环境打交道的。我是某人的儿子或女儿，另外某人的表兄或叔叔；我是这个或那个城邦的公民，这个或那个行业或职业的一个成员，我属于这个氏族、那个部落或这个民族。……这些构成了我的生活的既定部分，我的道德的起点。在一定程度上，正是这一切使我的生活有它自己的道德特殊性。③

麦金太尔这里所揭示的，正是把个人从社群中抽离出来讨论个人权利

---

① 俞可平：《从权利政治学到公益政治学——新自由主义之后的社群主义》，见刘军宁等编《自由与社群》，生活·读书·新知三联书店1998年版，第66—68页。
② [美]麦金太尔著：《德性之后》，龚群、戴扬毅等译，中国社会科学出版社1995年版，第269页。
③ [美]麦金太尔著：《德性之后》，龚群、戴扬毅等译，中国社会科学出版社1995年版，第277—278页。

的不可靠性。在社群中，每个个人总处在特定的角色中，个人没有可能拥有绝对自由的选择。只有把个人放在社群角色的独特处境中，他才是可以被认识、被理解的。而社群总是历史地变迁的，所以个人也不可能摆脱历史。麦金太尔继续说：

> 个人主义的观点认为，我是我自己所选择的那种存在，只要我愿意，我就永远能把被看作是我的存在的那些仅仅是偶然性的社会特征放在一边。……这是一个没有历史的自我。这与叙述观点的自我相对照是很清楚的。因为我的生活的故事是永远被包括在我得到我的身份的那些社会共同体的故事中。我的出生就带着一个过去，可个人主义者的模式则力图把我自己与这个过去切断，而这就要扭曲我现在的关系。一种历史身份的占有和一种社会身份的占有是重合的。……
> 我是我所继承的东西，一种特殊的过去某种程度地呈现在我的现在之中。我发现一个历史的我自己的部分，并且一般而言，不论我是否喜欢，是否认识到它，我都是一个传统的承载者之一。①

麦金太尔的这些分析，着意于把被自由主义思潮从历史中抽离的每个个人重新放回到历史的脉络中去，以为唯有如此，个人现时的权利、现时的思想与行为才有可能得到理解与确认。在"社会身份"中，长辈与晚辈的关系即体认着时间性。因而，承认人的生存处境的社群性便必然同时承认人的存在的历史性。

的确，如果说自由主义的"个人观"是把个人挂空起来的，那么社群主义则把个人放回到实地中来了；自由主义只关切个人的权益，而社群主义更关切公共的责任；自由主义只把社群国家当作实现自己权益的手段，而社群主义却把社群认作个体生命的归属。

我的立场，诚然更倾向于社群主义回归社群社会的主张。

---

① [美]麦金太尔著：《德性之后》，龚群、戴扬毅等译，中国社会科学出版社1995年版，第278－279页。

三

而一旦倾向于回归社群社会，便绝不可以不回归中国古典儒家。如果说儒家与自由主义思潮也有相近之处的话，那就是它的创始人孔子和承续人孟子都致力于淡去神、凸显人，而且都讲求人的自然先天本性。但是，孔子、孟子并不以为人先天获得或被赋予的，是个人的独立性和自足性，而是人对亲族的"亲亲之情"，对社群中他人的"恻隐之心"。孟子说：

> 人之所不学而能者，其良能也；所不虑而知者，其良知也。孩提之童，无不知爱其亲者；及其长也，无不知敬其兄也。亲亲，仁也；敬长，义也。①

这里的"不学而能""不虑而知"，就是说的先天禀赋。"不学而能""不虑而知"所成就的是"爱其亲""敬其兄"的道德行为，然则人先天禀得的就不是个人之权利如何，而是对亲人、对群族的道德情感。这种道德情感及其自然引发的行为具有"善"的意义，所以孟子又以"善"称"性"：

> 恻隐之心，人皆有之；羞恶之心，人皆有之；恭敬之心，人皆有之；是非之心，人皆有之。恻隐之心，仁也；羞恶之心，义也；恭敬之心，礼也；是非之心，智也。仁义礼智，非由外铄我也，我固有之也，弗思耳矣。②
>
> 虽存乎人者，岂无仁义之心哉！其所以放其良心者，亦犹斧斤之于木也。③

这里，"四心""人皆有之"即指它的遍在性，"我固有之"即指它的先天先验性。

值得注意的是，欧洲近代众多启蒙思想家中，卢梭与霍布斯、洛克等

---

① 《孟子·尽心上》。
② 《孟子·告子上》。
③ 《孟子·告子上》。

人不同，他不认为人的先天本性是恶的。他认为，"人的本性是为善的存在者"，也主性善论。孟子与他不同的是：孟子以为人的善良之心是在社群生活的共同体中自然培养出来的，而卢梭诉诸意志主义的自然神论①；孟子直接从性善论中引申出对社群的责任，而卢梭却把自然本性与被看作走向文明的社会建构对置起来——这种对置使卢梭对文明的蜕变具有反省的意义，但与此同时也消解了他对社群乃至于家庭共同体的信心，而只好以"契约"的方式使群体关系得以维系。这表明他还是有别于儒家。

儒家的创始人孔子和承继人孟子致力于守护由社群生活培植起来的情感，以使社群生活获得道德感与亲和性。及荀子则直接以理性的话语说明人为什么要取社群性的生活方式而且要讲求道义的优先性。荀子说：

> 水火有气而无生，草木有生而无知，禽兽有知而无义。人有气，有生，有知，亦且有义，故最为天下贵也。力不若牛，走不若马，而牛马为用，何也？曰：人能群，彼不能群也。人何以能群？曰：分。分何以能行？曰：义。故义以分则和，和则一，一则多力，多力则强，强则胜物。……故人生不能无群。②

荀子以是否有"义"区分人禽，而"义"则是在人的群族生活中必需的。荀子所坚持的也是儒家的基本立场。及荀子讲"生而好利"有别于孟子而疑似于霍布斯。但霍布斯立足于个人权利去裁决公共社会的确当性与否，荀子却侧重于暴露每个个人的有限性去维护社群建构与公共社会。他们实际上有原则上的区别。

进一步揭示每个个人的有限性而把社群生活提升到本体论的高度予以说明的，是一个不太引人注意的人物裴頠。裴頠生活于西晋时期，有感于在社会动荡时期"贵无论"的流行及其引发的对公共社会建构的虚无感，撰写《崇有论》以重振儒家的价值观。他写道：

> 夫总混群本，宗极之道也。方以族异，庶类之品也。形象著分，有生之体也。化感错综，理迹之原也。夫品而为族，则所禀者偏，偏

---

① 参见《西方哲学史》编写组编《西方哲学史》，高等教育出版社2011年版，第317—319页。
② 《荀子·王制》。

无自足，故凭乎外资。是以生而可寻，所谓理也。理之所体，所谓有也。有之所须，所谓资也。资有攸合，所谓宜也。择乎厥宜，所谓情也。识智既授，虽出处异业，默语殊涂，所以宝生存宜，其情一也。①

"品而为族，则所禀者偏"，即指在自然大化中生成的每一族类、每一个体，都各有自身的限定性；然而，所有族类、所有个体的总和却能满足无限性的要求，获得"宗极之道"的一种本体性意义。裴頠由此确认"总混群本"群体生活的正当性。对于每个个体而言，因为它们都是"偏无自足"的，故需要"凭乎外资"。"凭乎外资"之所以可能，乃因为个体与个体之交接是有规则的，是"所谓理也"。个体在自己所处的特定位置上做出合宜的选择，就可以使自己生活得适切而获得意义。

到此为止，我们无疑已经看到，中国古典儒家从一开始就是以确认人的社群生活及维系社群社会生活的道德信念的正当性为基本的价值追求的。

四

其实，就人的现实的与真实的状况而言，人不仅从生下来就处于社群生活中，而且处于大自然天地宇宙中。社群主义关切人的生存处境的社群性，从而使以公共利益为核心的价值信念得以张扬。孔孟所创古典儒学同样强调人的生存处境的社群性和固守对社会他人的同情心与责任意识。但儒家在其后来的发展中，还把人的生存处境带入大自然天地宇宙中来，使人同时感受到与天地宇宙的亲和性。

儒家把人的生存处境带入天地宇宙，并从天地宇宙的生生化化来说明人的群体性的价值追求的正当性，是很自然的事：社群是一个空间的向度，这个向度的最大推开就是天地宇宙；社群的长幼之分又有时间的向度，这个向度的终极追溯也还是天地宇宙。所以，自孔子、孟子之后，儒学一方面关注理性的开展，如荀子、裴頠和后来的朱熹；另一方面也引入信仰的成分，这就是宇宙论。

较早引入宇宙论为孔孟的价值观架设起形上学的，似乎是《易传》。《易传·序卦》称：

---

① 《晋书·裴頠传》。

> 有天地然后有万物，有万物然后有男女，有男女然后有夫妇，有夫妇然后有父子，有父子然后有君臣，有君臣然后有上下，有上下然后礼义有所错。

《易传》于此即认为，每个个人、个人所处的社群组织及相应的公共施设与道德信念，都从天地宇宙演化而来。人离不开天地宇宙。

人不仅离不开天地宇宙，而且既为天地宇宙所生所育，就应该有一种敬畏与感恩的意识。关于这一点，即便十分理性的荀子也都是强调的：

> 礼有三本：天地者，生之本也；先祖者，类之本也；君师者，治之本也。无天地恶生？无先祖恶出？无君师恶治？三者偏亡焉，无安人。故礼上事天，下事地，尊先祖而隆君师，是礼之三本也。①

此即把礼制规范安立在对天地与先祖（也含师君）敬畏与感恩的情感态度上。

汉代董仲舒更把对天地宇宙的敬畏与感恩往信仰的方向上予以加持。他写道：

> 仁之美者在于天。天，仁也。天覆育万物，既化而生之，有养而成之，事功无已，终而复始，凡举归之以奉人。察于天之意，无穷极之仁也。人之受命于天也，取仁于天而仁也。②

董子于此就把"仁"的这种德行从对"天"的敬畏与感恩中加以确认。

是啊！天地宇宙自然世界对我们人类如此厚爱，让我们人类最富感情、最具灵性，得以成为最优秀的一个族群，我们岂能不敬畏与感恩？又，天地宇宙自然世界不仅以特别的厚爱生化了我们，而且年复一年、周而复始地生成万物以供养我们，让我们的族群得以世世代代地繁衍，我们岂能不敬畏与感恩？明代思想家罗汝芳说得更明确、更深刻：

---

① 《荀子·礼论》。
② 《春秋繁露·王道通三》。

> 孔子云:"仁者人也。"夫仁,天地之生德也。天地之大德曰"生",生生而无尽曰"仁",而人则天地之心也。……夫知天地万物之以生而仁乎我也,则我之生于其生,仁于其仁也,斯不容己矣。夫我生于其生以生,仁于其仁以仁也,既不容己矣,则生我之生,以生天地万物,仁我之仁,以仁天地万物也,又恶能以自己也哉?夫我能合天地万物之生以为生,尽天地万物之仁以为仁也,斯其生也不息,而其仁也无疆,此大人之所以通天地万物以成其身者也。①

这是说,天地万物是以它的生来养育我、成全我的,这体现了天地之仁;我既以天地万物之生为生,则我亦当以我之生来延续天地万物之生,这是不容自己,不允许自己不这样做的,这是我之仁;正是由于天地万物之生生我,由我之生生天地万物,而使天地宇宙得以无限地发展,我亦得以融入天地宇宙无限发展的长河,而获得无限的意义。

自由主义力图摆脱神,释放每个个人张狂的利欲追逐;社群主义希望把每个个人置入公共社会的道德诉求之中,使之有所节制,有所提升;儒家宇宙论更祈求让人们重新沐浴于恩典之下,只是这种恩典已不是来自万能的神,而是源于生生不已的大自然。

五

需要申明的是,本文借批评自由主义的政治哲学而显扬儒学,并不是要否定自由与民主。关于这一点,坚持儒家立场的老一辈思想家牟宗三、唐君毅、徐复观等诸先生,在与台湾地区自由主义代表人物殷海光等学者的论争中有非常清晰的阐述。双方争论的中心之一是,民主政治是否一定要立足于性恶论?西方近代自由主义从"每个个人"及其"自利性"出发,无疑即设定"人性本恶"。为了对治这种人性,必须建构以分权为特征的一套完善的制度,是为民主。殷海光认定,政治制度不能以道德理想

---

① 方祖猷、梁一群等编校整理:《罗汝芳集》(上),凤凰出版社2007年版,第388页。

（性善论）作为基础，否则会走向极权统治。① 牟、唐、徐诸先生与之相反，指出政治上的自由民主要靠道德理想主义才可以得到提升；设定"人性本恶"需要强控制反而容易堕向极权主义。② 牟、唐、徐诸先生的说法诚然不谬。③

依沿我以上所开展的视角，我这里要讨论的问题是（也可以说是对牟、唐、徐诸家说法的一个补充）：是不是只有从"自然状态"下"每个个人"出发，才可以开出民主政治？像儒家那样，确认个人的有限性，个人必须依存于社群，否则，就不可以开出民主政治？答案诚为不然。尽管由于历史条件的限制，古代儒家学者确实未能提供一套民主政治的理论体系与现实架构，但是儒家及中国文化历来提倡的"天无私覆，地无私载"一说，实已从根源上揭示了人与人之间的平等关系；及儒家学者深悟个人的有限性，人与人之间需要相互扶持才可以生存与繁衍时，个人即得以走出自我，走向他人，尊重他人，走入社群，共建合理制度，此即有可能导向民主；至于儒家学者在社群制度建构上讲求的"礼"，在它的原初意义上其实是教养问题，其后来成为维护等级统治的工具，则是由种种现实利益关系的牵扯而引发的蜕变。这种蜕变已经背离了儒家原有的思想信念

---

① 殷海光称："如果以道德作民主政治底基础，便与黑格尔底泛逻辑主义（panlogicism）合流。泛逻辑主义则是泛政治主义（panpoliticism）底理论基础之一。而泛政治主义则是极权制度底骨架。在现代技术底影响甚或决定之下，过程比目标更为重要。因为人所亲身接触者为实际的过程，从未尝是理想目标。此点自古已然，于今为烈。现实道德目标的过程如不为道德的，则理想的道德适足以造成现实的灾害。古代的宗教迫害，东方的'大义觉迷录'式的思想所造成的悲剧，以及现代极权统治之形成，都是根植于此。道德本身并没有防止不道德的行为出现之器用。所以，道德丝毫不能作民主政治底基础。退一步说，即今没有这些灾害，道德是在伦理界。它是制度以外的东西，因此与政治制度仍是两橛。"（林正弘主编：《殷海光全集：政治与社会》，桂冠图书股份有限公司1990年版，第360页）显见殷海光是把道德理想与民主政治完全对立起来的。

② 牟宗三称："'自由民主'一原则必须靠一个更高一层的较为积极而有力的文化系统来提挈它，维护它。……这个更高一层，更积极而有力的文化系统，就是儒家的文化系统，其核心思想就是理性主义的理想主义，简言之，就是道德的理想主义，切实言之，就是道德实践理性之理想主义。"（牟宗三：《道德的理想主义》，台湾学生书局1978年版，第22页）徐复观则称："极权主义和殖民主义对中国来说，他们在文化上有一共同之点，即是都彻底反对以孔子为中心所展开的中国传统文化。极权主义之所以如此，是因为中国文化系立基于性善思想之上；这便真正把握到了人类尊严、人类平等及人类和平相处的根源；当然也是政治上自由民主的根源。"（徐复观著，萧欣义编：《儒家政治思想与民主自由人权》，台湾学生书局1988年版，第99页）

③ 关于牟宗三、唐君毅、徐复观诸先生与殷海光等先生的有关论争，李明辉多有评介，可参见李明辉《儒家视野下的政治思想》，台湾大学出版社2008年版。

（相互依持的社群意识）与价值追求（平等的人格权利）。人们可以想方设法为自由主义以形式的平等去掩盖实质的不平等辩护，为什么就不可以理解儒家在后来演变过程中难免发生的坠落？

　　本文无意于探讨现实政治架构及其公平问题。我为回归儒学提供一个说法，更关切的其实还是人应不应该有一种超越性的追求问题。如上所说，只有确认个人的有限性，个人必须依持于社群乃至天地宇宙，才得以生存与繁衍，则个人与社群、与天地宇宙的关联是内在的。个人从社群、从天地宇宙中来，他的生存与发展具有正当性，这是"有我"的；个人又必须回到社群、回到天地宇宙中去才能获得价值，这又是"无我"的。个人既从社群从天地宇宙中来，应该懂得敬畏与感恩；个人必须回到社群、回到天地宇宙中去，才能获得价值，又应该尽力守护社群守护天地宇宙，学会尽责与奉献。

　　反之，如果只立足于"自然状态"之"每个个人"的自利性与自存性，则他人只能是一个"界限"，社群只能是谋取个人利益的工具，天地宇宙更是可以任意宰割的质料。依此，自我与他人、个人与社群、人与天地宇宙、有限与无限，是对置的。个人既是无根的，也是无依的。个人与他人、个人与社群，放大一些，是族群与族群、国家与国家、人类与自然世界，不得不被卷入无休止的利益争夺之中。我们当今面对的，不正是这种状况吗？

　　作为本文的结束语，我想引述一中一外两位学者发人深省的两段话。

　　一段话出自杜维明《儒家思想——以创造转化为自我认同》一文。文中写道：

> 　　一个孤独的人在完全孤立的状态中试图寻求自我拯救，而又没有来自群体的切身支持，这种观念在儒家社会中是不可思议的。儒家更珍惜的途径，是通过与日益扩展的人际关系圈的交流和参与去进行自我的修养。即使是冒着失去个体自主的危险，儒家也宁愿选择适合的伴侣和"志同道合的朋友"共同参与，以相互勉励的形式发展自己。……通过所谓富有意义的他者，人能够深化和拓展自我，这就是儒家不仅把自我视为各种关系的中心，而且视之为精神的能动发展过

程的意义所在。①

杜维明这里所表达儒家关于自我与他人、自我与社群关系的立场,诚然为本文所认同。

另一段话出自罗素的《西方哲学史》。该书在评论霍布斯《利维坦》一书关于国与国之间关系的见解时抒发己见而称:

> 只要国际无政府状态一天还存在,各个国家的效率提高决不见得就对人类有利益,因为这一来也就提高了战争的凶暴和破坏性。霍布斯所举的支持政府的一切理由假如妥当,支持国际政府也是妥当的。只要民族国家还存在,而且彼此打仗,唯有效率低下能保全人类。缺乏防止战争的任何手段却改进各个国家的战斗素质,是一条通往全球毁灭的道路。②

罗素这里所说的"缺乏防止战争的任何手段",无疑包括信仰的退场与道德的匮乏;而效率的单方面的提高与战斗素质的无休止的提升,只会加剧战争的凶暴和破坏性,如我们今天所看到的。

(原载《社会科学战线》2013 年第 6 期)

---

① 杜维明著,郭齐勇、郑文龙编:《杜维明文集》(第 3 卷),武汉出版社 2002 年版,第 317 页。
② [英] 罗素著:《西方哲学史》(下卷),何兆武、李约瑟译,商务印书馆 1976 年版,第 79 页。

回归生活世界的价值诉求

——儒学变迁史略说

内地学界一般把宋明儒学区分为"气"学、"理"学和"心"学三大系。个人于1997年所撰《宋明新儒学略论》① 却把"气"学中宋初周敦颐、张载与清初王夫之、黄宗羲、戴震之学问分析为两系,又把"心"学中陆九渊、王阳明与阳明后学之泰州学派区别为两系。以五系的关联与流变脉络呈现宋明儒学的走向。其中,以主"志"论阐明陆、王学问宗旨,而以主"情"论开显泰州学人风貌,自以为有所创新。因为"情"必指向"事",借"事"以为体现,有所谓"事情"或"情事"之称,故于2001年又撰《"事"的本体论意义——兼论泰州学的哲学涵蕴》② 一文,为世间日常种种"行事"提供一种正当性说明。以上论作发表及今近20年,深感意犹未尽,遂撰本文,进而开显回归生活世界的价值诉求。

一、孔子的立足点:原事原情与原人

"事情"的原委,自必要追溯到儒学的老祖宗孔子。孔子学问的出处,是随时随处随情随事指点为"仁(人)之道"。如《论语》所记其论"仁":

> 孝弟也者,其为仁之本与!③
> 巧言令色,鲜矣仁。④
> 夫仁者,己欲立而立人,己欲达而达人。⑤

---

① 冯达文:《宋明新儒学略论》,广东人民出版社1997年版。
② 冯达文:《"事"的本体论意义——兼论泰州学的哲学涵蕴》,载《中国哲学史》2001年第2期。
③ 《论语·学而》。
④ 《论语·学而》。
⑤ 《论语·雍也》。

君子笃于亲，则民兴于仁。①
克己复礼为仁。②
樊迟问仁。子曰：爱人。③
刚、毅、木、讷近仁。④
"能行五者于天下，为仁矣。"请问之。曰："恭、宽、信、敏、惠。"⑤
博学而笃志，切问而近思，仁在其中矣。⑥

孔子这些提法，都是就"事"说"事"，就每一不同之"事"呈现出来的情感态度论"仁"。"仁"不是一个"类"概念，孔子不做"类"归。"仁"其实只是一种肯定性评价，相当于"好"或"是"之类的意义。⑦

"君子"为"仁"的人格化体现。孔子论"君子"称：

人不知而不愠。⑧
君子不重则不威。⑨
君子食无求饱，居无求安。⑩
君子不器。⑪

---

① 《论语·泰伯》。
② 《论语·颜渊》。
③ 《论语·颜渊》。
④ 《论语·子路》。
⑤ 《论语·阳货》。
⑥ 《论语·子张》。
⑦ 郝大维、安乐哲所著《汉哲学思维的文化探源》称："仁是《论语》中的核心术语，它经常被译为'human-heartedness'或'benevolence'。寻求对这个词之叙述的理解而不是本质主义的理解，将导致把它看成是指'令人信服的人'这样一类人。可以这样推想，这个词'意指'特定历史条件下这样一些人的生活和思想方法：他们为他们自己的世界树立了榜样，而不是指可以用抽象名词表达的本质。"（见该书中文版作者自序，施忠连译，江苏人民出版社1999年版，第6页）此说甚当。
⑧ 《论语·学而》。
⑨ 《论语·学而》。
⑩ 《论语·学而》。
⑪ 《论语·为政》。

君子无所争。①
君子怀德，小人怀土；君子怀刑，小人怀惠。②
君子欲讷于言而敏于行。③
君子周急不济富。④

这里所谓"君子"，广泛涉及个人的精神品格和对不同人、事应取的不同态度。显见，孔子对"君子"也并未给出一个具"类"的意义的介说。

在《论语》中，孔子有"有教无类"⑤一语，此语显示的，就是孔子对"类"的区分没有兴趣。

我们知道，"类"是借助于认知方式，通过抽取同类事物的共同性而建构起来的。孔子无意于"类"的区分与综合，意味着孔子没有使自己的"仁"学落入认知分辨的陷阱，从而保持了它的"原"义。

孔子讲求"原事""原情"，也即"原人"。此间所谓"原人"，不是发生学意义上的，不涉及从哪里来、怎么生成的问题；也不是社会学意义上的，不追问处在什么位置、属于什么层级的问题。就其相对于下面要讨论的"类"的观念如何出现、如何发展的视角而言，是指还没有诉诸经验认知、还没有进入"类"，也即还没有被抽象过、被改变过的一种原本形态与原本状况。"原"实际上构成为本文所取的哲学逻辑进路的一个起点，下面会看到，尽管这一进路并不是我喜欢的。

这里首先需要申明的是，孔子立足于"原事""原情""原人"引申价值的这种诉求，既非经由经验知识做出分辨的，自也是先验的；亦非落入对待比较中加以拣择的，自又是绝对的。如果说"本体"概念是以先验性、绝对性为认准，那么毫无疑问，孔子的"仁（人）"具足本体意义。⑥

---

① 《论语·八佾》。
② 《论语·里仁》。
③ 《论语·里仁》。
④ 《论语·雍也》。
⑤ 《论语·卫灵公》。
⑥ 参见冯达文《孔子思想的哲学解读——以〈论语〉为文本》，载《中山大学学报》（社会科学版）2018年第2期。

二、"原人"的坠落与形上学的建立

然而,"原人"不可能不被抛落到分崩离析的现实社会受支配,被肢解,遭改变。孔子"性相近也,习相远也"[①] 一语,所说"性相近",指的就是"原本"的状况,"习相远"则意味着人在现实功利争夺中难免被染习。老子"朴散则为器"[②] 一说,"朴"也指未被分解、未经改变包装过的原貌,分解散落为"器",便只作为工具被使用了。现实这种变迁取概念的方式行进,便是:"原人"之"人"脱落为各别个人—功利个体,"原情"之"情"代之以追逐功利之"知"—"术","原事"之"事"则被作为"知"的客观对象而指为"物"。各别个人、知、物等概念或言说的时兴,构成为形而下的经验世界。

面对在利益上各自独立且互相争夺的各别个人,就需要有一种统制的力量。知术的开发(庄子书中所谓"浑沌开窍")正出于寻找统制力量的需要。统制力量不可能顾及不同个人、不同形物的特殊状况和特殊需求,它必须具有普遍意义才能获得统制性。"类"就是这样一种东西,逐"类"的过程由之开启。战国中期以后,哲学家们纷纷以能做"类分""类归""以类取""以类予""异类不比"之论辩以显示自己的认知能力。然而,如果仅从经验归纳的角度给出"类",这种"类"还是盖然性的,还属形而下的经验范畴。只有把"类"的根据与本源上诉于"天命""天道""天理",才能争得先验性与绝对性。又且,在形而下的经验的范畴内,人们更多地只会讲求客观性;唯诉诸"天命""天道""天理",诉诸先验性,才能帮助人们摆脱形下杂乱的困顿而把价值追求往上提升,同时使这种提升获得客观必然性意义。由是,形上建构日渐成为哲学家们追逐的宏伟事业。

毋庸置疑,在中国哲学的发展历程中,最早致力于形上建构的,自当是老子。老子以"无"论"道",就是要与形下经验世界撇清关系。老子的形上建构包含着宇宙论与本体论两个向度。两个向度显然都为儒家所借资。其中的宇宙论向度,经黄老思潮为汉唐儒学所吸纳,构成为儒学帮助各别个人走向天地宇宙依托天地宇宙建立价值的客观依据;其中的本体论

---

① 《论语·阳货》。
② 《老子·二十八章》。

向度，则经魏晋玄学为宋明儒学所援引，构成为儒学引领各别个人变化"气质之性"契接"天命之性"的理论基础。

儒学由之开展了自身恢宏体系的建构。

三、儒学脉络的宇宙论及其精神导引

儒家脉络的宇宙论形上学，虽为入汉以后经董仲舒等学人的努力得以成为影响中国思想文化深远的体系，但其源头实可追溯到孟子与《中庸》。

我们前面已提及，孔子没有"类"观念，亦且不多谈"性与天道"①。就是说，孔子无意于把自己的价值指引付诸"类"的归纳、抽象的理论建构，更不屑于侈谈天地宇宙。但是，孟子虽缘于不得已，却不得不谈"类"说"天"了。

我们先看孟子的"性善论"。《孟子·告子上》记称：

> 乃若其情，则可以为善矣，乃所谓善也。若夫为不善，非才之罪也。恻隐之心，人皆有之；羞恶之心，人皆有之；恭敬之心，人皆有之；是非之心，人皆有之。恻隐之心，仁也；羞恶之心，义也；恭敬之心，礼也；是非之心，智也。仁义礼智，非由外铄我也，我固有之也，弗思耳矣。

孟子这里以"情"为"善"仍然承接了孔子的思想。"我固有之"，认"情"具先验性，亦同孔子。但指"情"为"性"，更称"人皆有之"，却涉及人这一"类"的共同性问题了。

事实上，孟子不仅从"人皆有之"论人的共同性，而且直接使用"类"概念来确认人的这种共同性。《孟子·告子上》又记：

> 圣人与我同类者。……口之于味也，有同耆焉；耳之于声也，有同听焉；目之于色也，有同美焉。至于心，独无所同然乎？心之所同然者何也？谓理也，义也。圣人先得我心之所同然耳。

---

① 《论语·公冶长》记："子贡曰：'夫子之文章，可得而闻也。夫子之言性与天道，不可得而闻也。'"

孟子这里即强调了人在"类"上的共同性以确认人向善（理与义）的价值追求的普遍性，而为各别个人心灵的上提提供依据。

无疑，孟子讲"类"，并不仅在为人们向善的追求提供普遍性依据，同时亦出于论辩的需要。辩必涉及类归与类别问题，走向知识的建构。但他与告子的几次论辩，所涉及的"类"似乎在认知的意义上还不太可以成立。如与告子的争辩之一：

> 告子曰："性犹湍水也，决诸东方则东流，决诸西方则西流。人性之无分于善不善也，犹水之无分于东西也。"
>
> 孟子曰："水信无分于东西，无分于上下乎？人性之善也，犹水之就下也。人无有不善，水无有不下。今夫水，搏而跃之，可使过颡；激而行之，可使在山。是岂水之性哉？其势则然也。人之可使为不善，其性亦犹是也。"①

"人性之善"与"水之就下"，二者并不构成同类。同类才可以相比，"异类不比"。如果这种比较可以成立，则反过来说，"人性之恶""犹水之就下"也可以成立。

再如，孟子称：

> 富岁，子弟多赖；凶岁，子弟多暴，非天之降才尔殊也，其所以陷溺其心者然也。今夫麰麦，播种而耰之，其地同，树之时又同，浡然而生，至于日至之时，皆熟矣。虽有不同，则地有肥硗，雨露之养，人事之不齐也。故凡同类者，举相似也，何独至于人而疑之？②

人的品质的成长与小麦的成长其实也不同类。如果说可以引以为比喻，小麦收成的丰歉取决于后来的种种条件，说明的倒是人的品质的好坏也不取决于先天的禀赋，而取决于后天的种种境遇。孟子这里其实还只是

---

① 《孟子·告子上》。
② 《孟子·告子上》。

一种比喻。① 比喻仅换用两类不同事物的某一部分的相似性予以开示，不具认知的意义。"类"观念是借助于在认知上就同类事物的共同性做出抽取而建立的。"类"的确认使人的认知从个别走向一般，从殊散走向公共。

显见，孟子所讲的"类"，还不具严格的认知意义。孟子讲的"四心（情）"为人这一"类"共有，固强调性善的普遍性，但他主要不是从认知上说的，而是从理想—信仰上说的。

在先秦时期，儒学涉及普遍性的最高概念为"天"。孟子也谈"天"：

> 尽其心者，知其性也。知其性，则知天矣。②

"尽其心者"，尽其亲亲之情、不忍之心。"尽其心"何以"知其性"？因为亲亲之情、不忍之心是不需要经过任何认知分辨，在自然—本然中流溢出来的。这自然—本然具足的，自当是"性"（生之谓性）。及"知其性"何以即是"知天"？因为自然—本然其实也就是"天然"。依此，"天"在孟学中所凸显的，不仅是普遍性、公共性问题，而且关涉先验性与绝对性。但孟子这里的"天"还是从"心""性"反推出来的，诚如牟宗三所说为"逆觉体证"。也就是说，"天"其实是价值实体，由"天"确证的普遍性与先验绝对性，为价值信仰，还不具客观存在意义。

真正使"天"获得客观存在意义与统类意义的，在先秦儒家的脉络里，当数《中庸》《易传》。《中庸》中其实也只有一句话："天命之谓性。"这句话是说，"性"是由"天命"下贯而成的。但"天命"如何，《中庸》并没有展开，及《易传》才真正建立起宇宙论予以展开。

在中国哲学史上，《易传·系辞上》最先对形而上与形而下做出区分，称"形而上者谓之道，形而下者谓之器"。《易传》这里所说的形而上之"道"，就指的宇宙生化的本原与过程。这个过程，《易传·序卦》描述为：

---

① 黄俊杰先生于孟子学研究极尽精微，以为孟子运用的"具体性思维方式"之第一个方法为"类推法"，称："孟子明言'凡同类者，举相似也'（《孟子·告子上》），他常将具体而个别的事物，加以分类，并以类的性质互作比拟。"[《孟学思想史论》（卷一），台湾东大图书股份有限公司1991年版，第5页] 先生此一评判有待商榷。

② 《孟子·尽心上》。

> 有天地然后有万物，有万物然后有男女，有男女然后有夫妇，有夫妇然后有父子，有父子然后有君臣，有君臣然后有上下，有上下然后礼义有所错。

这就已从宇宙生化论人的生成，从人的生成论人应取的制度和价值。人及其价值认取的正当性，不再仅诉诸"原情""原事"，而必须上溯于天地了。

可是，天地宇宙是客观存在的自然世界，要说它生人生物没有问题，要指认它同时还是人的价值意识的源头，怎么可能呢？[①] 然而，我们看《易传》，《易传》是以阴阳论万物的生成长养的。《易传》"乾"卦"彖"传写道：

> 大哉乾元，万物资始，乃统天。云行雨施，品物流形。大明始终，六位时成，时乘六龙以御天。乾道变化，各正性命，保合大和，乃利贞。首出庶物，万国咸宁。

这是说，天地宇宙由阳气（乾元）的发动，而生生不息，成就各种物类。这是对生命的正面肯定，为儒家的根本立场。

当中，"乾道变化，各正性命"一语，特别提示儒家如何从宇宙生化的客观事实，转出人应取的价值："乾道变化"，万物万类得以生化（品物流形）。在生化过程中，由于种种不同的机遇，便生成了种种不同的物类、不同的个体；物类的不同、个体的差别，构成为各自的"命限"——一种给定性也即限定性，是为各得其"性命"。

这本是宇宙生化的客观事实，然而，为什么又可以以"正"——"性命之正"来做肯定性的价值认取，成为帮助人把价值往上提升的依据

[①] 牟宗三即称："董仲舒是宇宙论中心，就是把道德基于宇宙论，要先建立宇宙论然后才能讲道德，这是不行的，这在儒家是不赞成的。"（《中国哲学十九讲》，台湾学生书局1983年版，第76页）牟氏就认为从宇宙论不能引申出道德价值。劳思光更称，两汉至唐代为中国哲学的衰乱期。"秦汉之际，古学既渐失传，思想之混乱尤甚。南方道家之形上旨趣、燕齐五行迂怪之说，甚至苗蛮神话、原始信仰等等，皆渗入儒学，以至两汉期间，支配儒生思想者，非孔孟心性之义，而为混合各种玄虚荒诞因素之宇宙论。"[《新编中国哲学史》（二卷），广西师范大学出版社2005年版，"导言"第3页]

呢？而且这种生化的客观事实还可能是极其偶然（偶合）的，为什么竟可以从偶然性的事实变迁，引申出合目的性的价值信仰？

原来，儒家的这种宇宙论认为，天地宇宙在生化过程中正是以种种可能是偶然性的方式使万物的生养获得公正性与均衡性的。例如：温顺的物类，其繁殖力强；凶猛的物类，其繁殖力弱；人类被赋予聪明才智，便不再有强劲的腿爪、矫健的翅膀；等等。这就是"命限"。

"命限"固然是限定，却又是给定：天地宇宙让一种物类与别的物类不同，正好就赋予它以别的物类不同的长处、不同的活动场域。"性分"既是自然的，这是事实；但也是"自足"的，这就转出了价值。

就是说，天地宇宙在生化过程中给一种物类或个体予以限定，让它在某一方面、某一场域不能有所作为，必亦让它在另一方面、另一场域有充分施展的可能。而且，外面的世界既然充满偶然性，即意味着提供了种种机遇。对于人类来说，只要能够以正面的态度善待自己的禀赋，巧对每一境遇，珍惜每一机会，都可以实现其自己。而整个的天地宇宙则正是由种种偶然的生生化化求得均衡性的：每一种物类、每一个体把自己的禀赋充分展开，恰好就满足了世界永续发展的要求。

"象"传称："天行健，君子以自强不息。"《易传·系辞上》称："一阴一阳之谓道。继之者善也，成之者性也。"这也是都在强调，被拽落下来的各别之人，可以借宇宙论把自己往上提起；只要遵循宇宙变化之道自强不息地付出努力，都有可能成为圣贤，使自己有限的存在汇融到天地宇宙无限发展的长河，获得普遍永恒的意义。

但《易传》受制于筮法。其宇宙论称："易有太极，是生两仪，两仪生四象，四象生八卦，八卦定吉凶，吉凶生大业。"此中，"两仪"可释为"阴阳"，"四象"可释为"四时"，但缺失"五行"。"五行"主要标识空间观念。只有把"五行"引入，构成为元气—阴阳—四时—五行系统，才能更好地揭示农业文明条件下宇宙万物生存长养的时空节律和"类"观念的正当性。

在儒家脉络中，无疑至汉代之董仲舒才比较完整地建构起这样一个系统的宇宙论。① 董仲舒称：

> 天地之气，合而为一，分为阴阳，判为四时，列为五行。行者行也，其行不同，故谓之五行。五行者，五官也，比相生而间相胜也。②

这就是把宇宙生化过程描述为元气—阴阳—四时—五行—万物的一个过程。四时为春夏秋冬，为时间观念；五行木火土金水涉东南中西北，为空间观念。这一宇宙论实际确认，元气—阴阳之气，作为一种生命力，是在时间空间交变的节律中生成长养人人物物的；人人物物既受制于时空变迁的节律，则对人人物物均可依其在时空交变的状况而做类归。由之，以五行、四时、阴阳取"类"便具正当性。中国传统的"类归"的认知方式也因之得以形成。那就是，把单个个人或物归入类中，把小类归入大类中，从"类"来考论单个个人或物的特质与价值，由是构筑了中国古典文明的最基本最通行的认知方式。③

宇宙论的系统建构与类归认知方式的建立，如上所说顾及的本是客观"事实"，其得以为孔子、孟子认取的价值信仰提供根据，此中之关键仍在敬仰、敬畏与感恩。董仲舒写道：

> 仁之美者在于天。天，仁也。天覆育万物，既化而生之，有养而成之，事功无已，终而复始，凡举归之以奉人。察于天之意，无穷极之仁也。人之受命于天也，取仁于天而仁也。④
>
> 天德施，地德化，人德义。天气上，地气下，人气在其间。春生夏长，百物以兴；秋杀冬收，百物以藏。故莫精于气，莫富于地，莫神于天。天地之精所以生物者，莫贵于人。人受命乎天也，故超然有

---

① 董仲舒的宇宙论源出于黄老思潮，但本文无法详述。有兴趣的学人可参阅拙著《道家哲学略述——回归自然的理论建构与价值追求》一书之第二章"黄老思潮"和第五章"道家与儒学"之第二节"董仲舒：儒学价值信念的宇宙论证成"。
② 〔汉〕董仲舒：《五行相生第五十八》，见〔清〕苏舆撰，钟哲点校《春秋繁露义证》，中华书局1992年版，第362页。
③ 关于"类归"认知方式的讨论，请参阅拙著《冯达文自选集》之《重评中国古典哲学的宇宙论》一文，中山大学出版社2017年版。
④ 〔汉〕董仲舒：《王道通三第四十四》，见〔清〕苏舆撰，钟哲点校《春秋繁露义证》，中华书局1992年版，第329页。

以倚。物疢疾莫能为仁义,唯人独能为仁义;物疢疾莫能偶天地,唯人独能偶天地。①

董仲舒这些话语所表达的就是:人是天地宇宙最优秀的创造物,天地宇宙把人这一族类塑造得最具灵性、最富活力,人对天地宇宙岂能不敬仰、敬畏与感恩呢?

又且,天地宇宙不仅把人这一族类塑造得最优秀,还年复一年终而复始地生育长养百物供之享用,使之得以繁衍,人对天地宇宙也岂能不予敬仰、敬畏与感恩呢?

从对天地宇宙的敬仰、敬畏与感恩出发,人之行事方式自当以效天法地为基准。如天之生养人人物物体现为一种"仁"的德行,人亦应当"取仁于天而仁也"。"天"以"四时"运行节律不同而使万物有"类"的归属,"仁"之德目也可从"类"的归入中证取,例如:"春季"主"生",人之德行当求"仁";"夏季"主"养",人之德行当求"智";"秋季"主"收",人之德行当讲"义";"冬季"主"藏",人之德行当倡"礼";"季夏"居中,人之德行当兴"信"。② 由之,人的仁、义、礼、智、信等价值信念,均被提升到与天地宇宙变迁的节律(类)的同等地位得到证成。要知道,在农业文明时期,人人物物的生存长养确实离不开天地宇宙。因之,取敬仰、敬畏与感恩的态度,把人人物物在认知上的确当性与在价值上的证取性交付于天地宇宙及其节律,无疑是极可接受的。当着作为各别个人面对大自然的巨大变迁和社会中权益的残酷争夺更感无奈时,各别个人的敬仰、敬畏感甚至会强化为宗教信仰。董仲舒称:"天者,百神之君也。"③ 所表达的即是这样一种浓重的宗教感。

以董仲舒为代表开创的儒家宇宙论形上学,通过把各别个人逐层做"类"的归入乃至上提于具宗教信仰色彩的"天",就使人的价值追求获得了一种客观的、具最高统类的乃至绝对性的力量的支撑。也可以说,董

---

① 〔汉〕董仲舒:《人副天数第五十六》,见〔清〕苏舆撰,钟哲点校《春秋繁露义证》,中华书局1992年版,第354页。
② 详见〔汉〕董仲舒《五行相生第五十八》,见〔清〕苏舆撰,钟哲点校《春秋繁露义证》,中华书局1992年版,第362-366页。
③ 〔汉〕董仲舒:《郊义第六十六》,见〔清〕苏舆撰,钟哲点校《春秋繁露义证》,中华书局1992年版,第402页。

仲舒完成了儒学价值信念的客观化向度，同时也营造了它的神学向度。

四、儒家脉络的本体论及其心性操持

儒学脉络的本体论形上学，则为宋明哲人所弘发。本体论的建构是以知识理性为出发点，以更明确地区分共相与殊相的类属关系为基础的。① 儒学这样一种知识理性走向，其源头不免亦可以追溯至先秦时期的《大学》与荀况。《大学》以"格物致知"作为道德提升的前提和齐家、治国、平天下的基础，就体现有对认知在价值认取上的重要作用的正面肯定。及荀子所撰《正名》《解蔽》诸篇，甚至建构了一整套中国古典哲学的知识论。

我们看看荀况的论述。关于认知如何发生，他写道：

> 然则何缘而以同异？曰：缘天官。凡同类同情者，其天官之意物也同，故比方之疑似而通。……形体色理，以目异；声音清浊调竽奇声，以耳异；甘苦咸淡辛酸奇味，以口异；香臭芬郁腥臊洒酸奇臭，以鼻异；疾养凔热滑铍轻重，以形体异；说故喜怒哀乐爱恶欲，以心异。……此所缘而以同异也。②

认知是"缘天官"而发生的。这就是以感觉经验为起点。在感觉经验的基础上，"心"才能发挥作用。故荀子又称：

> 心有征知。征知则缘耳而知声可也，缘目而知形可也。然而征知必将待天官之当簿其类然后可也。③

"征知"者，概指整合与确认的一种认知能力，相当于今人所讲的理性认识。荀子以为认知要经历一个从感知到理性的过程，表达了一种反映

---

① 冯友兰先生称："本体论是对于事物作逻辑的分析，它不讲发生的问题。"而逻辑分析处理的就是共相与殊相的逻辑关系，为知识化与形式化的进路。所以，本文认同冯先生的看法，以为本体论实以知识理性为起点。详见冯友兰《中国哲学史新编》（第4册），人民出版社1980年版，第三十七章"通论玄学"第一节。
② 《荀子·正名》。
③ 《荀子·正名》。

论立场。

在理性认知的基础上,需要有"名"去加以标识所知。荀子续称:

> 然后随而命之:同则同之,异则异之。单足以喻则单,单不足以喻则兼,单与兼无所相避则共;虽共,不为害矣。知异实者之异名也,故使异实者莫不异名也,不可乱也,犹使同实者莫不同名也。故万物虽众,有时而欲遍举之,故谓之物。物也者,大共名也。推而共之,共则有共,至于无共然后止。有时而欲偏举之,故谓之鸟兽。鸟兽也者,大别名也。推而别之,别则有别,至于无别然后止。①

这里的"单"与"兼"、"别"与"共"的区分,即从"名"在外延上的涵盖度做出的。其所指涉的,实际上就是"类"的问题。荀子经常谈"类"。他常说:

> 以类行杂,以一行万。始则终,终则始,若环之无端也,舍是而天下以衰矣。②
>
> 倚物怪变,所未尝闻也,所未尝见也,卒然起一方,则举统类而应之,无所疑作。③

这都是讲以"类"推知各别事物,统制各别事物。

在孔子那里,讲"原事""原情",不做"类"的分别与考量;在孟子那里,"类"许多时候只是一种比喻,不太有认知的意义;到荀子这里,"类"的归入与区分,才真正奠基于认识论。

然而,"类"及其标识"名"的确立,荀子以为是"约定俗成"的:

> 名无固宜,约之以命,约定俗成谓之宜,异于约则谓之不宜。名无固实,约之以命实,约定俗成谓之实名。……此制名之枢要也。④

---

① 《荀子·正名》。
② 《荀子·王制》。
③ 《荀子·儒效》。
④ 《荀子·正名》。

"名无固宜，约之以命"，"名无固实，约之以命实"，这是说"名"与"实"的关系是人为的、相对的，属于经验范畴。

与此相应，种种制度施设的"礼"、价值认定的"义"，也都是人为的、相对的，只具经验意义。荀子写道：

> 礼起于何也？曰：人生而有欲，欲而不得则不能无求，求而无度量分界则不能不争。争则乱，乱则穷。先王恶其乱也，故制礼义以分之，以养人之欲，给人之求。使欲必不穷乎物，物必不屈于欲。两者相持而长，是礼之所起也。①

礼与义均制作于人与物、人与人之间的比较与均衡，自是相对的、经验性的无疑。

从知识的立场看，荀子的讲法是确当的。认知的成立，一类事物"名称"的给定，是通过舍弃同类事物的各别性，抽取共同性而实现的。也就是说，知识及所取概念源出于综合。综合只能是相对的，综合给出的判断具盖然性，它的成立是人为地假定的。荀子以"约定俗成"揭明，太了解知识建构的真谛了。

然而，从这一路向转出价值却是极成问题的。孔子、孟子都不认为自己倡导的价值信念只是相对的、可变动的。他们都力图赋予这种价值信念以"生而有之"和"人皆有之"的普遍与绝对的意义。然而，凭借经验知识不可以给出真正的普遍性与绝对性。后来张载说"德性所知，不萌于见闻"②，即揭明经验认知的这种局限性。此其一。

其二，在孔子、孟子那里，价值信念虽然诉诸"情"，但这种"情"并不是人为的，而是天然—天性本具的。荀子却只认价值信念的人为性，从人的"群"的组合、"分"的构成的现实需要而确立。要知道，"群"和"分"是会变动的，这使价值信念难有确定性。更且是，"群"与"分"，又由谁去主导呢？在"群"与"分"中认取的"义"，又由谁去给定呢？很可能最终是由权力与财富决定。荀子说"君者，善群也"③、

---

① 《荀子·礼论》。
② 〔宋〕张载著，章锡琛点校：《张载集》，中华书局1978年版，第24页。
③ 《荀子·王制》。

"人君者，所以管分之枢要也"①，即是。

荀子处于战国晚期，是极其清楚地意识到人的坠落，人的各别个体欲望争夺的残酷的，故他指人性为"恶"。为了对由"性恶"驱使的各别个人做统制与管束，他不得寻找"类"，甚至以"法"驾驭"类"。② 及至把"类"与"群"的区分、"法"与"义"的裁定一概付诸君主的时候，荀子难免走向专断性。③ 荀子的学生韩非甚至公开宣称，"明主之国，无书简之文，以法为教；无先王之语，以吏为师"④。此更彻底地暴露了荀学把价值乃至"真理"诉诸权力的严重局限。秦王朝立国 15 年即被灭掉，不能说与价值乃至认知确认的过分人为性乃至权力专断性无关。上一节介绍到汉唐时期儒学转向宇宙论，以董仲舒为代表的儒家学者讲"天人相与"，把仁义礼智信分别挂搭于天地宇宙四时五行变迁的节律与类分，这一转向打断了儒学以荀子为代表开出的经验认知路向的发展，也就是理所当然之事，因为依托宇宙论，才能使儒学的价值信念获得客观的、绝对的乃至超验的意义。

但是，从宋明学人热衷的本体论的视域看，宇宙论所尚的生化本原——"气"是具"质体"性的，然则由"气"的生化而成形的人人物物亦具"质体"性；"气"以其"质体"生化人人物物具正当性，然则人人物物被赋得"质体"自亦具正当性。这就带来了两个问题：一是，"气"生化人人物物，人人物物所禀得的"质体"必有不同，于此又必须承认差别性和各别性，从董子到韩愈均持"性三品"说，汉唐人大都推崇"天生才情"说，均见；二是，"气"以"质体"生化人人物物，人人物物赋得的"质体"既为正当，而"质体"是需要护养的，由是对物欲的追求自亦为正当。"气"化宇宙论带来的这两大问题，显然均为宋明学人所不取。加之"气"化宇宙论还夹带有灵性信仰，也为宋明学人所不屑。因之，重拾由《大学》、荀子开启的知识理性，通过把"类"的归纳做更

---

① 《荀子·富国》。
② 《荀子·劝学》称："礼者，法之大分，类之纲纪也。"此即把"礼""法""类"看作同等程度的概念。
③ 《荀子·非十二子》称："一天下，财万物，长养人民，兼利天下，通达之属，莫不从服，六说者立息，十二子者迁化，则圣人之得执者，舜禹是也。"此即见荀子向往言论的专断与一统。
④ 《韩非子·五蠹》。

抽象的提升而以"理"为标识，使千差万别的人人物物获得一统性，便构成为宋明学人的哲学诉求。

这样一种诉求已由周敦颐"圣希天，贤希圣，士希贤"①的教诲做了表达，又由张载"德性所知"与"见闻之知"②的二分说和"变化气质"③之功夫主张做了揭示。尔后，二程和朱子遵循知识理性所取的形式化规则，对天地万物做共相与殊相的认别，把"气"指认为殊相的构成物往下拽落，而把具共相一统意义的"理"推上形上的绝对地位，而建构起"理本论"。

我们看程朱的论说。二程称：

> 吾学虽有所受，天理二字却是自家体贴出来。④

二程以这一说法宣示他们与汉唐宇宙论的告别。那么，"理"与"气"的关系如何？程颐说：

> 离了阴阳更无道，所以阴阳者是道也。阴阳，气也。气是形而下者，道是形而上者。⑤

程颐把"理"与"气"的关系看作形而上与形而下的关系。

朱子极认同程颐，他也说：

> 天地之间，有理有气。理也者，形而上之道也，生物之本也；气也者，形而下之器也，生物之具也。是以人物之生，必禀此理然后有性，必禀此气然后有形。⑥

---

① 〔宋〕周敦颐著，陈克明点校：《周敦颐集》，中华书局1990年版，第21页。
② 〔宋〕张载著，章锡琛点校：《张载集》，中华书局1978年版，第24页。
③ 〔宋〕张载著，章锡琛点校：《张载集》，中华书局1978年版，第383页。
④ 《河南程氏外书》（卷十二），见〔宋〕程颢、程颐著，王孝鱼点校《二程集》（第2册），中华书局1981年版，第424页。
⑤ 《河南程氏遗书》（卷十五），见〔宋〕程颢、程颐著，王孝鱼点校《二程集》（第1册），中华书局1981年版，第162页。
⑥ 〔宋〕朱熹：《答黄道夫书》，见《朱子全书》，上海古籍出版社、安徽教育出版社2002年版，第2755页。

朱子这里同样贬落"气"而高抬"理"。

然则,"理"是什么?为什么"理"比之于"气"更值得尊崇,更具形上本体性呢?

这首先是因为,"理"是公共的。朱子说:

> 理是有条瓣逐一路子。以各有条,谓之理;人所共由,谓之道。①
> 道者,古今共由之理,如父之慈,子之孝,君仁,臣忠,是一个公共底道理。德,便是得此道于身,则为君必仁,为臣必忠之类,皆是自有得于己,方解恁地。②

"理"(道)为"人所共由",为"公共的",自具共相意义。

但如果"理"仅仅是从各别殊相的共同性中抽取出来的,那还会如同荀子一样地,落入相对性、不稳定性的经验范畴。为了避免这种缺失,朱子指出,"理"又是先在的。朱子称:

> 未有天地之先,毕竟也只是理。有此理,便有此天地;若无此理,便亦无天地,无人无物,都无该载了!有理,便有气流行,发育万物。③

"理"于"未有天地之先"已自在,诚又是先验的。朱子于此是以"理"的先在性确保它的先验性,再由先验性证成它的客观普遍性与绝对永恒性的。

按,在宇宙论视域中,"气"也曾被赋予客观普遍的与永恒的意义,但人们以"本原"指称而不以"本体"言说,这是为什么呢?

如前所说,"气"论是认肯"质体"性的,也即认肯人人物物作为"气"的生化物其质体及其欲求的正当性,以及由化生机遇的不同形成的各个个体的差别性。这意味着,"气"论在认知上虽已讲"类"和"类归",但其抽象化、形式化的程度是不够的。它甚至也可以被指认为夹带

---

① 〔宋〕黎靖德编,王星贤点校:《朱子语类》(卷六),中华书局1986年版,第99页。
② 〔宋〕黎靖德编,王星贤点校:《朱子语类》(卷十三),中华书局1986年版,第231页。
③ 〔宋〕黎靖德编,王星贤点校:《朱子语类》(卷一),中华书局1986年版,第1页。

神学信仰的人类学，而有别于以共相与殊相的区分为视角，把带着质体具各别性的人人物物认作形而下，把人人物物"共由"的"理"指为形而上，做了抽象化、形式化处理且被赋予先验意义的本体论哲学。① 在儒学脉络中，程朱在这一发展路向上贡献丰硕。朱子为《大学》"格物致知"所作的"补传"，最能说明他们从认识论出发，以共相与殊相来区分形而上下，把共相升格为"本体"的思想路向。朱子是这样写的：

> 所谓致知在格物者，言欲致吾之知，在即物而穷其理也。盖人心之灵莫不有知，而天下之物莫不有理，惟于理有未穷，故其知有不尽也。是以《大学》始教，必使学者即凡天下之物，莫不因其已知之理而益穷之，以求至乎其极。至于用力之久，而一旦豁然贯通焉，则众物之表里精粗无不到，而吾心之全体大用无不明矣。此谓物格，此谓知之至也。②

朱子在这里把"心"与"理"做二分，再把"物"与"理"做二分，以为认知需要以"人心之灵"，"即凡天下之物"，然后才能"豁然开通"而把捉"全体"之"理"与做作"大用"之"事"。此即明确地以知识论为基础为起点，与荀子有承接关系。

只是，荀子没有往前走一步：他认可了"道"的公共性，却没有赋予其先验性，"道"指涉的"义"只是人为的与经验性的。朱子很聪明，他虽然也从认知出发，区分了殊相与共相，却把共相之理看作先在的，赋予它以先验的意义。朱子这样做，在形式意义上并不成立，但是与各别殊相比较而言，公共之理确实具有相对的公共性与稳定性。因之，在社会结构与生存方式大体不变的背景下，把这种公共性与稳定性视为绝对，自亦可以为人们普遍地认同与接受。因为在知识形式的意义上并不成立而在特定社会情景下可以被接受，实际上"理"作为本体，亦具信仰意义。

还需要指出的是，公共天理作为舍弃各别殊相的抽象物，本不能再容

---

① 冯友兰先生以为朱子哲学很像亚里士多德。亚里士多德的"四因"中，"式因"和"终因"可以归结为"理"，"质因"和"力因"可以归结为气。此说甚得。详见冯友兰《中国哲学史新编》（第5册），见《三松堂全集》（第10卷），河南人民出版社2000年版，第157–160页。
② 〔宋〕朱熹：《四书章句集注》，中华书局1983年版，第6–7页。

纳仁义礼智信这样一些特定时期特定人群特定取向的人伦价值，程朱却把这种人伦价值放进"天理"，作为"天理"的内容，而使这些特定时期特定人群特定取向的价值信念获得客观普遍的与绝对的意义。其实这也是违背形式化规则的。但是，程朱建构本体论形上学，其目的却正在于此。他和程颐确立的"理本论"，和这一理论强调的"存天理，灭人欲"，诚然就是要为各别个人摆脱利欲追求的困扰，以及由利欲追求带来的人与人之间生死搏杀的危殆，提供具有客观普遍划一意义的理论支撑且可以为人们在理性上普遍统一接受的坚实根据。

入元以后，由本体论在形而上层面确认的"理"的公共划一统制的正当性，为现实世间在形而下层面皇权管治的统一操控的需求所利用所推广，朱子学影响深远！

但是，一旦被利用，原本形而上的理想追求便不可避免蜕变为形而下的工具操作。朱子学由之又不免招致种种质疑。

五、泰州学开启：回归生活世界的价值诉求

对程颐特别是朱子学的质疑与批评，历来人们关注的是陆九渊和王阳明的"心学"。他们批评朱子的中心话题，是价值信念的客观性问题。通过批评，他们重新恢复了人在价值认取上的情感性与主体性地位。他们起初还不太触及价值信念的划一性问题。在王阳明强调要把自己认取的"天理良知"向外推出，使外在事事物物皆当遵循的时候，阳明思想甚至还认同划一性以至不惜以侵犯性去求取划一性的。[①] 此足见王阳明的缺失。但为篇幅所限，本文对陆、王二人的思想无法做更多开展。

本文关切的是阳明后学——泰州学派。泰州学派承接了阳明回归情感的出发点，但没有再去摆弄"天理"。

从现实的层面看，泰州学人的"叛逆"多出于对朱子学作为官方意识形态对人的情性压抑的不满。但其实所触及的是哲学走向的一些根本问题：为什么要在活泼泼的"事"与"情"之外、之上建构起一套"道"

---

① 王阳明曾称："若鄙人所谓致知格物者，致吾心之良知于事事物物也。吾心之良知，即所谓天理也。致吾心良知之天理于事事物物，则事事物物皆得其理矣。致吾心之良知者，致知也。事事物物皆得其理者，格物也。是合心与理而为一者也。"〔〔明〕王守仁撰，吴光、钱明、姚延福编校：《王阳明全集》（卷二），上海古籍出版社1992年版，第45页〕此即体现出一种侵犯性。

与"理",并赋予这套"道"与"理"以形而上的、彼岸性的意义,用以统一规限人们日常的生活世界?以"事"和"情"呈现的日常活泼泼的生活方式、生活世界,何以自身不具正当性?

"事"与"情"作为中心话题,于此又重新被提起、被关切。

泰州学创始人王艮说:"即事是道。"① 王艮此说即揭开了哲学的这一转向。程朱诸子虽也讲"事",但多以"事"之"所以然"说"理"称"道"。王艮这里却直指"事"之原本存在状态为"理"与"道"。又依程朱,"理"与"道"具形上绝对性,那么,王艮这里实则直接赋予"事"本身以形上绝对性,自亦具正当性。

"事"又指什么呢?王艮《年谱》记称:

> 在会稽,集同门讲于书院。先生言百姓日用是道,初闻多不信。先生指僮仆之往来,视听持行,泛应动作处,不假安排,俱是顺帝之则,至无而有,至近而神。惟其不悟,所以愈求愈远,愈作愈难。谓之有志于学则可,谓之闻道则未也。贤智之过与仁智之见俱是妄。一时学者有省。②

王艮认为,所谓"事",即指"百姓日用"中,"僮仆之往来,视听持行,泛应动作处","不假安排",未被理性筛选、改变过的原本状况。此亦即复归孔子所示,于随时随处随情随事指点为仁(人)之道。只是,孔子生活在贵族氛围中,"随时随处随情随事"所及尚存贵族气象。而泰州学人,他们大多出身平民,"随时随处随情随事"所指便不乏"个人"喜好。如王艮称:"安身者,立天下之大本也。"③ "不知安身,便去干天下国家事,是谓之失本也。"④ 此中把先秦儒家之"修身"释为"安身",并把"安身"置于根本地位,即凸显有带着身体、认可感性欲求的"个人"性。及李贽所说:

---

① 〔明〕王艮撰,陈祝生等校点:《王心斋全集》,江苏教育出版社2001年版,第13页。
② 〔明〕王艮撰,陈祝生等校点:《王心斋全集》,江苏教育出版社2001年版,第72页。
③ 〔明〕王艮撰,陈祝生等校点:《王心斋全集》,江苏教育出版社2001年版,第33页。
④ 〔明〕王艮撰,陈祝生等校点:《王心斋全集》,江苏教育出版社2001年版,第34页。

> 穿衣吃饭，即是人伦物理。除却穿衣吃饭，无伦物矣。世间种种，皆衣与饭类耳。故举衣与饭，而世间种种自然在其中。非衣食之外，更有所谓种种绝与百姓不相同者也。学者只宜于伦物上识真空，不当于伦物上辨伦物。①

李贽以"穿衣吃饭"为"理"为"道"，更直接认肯了日常劳作、日常欲求的正当性。泰州学显示了"平民"的性格。

但是，尽管泰州学的"平民"性与孔子原创儒学的"贵族"性有差别，他们追求的还都是"原事""原情"及其所体认的"原人"。所谓"原"，如上所说，是指未被改变过。孔子就以未做"类"的归入以确保"事情"的"原本"性。孔子之后，特别是汉宋各朝，思想家们纷纷热衷于知识的建构乃至形上学的编织，以至忘却了人"原本"的存在状况。这一切实都根源于人对知识心的过分迷执。因之，泰州学人又经常以破斥心智来守护"原本"性。上引王艮所谓"不假安排"，即否定认知提供的意义。王艮的儿子王襞称：

> 才提起一个学字，却是便要起几层意思，不知原无一物，原自见成，顺明觉自然之应而已。自朝至暮，动作施为，何者非道？更要如何，便是与蛇画足。②

王襞此间所谓"原自现成"，即守护着"事情"的"原本"状况。"学"以求知，只会改变与遮蔽"原"貌，故以"与蛇画足"多此一举斥逐之。黄宗羲概述泰州另一学人罗汝芳的思想称：

> 先生之学，以赤子良心、不学不虑为的，以天地万物同体、彻形骸、忘物我为大。此理生生不息，不须把持，不须接续，当下浑沦顺适。工夫难得凑泊，即以不屑凑泊为工夫。胸次茫无畔岸，便以不依

---

① 〔明〕李贽：《答邓石阳》，见《焚书》（卷一）。
② 〔明〕王襞：《明儒王东厓先生遗集》，见〔明〕王艮撰，陈祝生等校点《王心斋全集》，江苏教育出版社2001年版，第216页。

畔岸为胸次。解缆放船，顺风张棹，无之非是。①

此所谓"解缆放船，顺风张棹，无之非是"，即以认可一切未经理性计度、未被改变规限过的本然生活情趣为所尚。如果说，哲学讲求先验性，那么，泰州学提示的是：真正具先验性的，不是远离活泼泼的生活世界的"道"与"理"，而是生活世界本身。"道"与"理"只有全幅涵容生活世界才能获得意义。

泰州学人对当下活泼泼的"原本"性的生活方式的追求，引来了晚明一大批文艺家、诗人的关注。如果说，用知识的方法抽取而成的"类"，建构起来的公共划一的"理"，是把"人"从"原本"状态中驱赶出去，拜倒在彼岸的脚下的。那么，诗和画却在唤醒"自我"，把"自我"拉回到"原事""原情"中来。见之于用语方式，"类"与"理"必须取卖弄语法规则的"论"才可以表达，而诗与画（特别是中国画）却执认恰恰要颠覆一切规则才可以写"意"。以往思想史研究者很少关涉诗人，其实明末的诗人与文艺家比之思想家更有灵气，更具"思想味"。

我们看画家徐渭所说：

人生堕地，便为情使。聚沙作戏，拈叶止啼，情昉此已。迨终身涉境触事，夷拂悲愉，发为诗文骚赋，璀璨伟丽，令人读之喜而颐解，愤而眦裂，哀而鼻酸，恍若与其人即席挥麈，嬉笑悼唁于数千百载之上者，无他，摹情弥真，则动人弥易，传世亦弥远。②

再看汤显祖所说：

世总为情，情生诗歌，而行于神。天下之声音笑貌大小生死，不出乎是。③

"人生堕地，便为情使"，这是说"情"对于"人"是最"原本"

---

① 《明儒学案·泰州学案三》。
② 〔明〕徐渭：《选古今南北剧序》，见《徐渭集》补编。
③ 〔明〕汤显祖：《耳伯麻姑游诗序》，见《汤显祖诗文集》（卷三十一）。

的;"世总为情",则指的"情"贯穿于"人"的所有生活与行事,含"大小生死,不出乎是"。

汤显祖甚至坚称"情"与"理"不相容,而赞扬白居易、苏轼辈"终为情使"。因为,"理"只会把"人"异化,唯"情"使人"此在"。

汤显祖尤其排拒依"理"或"理性"建构的公共礼法。他指出:

> 世有有情之天下,有有法之天下。唐人受陈、隋风流,君臣游幸,率以才情自胜,则可以共浴华清,从阶升,娭广寒。令白也生今之世,滔荡零落,尚不能得一中县而治。彼诚遇有情之天下也。今天下大致灭才情而尊吏法,故季宣低眉而在此。假生白时,其才气凌厉一世,倒骑驴,就巾拭面,岂足道哉。①

宋明儒家多以耽于情欲指摘唐人,汤显祖却称唐人因为"率以才情自胜",可以"君臣游幸",十分融洽。当今天下"灭才情而尊吏法",即便孔子、李白在生,也不得不向吏法低下头颅。吏法剥夺了人的尊严。

徐渭、汤显祖和力主建立"情教"的冯梦龙②等人,均守护着"原情",并通过守护"原情"守护"原人"。

公安派之袁宏道则通过守护"原事"以守护"原人"。他写道:

> 《华严经》以事事无碍为极,则往日所谈,皆理也。一行作守,头头是事,那得些子道理。看来世间毕竟没有理,只有事。一件事是一个活阎罗,若事事无碍,便十方大地,处处无阎罗矣,又有何法可修,何悟可顿耶?然眼前与人作障,不是事,却是理。良恶丛生,贞淫猬列,有甚么碍?自学者有惩习止愿之说,而百姓始为碍矣。一块竹皮,两片夹棒,有甚么碍?自学者有措刑止辟种种姑息之说,而刑

---

① 〔明〕汤显祖:《春莲阁记》,见《汤显祖诗文集》(卷三十四)。
② 文学家冯梦龙撰写《情史》,其序称:"天地若无情,不生一切物。一切物无情,不能环相生。生生而不灭,由情不灭故。四大皆幻设,惟情不虚假。有情疏者亲,无情亲者疏。无情与有情,相去不可量。我欲立情教,教诲诸众生。子有情于父,臣有情于君。推之种种相,俱作如是观。万物如散钱,一情为线索。散钱就索穿,天涯成眷属。……愿得有情人,一齐来演法。"冯梦龙认为,不是"理",而是"情"才是联结宇宙万物、人类社会的基础,要立"情教"教诲众生,同样赋予"情"以至上的意义。

罚始为碍矣。黄者是金,白者是银,有甚么碍?自学者有廉贪之辨,义利之别,激扬之行,而财货始为碍矣。诸如此类,不可殚述。沉沦百劫,浮荡苦海,皆始于此。①

袁宏道认为,世间原本只有一件一件的"事",这一件一件的"事"都是好端端的、自主自足的,它长成什么样子,就以什么样子为至当,干吗要在"事"上立一个"理"去分判它、裁决它、制宰它呢?"事"在其原本意义上都是"自在"的,经过"理"的分判、制宰后却互为"他在"了;"事"在其"自在"的情况下都为是,在"他在"情况下则相与为非了。更令人奇怪的是,"一块竹皮,两片夹棒",本是自然界随处可见之物,却被当作措刑止辟的手段,来得比"人"更威武了;"黄者是金,白者是银",也不见得有何功用,却被借为财富的标志,来得比"人"更尊贵了。如此种种,何其怪诞!

这是袁宏道那段话的字面理解,但其实它深深地揭示了思想史变迁的一大悖论:人们都把司空见惯习以为常的东西(如竹皮夹棒代表刑法,黄金白银引为财富)执认为真的,但其实是凭借所谓知识乃至权力编织出来,加给人们的。这些东西作为知识与权力的编织物,自带有荒诞性;但是人们却无法逃离,甚至乐于把玩,这就不得不使人们陷入悲剧性的运命。思想史的这种演变,概可图示如下:

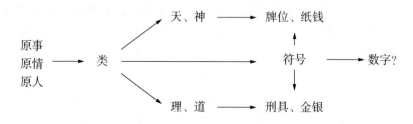

这一图示所呈现的,实为思想变迁的抽象化过程(不是发生学的):

其一,原事、原情与原人,是指的个人及其"情事"没有被分解,个人与他人也没有被作我、你、他去识别的原本状态。

其二,进入分解,经过抽象,"类"概念出现,乃至形上建构发生了。

---

① 〔明〕袁宏道:《陈志寰》,见《袁中郎集》(卷二一)。

汉唐人立足宇宙论，"类"的终极依持为"天"或"神"；宋明人借助本体论，"类"被认作形上之"理"。"类"、"天"（神）、"理"使人离开自己，受制于异在世界。

其三，"类""天""理"逐渐又都可以用替代物标识。如"天"（神）可以用各种牌位去标识，可以制作各种纸钱、纸车、纸房子去哄骗，即是；"理"做进一步的细分，"法理"便得如袁宏道所说以"一块竹皮，两片夹棒"做标识，"财理"则可取"黄者是金，白者是银"以显示。这就走向符号化。"符号"与"类"的区别在于："类"作为同类事物共同特征的抽象，还保留有同类事物的若干经验内容；而"符号"却是没有同类事物的任何经验内容的。它正是由于没有同类事物的任何经验内容，才得以更好地涵盖同类事物的方方面面。"符号"因为不再具有同类事物的任何经验内容，便来得更抽象了。

其四，"符号"虽已不再含有同类事物的任何经验内容，但仍不免于"有物"。唯"数字"才最"无物"。抽象能力的发展，或当只剩下"数字"？只要看看第一、第二次世界大战，一些国家出动多少人力物力，采用多么残酷的手段都未能征服他国；而于1997年、2008年，人们只在计算器上通过数字的操控即使许多国家长期一蹶不振，就可以感受到数字在当今特别是未来的操控力。

从"原事""原情""原人"起始，进到"类"（天与理），人已经被异化，不复"原本"了；及从"类"（天与理）转为"符号"，"人"这一"类"进而被物化与被替代了；及再从"符号"变为"数字"，连"物"亦被空去了。难道这就是我们所追求的？

孔子守护的"原人"，当然可以说是理想主义的。在现实的层面上，人难免会被利益追求所驱赶，为利益争夺所拖累。面对杂乱与残酷的现实，哲学家们通过把各别个人编派到各种类属关系中去，编织起各种道理使之获得统制，乃至创设各种形上世界以为其价值提升提供帮助，这毫无疑问是必要的。卡西尔所撰《人论》称，人与动物最大的不同是人能创造符号。① 语言人文、宗教、艺术，当然也包括形上学，都体现着人们的符号创造。

但是，随着人类的符号创造力越来越张狂，人离开真实的生活便越来越遥远。人生活在虚拟的世界中。人的自我认同、族群认同，都会变得极其困难。我们需要把我们自己和面对的世界弄成这个样子吗？

泰州学提示的意义就在于，我们还是应该回到"原事""原情""原人"中来，回到我们日常生活的真实世界中来。

在日常真实生活中，有喜怒哀乐，有生老病死，那都是我们应该经历，应该坦然面对的。而且，正是这样一种经历，特别是痛楚的经历，我们才能更深刻地感受到自己活生生地"在"。这样一种经历伴随着我，成就着我。我们为什么要厌弃自己，把自己弄成机器呢？

又且，正是在日常真实生活中，我们才得以与他人"在一起"（曾经、正在或未来）。"我"吃的、用的每一样东西，都关联着他人；他人与"我"的每一次相遇、每一分惦念，以至每一次吵闹，都会使"我"感受到"我"在这个世界上并不是单独的。我们其实盼望"在一起"，而且没有办法不"在一起"。因为我们是"在一起"的，所以我们才会为我们每天艰辛的劳作成果，可以和他人"在一起"分享而感受到"我"在大家之中成就着意义并获得了快乐。② 我们无须编织各种彼岸性的神灵世界或远离生活本真的形上本体，去抚慰自己的心灵；更不冀求变成各种数字，去把自己虚化。当今时兴的数字化似乎分担了我们许多疲惫，却使

---

① ［德］恩斯特·卡西尔所著《人论》称："人不再生活在一个单纯的物理宇宙之中，而是生活在一个符号宇宙之中。语言、神话、艺术和宗教则是这个符号宇宙的各部分，它们是织成符号之网的不同丝线，是人类经验的交织之网。人类在思想和经验之中取得的一切进步都使这符号之网更为精巧和牢固。人不再能直接面对实在，他不可能仿佛是面对面地直观实在了。""因此，我们应当把人定义为符号的动物（animal symbolicum）来取代把人定义为理性的动物。"（见该书的中译本，甘阳译，上海译文出版社1985年版，第33、34页）无疑，卡西尔当然是盛赞人的符号创造力的。但他没有注意到，人创造的符号之网越多越精密，越会被符号之网勒死。

② 本文这里使用的"在一起"的提法，与马丁·布伯所撰的《我与你》一书中"关系"的观念有相近处。但布伯以上帝为"永恒之你"不为儒家文化所认同，自亦不为本文所认取。关于这一点本文无法展开。有兴趣的读者可参见马丁·布伯该著作，中文本为陈维纲译，商务印书馆2016年版。

我、你、他变得"无事可干"① 了，我们从何处还能证得自身的存在价值？人与人的关系不过是一组数字关系，只受数字变换的规则支配，我、你、他在何时何地还能以真情性相聚"在一起"？人以自己的绝顶聪明无休止地去进行思想创造，最终却不得不被自己的创造物所役使、所抛弃。人果真需要这样一种宿命吗？②

（原载《深圳社会科学》2019 年第 5 期）

---

① ［以色列］尤瓦尔·赫拉利在所著《未来简史》一书，以"无用阶级"为小标题写道："19 世纪，工业革命创造出庞大的都市无产阶级，这个新的工作阶级带来前所未见的需求、希望及恐惧，没有其他信仰能够有效响应，社会主义因而扩张。到头来，自由主义是靠着吸收了社会主义的精华，才打败了苏联和东欧社会主义。到了 21 世纪，我们可能看到的是一个全新而庞大的阶级：这一群人没任何经济、政治或艺术价值，对社会的繁荣、力量和荣耀也没有任何贡献。"（［以色列］尤瓦尔·赫拉利著：《未来简史——从智人到神人》，林俊宏译，中信出版社 2017 年版，第 293 页）赫拉利所说似乎并不是骇人听闻。

② 数字是由人工智能操控的。斯蒂芬·霍金曾经预警："人工智能的完全发展会导致人类的终结。""一旦经过人类的开发，人工智能将会自行发展，以加速度重新设计自己。""由于受到缓慢的生物演化的限制，人类不能与之竞争，最终会被代替。"［《霍金：人工智能会导致人类灭亡》，腾讯科技 BI 中文站 12 月 4 日报道（http://tech.qq.com/a/20141204/000954.htm）］霍金的预警也不是匪夷所思。

道家研究

老庄道家的批判精神

研究老庄道家的著作与文章，即便近几十年来，也可以说硕果累累。许多大家，内地如冯友兰、任继愈，境外如唐君毅、牟宗三、劳思光等老一辈学者，他们无论在文献的梳理、理论的分析还是在价值的判释上，各自都有十分精湛的成果，我从他们那里获益甚多。下一代的学者倾注于老庄研究的，尤以陈鼓应、刘笑敢教授用力最多，贡献也最多。我个人在文献的考订上，无话可说。只是，前辈学者对老庄道家的中心话题与核心价值的揭示与判释，我觉得仍有讨论的余地。所以，还是选取了这一个题目，来发表一点不成熟的看法。

为什么我觉得前辈学者在对道家的中心话题与核心价值的判释上，尚有讨论的余地呢？内地学者于20世纪五六十年代，以唯心主义还是唯物主义来框架老庄思想，其不恰当已尽人皆知。境外学者中，牟宗三先生认为老庄道家出自"周文疲弊"的特殊机缘，开出的纯为一"境界形态的形而上学"，由于它缺失"创生"性，因而无法获得实有的意义；① 唐君毅先生在道家思想生发的机缘上亦与牟先生持相同看法，他把庄子之"心"归为"虚静之观照心""纯粹之虚灵明觉心"，且认老子之学实为一

---

① 牟先生于《中国哲学十九讲》第五讲《道家玄理之性格》中判释称道："道家的兴起及系统的性格决定于以前所讲的诸子起源问题，即针对周文疲弊而发。"又称："中国的形而上学——道家、佛教、儒家——都有境界形态的形而上学的意味。但儒家不只是个境界，它也有实有的意义；道家就只是境界形态，这就规定它系统性格的不同。""儒家就是创生，中庸说'天地之道可一言而尽也：其为物不贰，则其生物不测'。那个道就是创生万物，有积极的创生作用。道家的道严格讲没有这个意思，所以结果是不生之生，就成了境界形态，境界形态的关键就寄托于此。"（见该书台湾学生书局1983年版，第87、103、104页）牟先生显然对道家的评价并不高。

"冷静无情味之宇宙观与人生观"①；劳思光先生则以"情意我"论老庄道家的价值取向，并以为道家之说，只显示为一"观赏之自由"②；等等。老一辈学者的这些判释显然都在认定，老庄道家的思想及其开出的价值信念，无疑都只是个人性的（缺失社会关怀的）、主观性的（缺少存在论支撑的）、情趣性的（缺乏理性思考的），对社会的进步与文明的建构未能起到积极的作用。

又或，为使道家不至于被认作是消极的，另有许多学者则辩解说，道家其实并不反对儒家的仁义观，反倒是真诚地在回护仁义礼智等价值追求。③ 这无疑是说，道家的思想，必须挂搭上、依附于儒家，才可以获得正面的、积极的意义。

学者们对道家思想及其价值的这样一些判释，果真确当吗？我在这里提出怀疑。

---

① 唐君毅先生于《中国哲学原论·导论篇》（中国社会科学出版社2005年版）中论及庄子思想时称道："庄子所谓道，初皆不外一套负面的，减担法的，虚心、静心、解心、释心、洒心、剔心之工夫。此近老子所谓为道日损之工夫。……然此复得之常心，或灵台心，初仍只是一虚静之观照心，亦可名为一纯粹之虚灵明觉心。……如以譬喻明之，则庄子之由虚心释心以修养此心之工夫，要为一心门以内洒扫庭除之工夫，而孟子在感物而动之仁心上，所下尽心工夫，则如出门前道上迎客，而致蔼然之礼敬之工夫也。"（第70-71页）"至于循庄子言心言知言道之思想之发展，其必归于政治上之尚放任无为，亦势所必至。"（第72页）其释老子之道有六义，之后，亦归要而称："吾人今若依吾人性情上之要求或心灵上之价值感，以观老子，则无论其思想如何能自己一致，而处处皆可说通；吾人终将觉其所陈者，为一冷静无情味之宇宙观与人生观。……此中之故，一在老子不重人之性情与心灵方面之事，一在老子未能如《易传》之以生生之易之一阴一阳说天道，而兼以乾坤健顺，一阖一辟，论天之生物之富有日新之大业盛事，更统摄之于太极；复未能如《中庸》之兼以天之生物而发育万物以成物，说天道；故亦未能如汉宋以降儒者以生生之气、生生之理、生生之几等说天道。"（第253-254页）唐先生这里对道家显然也多所贬斥。

② 劳思光先生于所撰《新编中国哲学史》（一）中写道："道家思想至庄子而定型，'情意我'之透显，在《庄子》书中远较《老子》书中为圆熟明彻。""庄子之自我，驻于'情意'一层。此种'情意我'就发用而言，为观赏之我，故可说为'Aesthetic Self'；就其体性而言，则为纯粹之生命境趣……"（广西师范大学出版社2005年版，第188-190页）劳先生对道家似亦并未看好。

③ 郭齐勇教授称："老子批评了儒家的仁、义、忠、孝、礼、智、信等德目，但并不是取消一切德目。老子追求的是真正的道德、仁义、忠信、孝慈。所以从根本上来说，他恰恰是主张性善、仁爱、忠孝、信义的。他相信自然之性为善，返璞归真、真情实感，是最大的善。从这个意义上来说，老子也是人性本善论者。"（见郭齐勇编著《中国哲学史》，高等教育出版社2006年版，第43页）

一、老庄道家的核心价值：对社会与文化的批判

这首先关涉的就是如何把捉老庄道家的中心话题与核心价值。我认为，老庄思想的中心话题与核心价值，在于对社会文化或人作为社会与文化的存在的深刻反省与批判，也可以说是对进步与文明的反省与批判。只有从这一角度审视老庄道家，才不至于把老庄的价值追求看作纯个人的主观性的生命旨趣；也只有从这一角度审视老庄道家，才可以认识道家的独特价值，特别是它的现代意义。

何以说老庄道家的中心话题与核心价值不在个人的主观性的生命旨趣，而在对社会与文化的批判、对进步与文明的反省呢？要弄清这一点，我们必须从《庄子》的《天下》篇讲起。《天下》篇写道：

> 古之人其备乎！配神明，醇天地，育万物，和天下，泽及百姓，明于本数，系于末度，六通四辟，小大精粗，其运无乎不在。

这是对上古时期理想生存状态的描述。降及近世，《天下》篇称：

> 天下大乱，贤圣不明，道德不一，天下多得一察焉以自好。……判天地之美，析万物之理，察古人之全，寡能备于天地之美，称神明之容。是故内圣外王之道，暗而不明，郁而不发，天下之人各为其所欲焉以自为方。悲夫！百家往而不反，必不合矣！后世之学者，不幸不见天地之纯，古人之大体，道术将为天下裂！

依《天下》篇这里的描述，上古时期的圣人是堪与天地神明相配（贯通天地神明），能够和育天下万物，恩泽百姓，使本末小大上下四方融汇一体的。此诚见"天地之美""天地之纯"。而近世以降，"天下之人各为其所欲焉以自为方"，"道术将为天下裂"。庄子及其门徒何堪如此裂变？"悲夫！百家往而不反"，而且"必不合矣"。这里透显的，不就是道

家学者的一种大悲情!①

道家对"道术将为天下裂"感到伤痛乃至绝望的背后寓含的社会历史变迁就是:社会生产力、生产技艺发展了(铁器与牛耕技术发明与使用了),社会财富增加了(有了多余的产品可以在市场上流通),随之,人们的贫富地位改变了,社会的结构改变了,社会的管治方式改变了(氏族制度变为区域制,世袭制度变为选拔制),这似乎在进步。然而,与此同时,人们对财富、权力的欲望彻底地释放了,再下来,便是为争夺财富与权力而爆发的种种冲突极大地加剧了。已故历史学家翦伯赞曾这样描述那个年代的战争及其所带来的惨烈状况:

> 春秋时代的战争,还是用戎车,所以动员的人数,皆以车计。春秋初叶,战争的规模还不很大,动员的人数,最多者不过车六百乘。到春秋中叶,则战争的规模渐大,动员人数常为七百乘、八百乘,而且有多至千乘者。到春秋末叶,则有动员车四千乘者。《左传》曾有"以什共车"(昭元)之语,则一车为十人,四千乘即四万人了。到战国时,除戎车以外,又出现了新式的骑兵,如楚国、齐国、赵国都有骑万匹,燕国有骑六千匹,魏国有骑五千匹。此外还有步兵,如魏国有徒兵十万。当此之时,战争的规模更为庞大,或五国攻秦,或四国击楚,或三国救赵,出兵人数,动以万计。战争一天比一天发展,武器也一天比一天锋利。严阵对垒,则强弓劲弩;短兵相接,则长矛利剑;争城以战,则杀人盈城;争地以战,则杀人盈野。……锋刃所向,城邑为虚;燔庐荡社,烟井刊木,社会生产基础,破坏无余。接着而来的,当然是凶年,于是人民遂陷于"易子而食,析骸以爨"之惨痛的境遇。②

至于人们在精神心理上的蜕变,战国晚年儒家学者对士风的描述足见

---

① 读一读被认作儒家经典的《礼记·礼运》篇,实可以感受到儒家学者对社会历史变迁也有一份悲情。《庄子·天运》篇盛赞上古时期"大道之行,天下为公",而降及后世,"大道既隐,天下为家"。这种蜕变的特点即表现在"各亲其亲,各子其子,货力为己"等事状上,实即表现在"分""裂"上。儒道两家对社会历史往下坠落的感受其实是相同的。只是,儒家对以礼义救世、回归小康充满期望,而道家却对何以会蜕变、下坠不断追问。

② 翦伯赞:《先秦史》,北京大学出版社1999年版,第312–313页。

一斑。荀子写道：

> 古之所谓士仕者，厚敦者也，合群者也，乐富贵者也，乐分施者也，远罪过者也，务事理者也，羞独富者也。今之所谓士仕者，污漫者也，贼乱者也，恣睢者也，贪利者也，触抵者也，无礼义而唯权势之嗜者也。……今之所谓处士者，无能而云能者也，无知而云知者也，利心无足而佯无欲者也，行伪险秽而强高言谨悫者也，以不俗为俗，离纵而跂訾者也。①

荀子很明确地区分了"古之所谓士仕者"与"今之所谓士仕者"的如许反差，亦足以显示社会历史变迁"往而不返"的深重灾难！

面对社会历史变迁的这种深重灾难，思想家们自是纷纷然然地奉献种种的救世方略。譬如：由孔子、孟子创立的儒家学派就主张要回归与开显人的善良的本心本性，通过提升人的道德去求取天下的大治；以墨子为首的墨家学派则以"兼相爱、交相利"为基本信念，奔走于各国之间，希冀实现世间的和解；以商鞅、韩非为代表的法家者流则直面世间的残酷争斗，而只承认以严刑峻法治国为唯一有效手段；诸如此类。这些学派所取态度都是热衷于走进社会历史，希望对社会历史的变迁有所作为的。

但是，道家对社会历史"往而不返"的变迁深感悲叹之余，却以一种超越社会历史的冷静的眼光审视与追寻这种变迁的缘由，对整个社会与文化、文明与进步做出了严厉的反省与批判。

我们看《老子·五十七章》所说：

> 天下多忌讳，而民弥贫；民多利器，国家滋昏；人多伎巧，奇物滋起；法令滋彰，盗贼多有。

老子于此就指认，作为社会历史变迁与文明走向的标志的生产技艺的发展与社会管治方式的细密，从根本上说并没有给人们带来任何好处。恰恰相反，它只会使人与人、国与国之间的争夺手段更加恶劣，局面更加混乱。

---

① 《荀子·非十二子》。

正是基于这种状况，老子才会决然地提倡：

> 绝圣弃智，民利百倍；绝仁弃义，民复孝慈；绝巧弃利，盗贼无有。①

庄子承接老子，又且深入触及，由生产技术发展带动的所谓社会进步，不仅会使人类的生存处境更加恶化，尤且会使人的内在本真愈益丧失。《庄子·天地》谓：

> 子贡南游于楚，反于晋，过汉阴，见一丈人，方将为圃畦，凿隧而入井，抱瓮而出灌，搰搰然用力甚多，而见功寡。子贡曰："有械于此，一日浸百畦，用力甚寡而见功多，夫子不欲乎？"为圃者仰而视之曰："奈何？"曰："凿木为机，后重前轻，挈水若抽，数如泆汤，其名为槔。"为圃者忿然作色而笑曰："吾闻之吾师，有机械者必有机事，有机事者必有机心。机心存于胸中，则纯白不备；纯白不备，则神生不定；神生不定者，道之所不载也。吾非不知，羞而不为也。"

庄子认为，"机械"、生产技艺的发明实显示了"机心"的发达，"机心"的发达则必使人的"纯白"的心性丢失，又岂足称道哉！

人的心性为"机心"——认知分判心、功利计算心所充塞，则人将如何呢？《庄子·应帝王》以"浑沌开窍"之寓言表述：

> 南海之帝为儵，北海之帝为忽，中央之帝为浑沌。儵与忽时相与遇于浑沌之地，浑沌待之甚善。儵与忽谋报浑沌之德，曰："人皆有七窍，以视听食息，此独无有，尝试凿之。"日凿一窍，七日而浑沌死。

日凿一窍者，心智开启也。心智开启，机心发达，欲望膨胀，人即被

---

① 王弼注本《老子·十九章》。郭店《老子》甲种，此句为："绝智弃辩，民利百倍；绝巧弃利，盗贼无有；绝伪弃虑，民复季子。"此说侧重于批判智巧，更能体现老子批判的基始。

完全地工具化与功利化，人不再成为其自己。是故，七窍成而浑沌死。

由庄子"浑沌开窍"的故事很使我们想到，何以佛教会以"分别智"为"无明"而揭示人类受苦难折磨的根源，基督宗教以人类的祖先亚当、夏娃偷吃"智慧树"上的禁果作为背叛上帝被赶出伊甸园的因由。很明显，不同地域的圣贤们实际上都共同地感受到人类的进步与文明给人类带来的危机。

庄子又进一步地追问"人是什么"的根本问题。《庄子·大宗师》喻示：

> 今之大冶铸金，金踊跃曰："我且必为镆铘！"大冶必以为不祥之金。今一犯人之形，而曰"人耳人耳"，夫造化者必以为不祥之人。今一以天地为大炉，以造化为大冶，恶乎往而不可哉！

"人耳人耳"，人是谁？人与"造化者"——大自然①，是一种什么关系？

依文明与进步史观，人如果不抛离自然，与自然拉开距离，进入社会与被"文"化，人不能成为独立的一"类"。但是，人一旦离开自然而独立，即意味着与自然处于一种对置的状态。人类在后来的"进步"中，越是追求自己的主体性，追求成为大自然的主宰，人与大自然的对置状态就越严酷。就像我们今天所看到的。

又，人摆脱自然，与自然拉开距离，是从人学会制造工具开始，以知识技艺的开发为标识的。然而，工具的制作、知识技艺的开发，是为着改变人的生存处境，因而从一开始就含有功利的目的。随着工具的不断创新，知识技艺的不断提升和财富的不断增长，人们的功利意识亦在不断加强，为功利而爆发的争夺亦会越发加剧。我们当今看到的连大自然的禀赋，如姣好的容貌、悦耳的音韵，都可以转为昂贵的商品，就不难了解到

---

① "自然"这一概念，在《老子》原典无疑是指的"自然而然""自己而然"的一种状态。但老子是以这种状态指称"道"的。"道"作为化生天地宇宙万物的本原为一实体，依老子"道法自然"的说法，"道"与"自然"便可以在等同的意义上使用。故为了便利起见，本文把老子的"道"、庄子的"造物者""大冶"（以造化为大冶）和"大块"，混同于"自然""大自然"来予以使用。刘笑敢认为老子之"自然"为"价值自然""人文自然"，"老子最终强调的是人类社会之自然"（刘笑敢：《老子古今》上卷，中国社会科学出版社2006年版，第509页）。此说诚是。然而，另一方面不妨也可以说，"自然"是与"人工"相对的。道家乃从"大自然"运化的"自然而然"，感受到人类社会也应以"自然而然"的，而非人为做作、人工制作的为所崇尚。

欲望的驱动力；至于不断出现的资源的抢掠，和最尖端的科学技术常常被用作最新式的抢掠工具和权力争夺的手段，我们更不难了解知识技艺的过分发达带来的可怕后果。①

"悲夫！百家往而不反。"人类掠夺自然、此人掠夺他人、此国掠夺他国的步伐已经停不下来了，要不然何以有那么多喊着"正义"的口号、打着"博爱"的旗号的永无止息的劫杀？

人类陷入了一种"宿命"。人类还有救吗？我们还能重新见到"天地之纯""古人之大体"吗？

二、老子的宇宙论及其回归自然的社会理想

支撑老子对社会与文化、进步与文明做彻底反省与批判的，是它建构的宇宙论。这是古典的一种存在论形态。

老子的宇宙论是这样来描述宇宙的变迁过程的：

> 道生一，一生二，二生三，三生万物。万物负阴而抱阳，冲气以为和。②
>
> 有物混成，先天地生，寂兮寥兮，独立而不改，周行而不殆，可以为天下母。吾不知其名，字之曰道，强为之名曰大。③

依老子的描述，宇宙其原初状态是单一而混成，不可名状的。后来这种原初状态经过裂变，分阴分阳，始生天生地，再由阴阳天地交合化育，而成人成物。宇宙的变迁过程，显示为由单一到杂多的过程。

宇宙这种由单一到杂多的变迁过程，在老子看来，其实即是一个不断散落、不断下坠的过程。《老子·三十八章》谓：

---

① 德国生态神学家穆尔特曼称："技术不是别的，而是应用性科学。……现代科学起源于人类某些理想、价值和信念的背景。特别的关切推动了科学的发展。明确的要求可以通过可利用的科学成果得到满足。确实，科学的好奇心本身可以被描绘成对纯粹的、超然的知识的乐趣。并不是每一本科学著作都服务于特殊的目的。但是，非科学的兴趣时时处处都卷入科学的社会背景中。在生存斗争中，科学与技术的进步不仅仅被用来促进生存；它也被获取权力的政治意志所利用。"（《创造中的上帝：生态的创造论》，生活·读书·新知三联书店 2002 年版，第 35－38 页）此处，穆尔特曼点出科学技术发展不仅与利益相关，而且与权力诉求相关。所说甚是。

② 《老子·四十二章》。

③ 《老子·二十五章》。

> 失道而后德，失德而后仁，失仁而后义，失义而后礼。夫礼者，忠信之薄而乱之首。前识者，道之华而愚之始。

这就是说，处于道的层面或状态中是最圆满的，道散落为万物表现出各种殊相之为"德"，此"德"已表征着"道"之"失"；及至仁、义、礼、智一类现象的发生，是为越往下走，离道越远。《老子·十八章》所谓"大道废，有仁义；智慧出，有大伪；六亲不和，有孝慈；国家昏乱，有忠臣"，所述同是。《老子·二十八章》称"朴散则为器"，王弼注曰："朴，真也。真散则百行出，殊类生，若器也。"① "朴"即是"道"。老子、王弼以处于"道"的层面或状态为本真。"道"、本真散落而后有"百行出、殊类生"，成为各种器用。及为器用，已失却本真意义。

此即可见老子把宇宙的变迁由单一走向复杂的过程，视为不断坠落的过程。

老子何以不把宇宙的这种变迁视为进步、上升的过程而反倒视为坠落的过程呢？这是因为，处在本原之道的层面或者状态中，那是单一的、浑然未分的，此意味着未出现矛盾、不处于对待关系中；"道"散落下来，"道生一，一生二"，意味着已出现矛盾，陷入相互对待中；乃至"二生三，三生万物"，即降及器物世界的层面，则不仅只面对一种矛盾对立，而且要面对无限的矛盾冲突。由是，整个世界陷入种种矛盾冲突的纷扰，不得安宁；各别人物备受矛盾冲突支使，不能自已。存在世界的如许变迁，不是坠落又是什么？

老子之视落入矛盾对待、矛盾纷争为"坠落"，又见《老子·四章》：

> 道冲而用之或不盈，渊兮似万物之宗。挫其锐，解其纷，和其光，同其尘。湛兮似或存。吾不知谁之子，象帝之先。

此间"道冲"即指道处于虚空纯一的状态，为至高至极的状态。从道散落为器物，则谓陷入矛盾与纷争。"挫锐解纷""和光同尘"，即显示了老子对陷入矛盾与纷争的厌弃态度。《老子·五十六章》称："塞其兑，闭其门，挫其锐；解其纷，和其光，同其尘，是谓玄同。"此"玄同"，

---

① 《老子·二十八章注》，见楼宇烈《王弼集校释》，中华书局1980年版，第75页。

亦指在原本意义上的单一而混成的状态。它是没有矛盾的状态。这种说法同样表明，在老子的眼光中，只有未落入矛盾对待的单一而混成的状态，才具足宇宙本原的意义而同时成为终极性的价值追求。

《老子·十六章》进而明确地表达老子的这种价值追求：

> 致虚极，守静笃，万物并作，吾以观复。夫物芸芸，各复归其根。归根曰静，是谓复命。复命曰常，知常曰明。不知常，妄作凶。知常容，容乃公，公乃王，王乃天，天乃道，道乃久，没身不殆。

这里的"虚""静"，即指道本原无矛盾、无纷乱的存在状态，也是老子所确认的最高的价值理想。"至""守"则是回归到最高价值理想应有的精神诉求。在老子看来，充满矛盾的、相对有限的经验世界、经验事物，都是变动不居的，最终都要复归于道本原。唯回归道，才能够回归到无所不容涵（容）、无所不照察（明）、无所不公允（公）的理想世界。亦只有回归到这样一种理想世界，才可以获得恒在（久）的意义。

能够体现这种理想世界的诉求的，大概就是"小国寡民"的社会形态。《老子·八十章》称：

> 小国寡民，使有什伯之器而不用，使民重死而不远徙。虽有舟舆，无所乘之；虽有甲兵，无所陈之，使民复结绳而用之。甘其食，美其服，安其居，乐其俗。邻国相望，鸡犬之声相闻，民至老死不相往来。

"使有什伯之器而不用""使民复结绳而用之"，老子的这种社会理想，似乎可以说是"反文明"的。① 但用社会学的眼光审视，却会另有一种解读。

---

① 关于"小国寡民"的说法，学界有许多争论。刘笑敢所撰《老子古今》（中国社会科学出版社2006年版）上卷第749－756页有详细评介。刘笑敢认为老子这里表达的并不一定是社会理想，而侧重的其实是对社会历史变迁的反思和从反思出发而提出一种期望。但是，期望即寄寓有社会理想。

德国社会学家特尼斯把社会形态区分为"礼俗社会"与"法理社会"。① 我个人借取他的研究成果也把"礼俗社会"称为"自然形态的社会",把"法理社会"称为"人工形态的社会"。所谓自然形态的社会(礼俗社会),指的是在亲族之间、乡里之间、朋友之间的社会关系。这种社会关系是在长期的社会交往中自然而然地形成,没有过多的功利性目的,而仅以信念、习俗与情感维系与运作的一种人际关系与生存方式。所谓人工形态的社会(法理社会),则指的在特定时期根据特定需要而组成的诸如政治组织之间、商品生产与交换之间的人际关系,它是以某种功利为目的的工具性(利用性)关系,是以理性方式人工地建构起来又以律法形式来维系与运作的一种社会形态与交往关系。

老子的小国寡民无疑就是指的自然形态的社会。这种社会既不以功利为目的,故有什伯之器而可不用,有舟舆之便而可不乘;人与人之间既以信念与情感维系,故律法可以不设,契约可以不立,文字可以废弃。人与自然、人与人浑然一体,人人"甘其食,美其服,安其居,乐其俗"。此种生存方式、生存处境,何其自足!

与此相反,人工形态的社会既以特定时期特定的功利追求为目的,则人向自然的掠夺、个人向他人的榨取不可避免。战国时期荀子、韩非以"好利恶害"说"人性",所揭明的即是在这种社会形态下人性的现实状况;他们"以法为礼"甚至"以法代礼"的治国主张,则凸显了在这种"人性"背景下为平衡与控制利害争夺而建构起来的社会形态的人工性,

---

① 依艾恺所著《世界范围内的反现代化思潮——论文化守成主义》一书的介绍,德国社会学家特尼斯使用了"礼俗社会"与"法理社会"一对概念。"礼俗社会"指一种以"自然意志"(或"精髓")为首要的"理想型"(ideal type)社会。这主要是农民手工艺者和一般百姓的社会。在这种社会里,相互关系的本身就是目的,它们发自自然感情;它们的产生乃由于所牵涉的人员的一定的身份角色——例如母与子——相互作用的结果。"法理社会"是一种"理智意志"占首要地位的社会,这种意志以生意人、科学家、上层阶级的权威人士的活动为特征。在这种社会里,关系成为达到其他目的的手段,现代政府官僚和工业组织属于这种社会类型。艾恺又引用了费孝通对特尼斯这两个概念所做的如下解释:"在社会学里,我们常分出两种性质不同的社会,一种并没有具体目的,只是因为在一起生长而发生的社会,一种是为了要完成一件任务而结合的社会。"艾恺自己则称:"在我的定义下,现代化就是破坏礼俗型种种关系、结社与组织,而以法理型代之。好比说,用法律取代了民德、风习、宗教清规等等。是故,不光是在东欧和南欧,在整个欧洲,对启蒙进行批评的反现代批评中存在着很普遍的二分法概念:法律/道德;法律/风习;商业化关系/'自然'(宗教、友侪等)关系;机械的/'有生的'或'有机的'等等。"(见该书第42-44页,贵州人民出版社1991年版)我这里的讨论对此多有所取。

以及从外面加给每个个人的一种强制性;①反过来,社会建构的强制性又加强了利害争夺的惨烈性。在这种社会里,人与人之间完全缺失信任,自也没有安全感。即便拥有绝对权力的秦始皇也不得不时刻提防丞相李斯、名将王翦,即可说明这种社会形态不可能营造乐土,不可能提供"家"的感觉。

当今,社会历史的变迁已日渐把"自然形态的社会"推得越来越远,就像老子把古朴混成的"道"推向时空之外(先天地生)那样。可是,我们面对的充满争夺、充斥邪恶的社会明明很现实,我们却觉得它和自己很疏离,觉得我不在其中;及读到《老子》和他眷恋的社会理想,却觉得与我们很贴近,觉得这才是我之所在。这似乎非常错位。然而,正是这种错位感,恰恰使被视为倒退的、虚幻的价值追求呈现出真实的意义!

三、庄子的认知反省及其荒诞意识与艺术人生

老子建构起宇宙论,借追溯天地万物远古来源的方式确认其复归远古社会形态的理想的正当性,庄子显然明白那并不具现实性。

我们看庄子所说:

> 有始也者,有未始有始也者,有未始有夫未始有始也者。有有也者,有无也者,有未始有无也者,有未始有夫未始有无也者。俄而有无矣,而未知有无之果孰有孰无也。今我则已有谓矣,而未知吾所谓之其果有谓乎,其果无谓乎?②

"有""无"问题原本是老子之宇宙论讨论的问题。庄子以极其怀疑的态度审视这种终极本原追溯的可靠性,即显示了庄子对"复归"的追求

---

① 《荀子·性恶》称:"今人之性,生而有好利焉,顺是,故争夺生而辞让亡焉;生而有疾恶焉,顺是,故残贼生而忠信亡焉;生而有耳目之欲,有好声色焉,顺是,故淫乱生而礼义文理亡焉。……用此观之,然则人之性恶明矣,其善者伪也。"此即以"好利恶害"论人性。《韩非子·制分》称:"夫凡国博君尊者,未尝非法重而可以至乎令行禁止于天下者也。是以君人者分爵制禄,则法必严以重之。夫国治则民安,事乱则邦危。法重者得人情,禁轻者失事实。且夫死力者,民之所有者也,情莫不出其死力以致其所欲;而好恶者,上之所制也。民者好利禄而恶刑罚。上掌好恶以御民力,事实不宜失矣;然而禁轻事失者,刑赏失也。"此即强调国家建制的人工性、外在强制性。

② 《庄子·齐物论》。

不寄予希望。

因之,庄子由对社会与文化、对进步与文明的反省与批判,成就的主要不是社会理想,而是艺术人生。

庄子从何出发,开启出艺术人生呢?就从他说的"今我则已有谓矣,而未知吾所谓之其果有谓乎,其果无谓乎?"这样一种问难中开出。这是对人类认知把握世界本真的可靠性提出问题。

按通常的理解,我们面对的世界、面对的事物,其状态、性质如何,是由认知给出的。但是,认知是从何而来,如何建构而成的呢?

首先,认知当然关涉世界万物的存在状况,而万物却是以矛盾的方式显示,在矛盾对待中才成其为如此的。《庄子·齐物论》所谓"非彼无我,非我无所取""物无非彼,物无非是""彼出于是,是亦因彼",这种"彼""是"(此)的相因性即指其存在的对待性。《庄子·秋水》篇又谓:

> 梁丽可以冲城,而不可以窒穴,言殊器也;骐骥骅骝一日而驰千里,捕鼠不如狸狌,言殊技也;鸱鸺夜撮蚤,察毫末,昼出瞋目而不见丘山,言殊性也。

此亦指事物的某种技能、特性,均在对待关系中被认定。事物、现象之存在、特性既在矛盾对待中被认定,而矛盾对待之关系却是无限的、可变动的。那么,我们把事物在何种对待关系中呈现的存在状况与特性认作事物的本真呢?我们实无法确定。《庄子·大宗师》所谓"夫知有所待而后当,其所待者,特未定也"即从认知对象的不确定性,揭示认知的不可靠性。

其次,庄子更注意到作为认知者之主体问题。在庄子看来,即便面对同一似乎可以确定的认知对象,不同的认知主体,其判识会非常不同,甚至同一认知主体在不同情境下,其判识也会非常不同。《庄子·齐物论》就说道:

> 啮缺问乎王倪曰:"子知物之所同是乎?"曰:"吾恶乎知之!""子知子之所不知邪?"曰:"吾恶乎知之!""然则物无知邪?"曰:"吾恶乎知之!虽然尝试言之:庸讵知吾所谓知之非不知邪?庸讵知

> 吾所谓不知之非知邪？且吾尝试问乎汝：民湿寝则腰疾偏死，鳅然乎哉？木处则惴慄恂惧，猨猴然乎哉？三者孰知正处？民食刍豢，麋鹿食荐，蝍蛆甘带，鸱鸦嗜鼠，四者孰知正味？猨猵狙以为雌，麋与鹿交，鳅与鱼游。毛嫱西施，人之所美也；鱼见之深入，鸟见之高飞，麋鹿见之决骤，四者孰知天下之正色哉？自我观之，仁义之端，是非之涂，樊然淆乱，吾恶能知其辩！"

庄子此即指出，所谓"正处""正味""正色"，不同主体会有不同判定。从主体看，是非亦不得而定，认知之本真意义又从何得见？

再次，庄子甚至注意到，所谓认知之不可靠性不仅与主体的不确定性有关，且与认知的表述方式之特殊性有关。认知总需要借助语言、词谓来表述，而语言、词谓在其最初的使用时就具有偶然性与随意性。《庄子·齐物论》称：

> 道行之而成，物谓之而然。有自也而可，有自也而不可。有自也而然，有自也而不然。恶乎然？然于然。恶乎不然？不然于不然。恶乎可？可于可。恶乎不可？不可于不可。物固有所然，物固有所可。无物不然，无物不可。

"物谓之而然"即认为对某物的称谓是随意地给出，又借习惯而成立的。人们既可以如是而然，又可以不如是而然，不存在着是否把捉到本真的问题。那些表达情感与价值的语言词谓尤其是这样：

> 狙公赋芧，曰："朝三而暮四。"众狙皆怒。曰："然则朝四而暮三。"众狙皆悦。名实未亏而喜怒为用，亦因是也。[1]

"名实未亏"者，即指同一事实和同一指谓。面对同一事实和同一指谓，且有截然不同之喜怒反应，此更足以说明以语言词谓方式表述的认知

---

[1] 《庄子·齐物论》。

之主观随意性。①

庄子从认知反省切入,揭示经验知识把捉本真的不可靠性。这意味着"本真"不在经验知识或由经验知识给出的世间里。"本真"为庄子的理想境界,经验知识及其给出的世间则为人们所处的现存现实世界。这两者是分立的,甚至是背离的。两者的分立与背离,体现了理想与现实的紧张。由是,庄子有很强烈的孤独感、绝望感。庄子曾希冀置身于"无何有之乡,广莫之野,彷徨乎无为其侧,逍遥乎寝卧其下",乃求"独与天地精神相往来",都表现了庄子的孤独感、绝望感。

过度的绝望感常常会使人走向精神分裂,西方不少哲学家、艺术家都发生过这种不幸。因为哲学家、艺术家喜欢沉浸于他们用理想编织起来的世界中,再也回不到现实来。《庄子·齐物论》写道:

> 昔者庄周梦为胡蝶,栩栩然胡蝶也,自喻适志与!不知周也。俄然觉,则蘧蘧然周也。不知周之梦为胡蝶与,胡蝶之梦为周与?

庄子分不清梦与觉、幻与真,似乎也近于精神分裂。要之,从理想的角度看,理想世界才体现本真,现实世界便当如梦如幻;从现实的角度看,现实世界才具真确性,理想世界倒是似幻似影。二者如何分辨?

然而,庄子毕竟没有走向精神分裂,他以"荒诞意识"化解了理想与现实、超越追求与世俗处境的紧张性,而成就了一种游戏人生、艺术人生。

何谓"荒诞意识"?在庄子那里,是指的把"不真当真"的一种处世态度与处世方式。所谓"不真当真",其"不真"是指,从存在方面看,我们面对的世间都是充满矛盾的,任何事物都只在对待中生起,都由对待关系显现,它们都不体现本真,是为"不真";从认知方面看,我们所给出的各种知识,以及在这种知识基础上形成的种种规则,亦都是在相互对待的情况下由主观随意给出的,它们也不表现事物的本然状况,是亦"不

---

① 三国之际的王弼在《老子略例》一文中承接老庄对知识论的反省,揭明"名必有所分,称必有所由。有分则有不兼,有由则有不尽;不兼则大殊其真,不尽则不可以名,此可演而明也"(楼宇烈:《王弼集校释》,中华书局1980年版,第196页)。这就是说,名称词谓,都只是就事物的某一特性、某一联系建立的。既如此,则不能兼及事物的全体与本真。王弼于此又从认知发生学的角度揭明知识的不可靠性。对认知可靠性的这种检讨,实表现了道家学者的睿智。

真"。

所谓"不真"而"当真",乃因为我们每个个人既被抛落到这个世间,又都只能生活于其中,我们别无选择。而且,伴随着人类的知识心越加发达,世间也将越来越被人工化。这就是世间的现实。在世间这种现实中,我们只能依给定的知识、规则而生存而造作。我们只能在种种对待关系中扮演角色。也就是说,我们只能生存与活动于"不真"当中,而以"不真"为"真"。即如球场上之赛球、赌桌上之玩牌,其规则是人为的,不具有真的意义。然一旦成为公认的规则,大家便都需要遵守,都需要认真对待。

把"不真当真"自是荒诞。但是我们所处的现实世界不就是这样荒诞吗?

> 支离疏者,颐隐于脐,肩高于顶,会撮指天,五管在上,两髀为胁。挫鍼治繲,足以糊口。鼓筴播精,足以食十人。上征武士,则支离攘臂而游于其间。上有大役,则支离以有常疾不受功。上与病者粟,则受三钟与十束薪。夫支离其形者,犹足以养其身,终其天年,又况支离其德者乎!①

支离疏为一形体残缺之人,走街串巷修修补补可以生活得自由自在且自娱自足,而许多身体健全的人却因要承担种种劳役、兵役与赋税而不能养家糊口。这不就表明了社会与人生的荒诞性?又支离疏之形残,显示的是经验外观上的缺失,然经验外观上的缺失,反倒映衬着其在道德理想层面上的整全性;道德理想层面上的整全性,又只借最低下的劳作(挫鍼治繲、鼓筴播精)才得以最好地体认,此则从荒诞意识中点化出艺术人生。艺术即具游戏性,即以"不真为真"。徐复观说:"能游戏的人,实即艺术精神呈现了出来的人,亦即艺术化了的人。"② 无疑,庄子为中国思想史上最具思想穿透力和最具艺术灵性的思想家之一。

近代以降,知识的形式化追求及其对价值的拒斥(所谓价值中立),已使知识进一步坠落为游戏规则;国家礼法仅靠机械多数(所谓民主方

---

① 《庄子·人间世》。
② 徐复观:《中国艺术精神》,春风文艺出版社 1987 年版,第 55 页。

式）确认，又加剧了公共交往的游戏性；为商业利益操控的传播媒介有意编派的各种话语，则更进一步把生活世界造作化。人生活于现世间，不得不谋生，不得不"虚以委蛇"。但如果我们事事执真，我们必定生存得很沉重。如能以游戏的态度应酬于世俗的是是非非之中，摆脱与放下种种无意义的矛盾冲突，我们的心灵或能得以出脱，我们的精神或会获得自由。这就是庄子的艺术人生。

显然，庄子在对社会与文化、对文明与进步做反省与批判之后，点化的这种艺术人生，远远超出他所处的生存处境，而更具现代意义吧！

［原载《华东师范大学学报》（哲学社会科学版）2011年第3期］

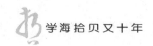

庄子与郭象

——从《逍遥游》《齐物论》及郭注谈起

一、何谓"逍遥游"

《逍遥游》为庄子的境界论。何为"逍遥"？庄子于该篇之末谈及大树有用无用问题时有所交代：

> 何不树之于无何有之乡，广莫之野，彷徨乎无为其侧，逍遥乎寝卧其下。不夭斤斧，物无害者，无所可用，安所困苦哉！①

依此，庄子显然以"无所可用"，因而不为"困苦"，解说"逍遥"。《庄子·大宗师》也谈到"逍遥"：

> 假于异物，托于同体；忘其肝胆，遗其耳目；反复终始，不知端倪；芒然彷徨乎尘垢之外，逍遥乎无为之业。②

于此，庄子又以内外兼忘，不分物我终始这种出于世间（尘垢之外）因而无所承担（无为）的心态，解说"逍遥"。

《庄子·让王》篇又记：

> 舜以天下让善卷，善卷曰："余立于宇宙之中，冬日衣皮毛，夏日衣葛绨；春耕种，形足以劳动；秋收敛，身足以休食；日出而作，日入而息，逍遥于天地之间而心意自得。吾何以天下为哉！……"③

---

① 陈鼓应：《庄子今注今译》（上册），中华书局1983年版，第30页。
② 陈鼓应：《庄子今注今译》（上册），中华书局1983年版，第193页。
③ 陈鼓应：《庄子今注今译》（下册），中华书局1983年版，第744页。

于此，庄子更直以不为外在功业困扰而取自给自足心意自得的精神状况，解说"逍遥"。

"游"之一字，钱穆于《庄子纂笺》引严复之说称：

> 庄书多用游字。自首篇名逍遥游，如游于物之初，游于物之所不得遯，游乎天地之气，游乎遥荡恣睢转徙之途，圣人有所游，乘物以游心，入游其樊，游刃，游乎尘垢之外，游乎四海之外，游方之内，游方之外，游无何有之乡，游心于淡，游于无有，而游无朕，皆是。穆按，本篇以行与游对文，犹以天人对文，游则天行也。①

严复此中列述庄子种种提法，其中最重要的无疑是"游心"。"游心"必及于"物"，受物牵扯，如何可能？于是有支道林的题解：

> 物物而不物于物，故逍然不我待；玄感不疾而速，故遥然靡所不为。以斯而游天下，故曰逍遥游。②

支道林把"逍"做空间解，"物物而不物于物"，是指使物成为它那个样子却不与物构成对待关系。不构成对待关系，一方面不会被对待关系套住，不会被物化；另一方面也不从与物待关系中呈现"我"之作用，是谓"不我待"。"遥"则做时间解，"玄感不疾而速"，乃指心灵的通感是超越时间的，因而遥远并不成为任何阻隔。心灵的通感既不与空间也不与时间构成对待关系，为空间与时间所限制，自是自由自在，而为"逍遥游"。③

---

① 钱穆：《庄子纂笺》，东大图书公司1993年重印版，第7页。
② 〔唐〕成玄英：《南华真经疏序》，见曹础基、黄兰发整理《庄子注疏》，中华书局2011年版，第2页。
③ 陈寅恪所撰《逍遥游向郭义及支遁义探源》一文辨明，支道林（遁）释《庄子》，多取佛教之《道行经》为说。文引《世说新语》："因论庄子逍遥游，支作数千言，才藻新奇，花烂映发。"并指出："又向郭旧义原出于人伦鉴识之才性论。故以'事称其能'及'极小大之致，以明性分之适'为言。林公窥见其隐，乃举桀跖性恶之例，以破大小适性之说。然则其人才藻新奇，神悟机发（《世说新语·品藻》篇郗嘉宾问谢太傅条注引支遁传），实超绝同时之流辈。此所以白黑钦崇，推为宗匠，而逍遥新义，遂特受一世之重名欤？"（《陈寅恪史学论文选集》，上海古籍出版社1992年版，第89页）本文有关部分会举证，郭象确以"极小大之致，以明性分之适"论"逍遥"。支道林超出于此，从消解物与我、物与心的对待关系论"逍遥"，确有新意。但此仍属庄学范畴，难见佛学"空"观。

依上诸种释译，无疑，心灵不受物的拘限，不为物所牵累，是《逍遥游》开示的心灵境界的基本内涵。

问题是，"逍遥游"如何可能？

二、庄、郭境界追求上的差别

在《逍遥游》一文里，庄子似乎是通过以下三个层次来指点逍遥游的可能性及其特征的。

其一，是庄子借"小大之辨"，指点心灵境界，使之得以不断地往上提升。

庄子于《逍遥游》一开始即以大鲲、大鹏与蜩鸠之比较为喻。大鲲与所化之大鹏，其大"不知其几千里也，怒而飞，其翼若垂天之云"，"徙于南冥也，水击三千里，抟扶摇而上者九万里，去以六月息者也"。此足见"大"者之雄伟壮阔。比较之下，蜩与学鸠"决起而飞，抢榆枋而止，时则不至，而控于地而已矣"，极其可怜却自以为得意。由之庄子发出感叹：

> 之二虫又何知！小知不及大知，小年不及大年。奚以知其然也？朝菌不知晦朔，蟪蛄不知春秋，此小年也。楚之南有冥灵者，以五百岁为春，五百岁为秋；上古有大椿者，以八千岁为春，八千岁为秋，此大年也。而彭祖乃今以久特闻，众人匹之，不亦悲乎！①

"小大之辨"凸现的显然是"天地境界"（庄子有所谓"独与天地精神相往来"）与狭小的、浅近的凡俗世间的区分。庄子嘲讽"小"的，乃是指的狭小、浅近的利欲追求，是无知的。庄子以大鲲、大鹏、大椿一类"大"物反复称喻，又以"小知不及大知，小年不及大年"反复提示，其意即在指点人们从浅近的功利追求一重重脱出，把心境一层层提升，使精

---

① 陈鼓应：《庄子今注今译》（上册），中华书局1983年版，第7-10页。

神空间得以不断拓宽，以为由此才可以走向"逍遥游"。①

其二，是庄子借"无待"与"无我"之功夫炼养，开示如何可以实现"逍遥游"。

在庄子看来，"小"之所以受制于凡俗世界，是因为"有待"，受对待关系之限定。故摆脱凡俗与浅近的功利困迫走向逍遥境界的过程，就显示为不断摆脱"有待"的过程。《逍遥游》论及"小大之辨"后续称：

> 故夫知效一官，行比一乡，德合一君而征一国者，其自视也亦若此矣。而宋荣子犹然笑之。且举世而誉之而不加劝，举世而非之而不加沮，定乎内外之分，辩乎荣辱之境，斯已矣。彼其于世未数数然也。虽然，犹有未树也。夫列子御风而行，泠然善也，旬有五日而后反。彼于致福者，未数数然也。此虽免乎行，犹有所待者也。
>
> 若夫乘天地之正，而御六气之辩，以游无穷者，彼且恶乎待哉！②

生活与活动于凡俗世间的人们，有待于外在事功才能显扬其自己，此种追求之浅近实有似于斥鷃一类小雀，自为宋荣子所笑。宋荣子已摆脱外在事功及其得失荣辱之困扰，但他期待使世间有所改变也仍然没有成功。列子不然。"列子御风而行"，已完全超脱凡俗世间。然而，"此虽免乎行"尤须有"风"，还是有所待。"若夫乘天地之正，而御六气之辩，以游无穷者，彼且恶乎待哉！"此即谓顺任天地宇宙本然的性情与节律，不与天地万物构成任何对置关系，由之才能进至"无待"的状态，由"无待"才可以真正实现"逍遥游"。

然而，人要得以"无待"，必先做到"无我"。这一点庄子十分清楚。《逍遥游》称：

---

① 唐君毅称："至庄子之即自然界之物，以悟道而喻道者，则恒取其物之大者、远者、奇怪者，以使人得自超拔于卑近凡俗之自然物与一般器物之外……庄子与庄子之徒，盖最能充人之心知之想象之量，以见人之日常生活之事，无不有妙道之行乎其中；而亦能更及于自然界中远大奇异之物，以使其神明自拔于卑小常见之物之上之外者也。"（唐君毅：《中国哲学原论·原道篇》，台湾学生书局1978年版，第343－344页）此说诚是。

② 陈鼓应：《庄子今注今译》（上册），中华书局1983年版，第14页。

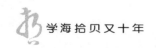

故曰，至人无己，神人无功，圣人无名。①

此所谓"无己"之"己"包含有"观念我"与"身形我"。"观念我"使"我"与"他人"做出区分，而落入对待中；"身形我"使"我"于"他物"有所执取，而落入对待中。故必须"无己—无我"，才能消解"我"与他人、"我"与他物、"我"与世界的对待，而"游无穷"。至于所谓"无功"之"功"，当指对业绩的执着；"无名"之"名"概指对名位的执着；此二者实都属于对"己我"之执着，而唯以"无"化之，才可以成就"逍遥游"。

其三，是庄子再借"有用""无用"之分判，进而凸显逍遥游的超越意义。

这是庄子在回应包括肩吾、惠施等人的观点而展开的。

肩吾认为接舆一类隐者（实指庄子）所言，是"大而无当，往而不返"，"不近人情"。连叔（实为庄子化身）作答称：

之人也，之德也，将旁礴万物以为一，世蕲乎乱，孰弊弊焉以天下为事！之人也，物莫之伤，大浸稽天而不溺，大旱金石流、土山焦而不热。是其尘垢秕糠，将犹陶铸尧舜者也，孰肯分分然以物为事。②

这里，肩吾以"大而无当"指摘庄子的追求，明显是立足于事用。连叔以"尘垢秕糠"贬斥包括尧舜在内"以物为事"的浅近性，即凸显了"大"作为"逍遥游"境界的一种超越性追求。

惠施所取的立场近于肩吾。他以大树不中材用为例指摘庄子而谓："今子之言，大而无用，众所同去也。"庄子作答：

子独不见狸狌乎？卑身而伏，以候敖者；东西跳梁，不辟高下。中于机辟，死于罔罟……今子有大树，患其无用，何不树之于无何有之乡，广莫之野，彷徨乎无为其侧，逍遥乎寝卧其下。不夭斤斧，物

---

① 陈鼓应：《庄子今注今译》（上册），中华书局1983年版，第14页。
② 陈鼓应：《庄子今注今译》（上册），中华书局1983年版，第21页。

庄子与郭象

无害者，无所可用，安所困苦哉！①

庄子这里是以狸狌不免"中于机辟，死于罔罟"比现"用"——功利性、工具性追求的有限性，而指点出唯如大树那样"不夭斤斧，物无害者，无所可用"，即超越于"事用"的限定性，才可作人应取的境界追求。

郭象注《庄子》自亦讲"逍遥游"。

如上所说，庄子的做法，是通过化去"己我"（"吾丧我"），把人从与物的对待、把我从与他人的对待中，一层层拔出，而成就逍遥游的。为了能够拔出，自是要强调大与小的不同，斥逐小的而凸显大的，斥逐浅近的与世俗的而凸显高远的与本真的。

然而，如此一来，小与大、世俗的与高远的，还是被看作分立的，还是处于相与对待中的。可是逍遥游能否成就的关键在破去对待包括小与大、俗与真之对待。故有小大之辨、真俗之分，还是难以游无穷。

郭象注《逍遥游》之进路，即以化解小大之对待关系为入路。

看郭象的如下提法：

> 夫小大虽殊，而放于自得之场，则物任其性，事称其能，各当其分，逍遥一也，岂容胜负于其间哉！②

> 夫质小者，所资不待大；则质大者，所用不得小矣。故理有至分，物有定极。各足称事，其济一也。③

> 苟足于其性，则虽大鹏无以自贵于小鸟，小鸟无羡于天池，而荣愿有余矣。故小大虽殊，逍遥一也。④

> 是故统小大者，无小无大者也。苟有乎小大，则虽大鹏之与斥鴳，宰官之与御风，同为累物耳……若夫逍遥而系于有方，则虽放之使游，而有所穷矣，未能无待也。⑤

---

① 陈鼓应：《庄子今注今译》（上册），中华书局1983年版，第29–30页。
② 曹础基、黄兰发整理：《庄子注疏》，中华书局2011年版，第2页。
③ 曹础基、黄兰发整理：《庄子注疏》，中华书局2011年版，第4–5页。
④ 曹础基、黄兰发整理：《庄子注疏》，中华书局2011年版，第5页。
⑤ 曹础基、黄兰发整理：《庄子注疏》，中华书局2011年版，第7页。

郭象的这些话语，实都对庄子的"小大之辨"取批评立场。郭象表达的意思如下。

其一，"有待"是在比较的状况下发生的。然在比较的状况下，即便高飞之大鹏、长寿之彭祖，也还是相对有限的。要得以"无待"，必须不做外在性之比较，回到内在的自身自性中，才是可能的。

其二，从内在自身自性看，每一人一物，其所以成为这个样子；成为这个样子后，就配搭有这样一些特质、功用，都是自然—本然如此的。此即所谓"性分自然"，这是不能任意改变的。能不能获得"逍遥游"，关键在能不能以"性分"为"自足"。而以"性分"为"自足"，有宇宙论之依据：人人物物在天地宇宙衍生过程中，总是恰到好处的。在恰到好处这点上，任一人、物都是整全的、圆满而无缺的。即如大鹏虽可以一飞三千里，但需要配备三个月之粮食；小鸟只能"控于地而已"，所资却不过松果数粒，这就是自然—本然如此。人人物物只要依其在自然—本然的衍生过程中给定的样态，呈现其自己，实现其自己，它就是圆满的，它就成就了逍遥游。超出自己的性分所给，如小鸟去羡慕大鹏之高飞，就只会有待于外，而无逍遥可言。

借消解"小大之辨"，郭象把问题的关切点转回到"性分自然"上来了。

再往下看。

前引庄子"乘天地之正，而御六气之辩，以游无穷者"句，"天地之正"虽以"乘"为言，① 其实也是通过把世俗间种种事用，个人之种种身名困扰一重重剥去，一层层打掉，才可以达到的一种与天地同体、与天地同游的境界。这种境界既需要去掉事用与身名，需要讲求"无己、无功、无名"，那就是一种"无我"的境界。②

郭象则称：

> 天地者，万物之总名也。天地以万物为体，而万物必以自然为

---

① "天地之正"，陈鼓应译为"天地之法则，亦即自然的规律"[《庄子今注今译》（上册），中华书局1983年版，第16页]。此仅做客观存在解，但以"正"言说"天地"，更近于"独与天地精神往来"（《庄子·天下》）之"天地精神"，为一具超越性的价值之源。

② 《庄子·天地》称："忘己之人，是之谓入于天。"此即以"无我"而"入于天"为境界追求。

正。自然者，不为而自然者也。故大鹏之能高，斥鹦之能下，椿木之能长，朝菌之能短，凡此皆自然之所能，非为之所能也。不为而自能，所以为正也。故乘天地之正者，即是顺万物之性也；御六气之辩者，即是游变化之涂也。如斯以往，则何往而有穷哉！所遇斯乘，又将恶乎待哉！……故有待无待，吾所不能齐也。至于各安其性，天机自张，受而不知，则吾所不能殊也。①

郭注这里说的"天地者，万物之总名也"，"天地"作为"万物之总名"，是被客观化、物化的。它不再构成超越于人人物物之上为人人物物仰慕的价值实体。郭象这里之用意显然在于消解"天地"作为超越的价值源头的意义。

接下来，"乘天地之正"，郭注释为"即是顺万物之性"，徐复观以为这一解释得当②，其实不然。实际上，郭象这句话是在化解"天地"作为超越性的价值源头之后，让人们回落到"顺物之性"中寻求价值所在。天地作为超越的、统一的价值实体既不存在，存在的仅是一个个相互区别的人、物及其本然性状。由之，在庄子那里超越彼我物事的天地境界的追求，在郭象这里便转换为人人物物各顺其自然—本然之性状的追求；超越的追求讲求"无我"，人人物物顺其自然—本然性分却回落到各别之"我"，且执认"有我"。尽管，从自然—本然"性分"的角度看，人人物物各自会是怎样的，那是给定的、不可选择的，这也可以说是"有待"的。但是，在给定之后，人人物物却是可以把握其自己，尽在其自己的。郭象所说"又顺有待者，使不失其所待，所待不失，则同于大通矣"即是。此所谓"大通"，也就是顺适给定的性状与场域而尽在其自己所达到的一种至极之境。

---

① 曹础基、黄兰发整理：《庄子注疏》，中华书局 2011 年版，第 11 页。
② 徐复观称："'至人无己'三句话，乃庄子的全目的、全功夫之所在。《庄子》全书，可以说都是这几句话多方面的发挥。"又称："'乘天地之正'，郭象以为'即是顺万物之性'……人所以不能顺万物之性，主要是来自物我之对立；在物我对立中，人情总是以自己作衡量万物的标准，因而发生是非好恶之情，给万物以有形无形的干扰。自己也会同时感到处处受到外物的牵挂、滞碍。有自我的封界，才会形成我与物的对立；自我的封界取消了（无己），则我与物冥，自然取消了以我为主的衡量标准，而觉得我以外之物的活动，都是顺其性之自然，都是天地之正，而无庸我有是非好恶于其间，这便能乘天地之正了。"[《中国人性论史（先秦篇）》，上海三联书店 2001 年版，第 351 页]

郭象的"自得之场"的提法,所揭明的正是每个个体尽在其自己的"场域"性。"场域"即命限、条件。每个个体成为什么样子,不能选择,不可改变。但在"场域"——命限给定的条件与范围内,做到"物任其性,事称其能,各当其分",则"逍遥一也"。

相比之下,我们可以看到,庄子以不断地超出命限给定之一切(身形、利欲、彼我对待),去求得逍遥游,这种逍遥游,属天地境界;郭象则认为每个个体不可能逃脱限定性,只可以在命限(性分)给定的性状与场域内,求取个体的自足与自乐。就精神心理而言,庄子显然更理想、更狂放一点,然后理想与现实(命限)的反差过大,容易引发心性的迷失,庄子经常以梦为觉即表现了这一点。① 而郭象则致力于把理想的追求往下调适,显得更现实当下一些。但是往下我们会看到,在他把"现实当下"做"现世主义"的理解时,却又不得不要面对"责任缺失"的指斥。

这是庄、郭在境界论上的差别。

三、庄、郭不同境界追求的形上依据

庄子与郭象在境界追求上的差别,在形上学上的依据是什么,是怎样的呢?这就要看庄子的《齐物论》与《齐物论》之郭注了。

在《齐物论》里,庄子是分别从存在论与知识论两个方面来寻找其境界追求的形上依据的。

从存在论的角度看。庄子认为,万物固然是有待的、相对有限的,但在万物之先有一终极本原,这一本原却是无所对待,绝对而无限的。《庄子·齐物论》称:

> 古之人,其知有所至矣。恶乎至?有以为未始有物者,至矣,尽矣,不可以加矣。其次,以为有物矣,而未始有封也。其次,以为有

---

① 《庄子·齐物论》称:"梦饮酒者,旦而哭泣;梦哭泣者,旦而田猎。方其梦也,不知其梦也。梦之中又占其梦焉,觉而后知其梦也。且有大觉而后知此其大梦也……丘也与女,皆梦也;予谓女梦,亦梦也。"又谓:"昔者庄周梦为胡蝶,栩栩然胡蝶也,自喻适志与! 不知周也。俄然觉,则蘧蘧然周也。不知周之梦为胡蝶与,胡蝶之梦为周与?"[陈鼓应:《庄子今注今译》(上册),中华书局1983年版,第85、92页] 庄子这里表现的梦与觉的混茫显示为一种迷失。

封焉，而未始有是非也。是非之彰也，道之所以亏也。①

此即以为宇宙衍生有一过程，在宇宙的起始—本原时期，是无物无形，无任何对待关系的。及下落为有形限、有边界乃至有是非分判的物的状态下，那已是"道之所以亏也"。这里的"道"，即指宇宙的起始—本原。庄子与老子一样地指"道"为本原。

《庄子·大宗师》对宇宙的这一古老本原——"道"有一描述：

夫道，有情有信，无为无形；可传而不可受，可得而不可见；自本自根，未有天地，自古以固存；神鬼神帝，生天生地；在太极之上而不为高，在六极之下而不为深，先天地生而不为久，长于上古而不为老。②

在宇宙的终极本原——道那里，是"自本自根"的、唯一的、绝对无限的。人的精神修炼只要能够回归到"道"，做到"与道同体"，即可以进达"逍遥游"。

庄子这是用宇宙论这一存在论形态支撑他的境界追求。境界论中借"小大之辨"对天地境界与凡俗世界做的区分及天地境界显示的超越性，在以宇宙论为形态的形上学话语中，是以终极本原与由其生化可以为经验知识把捉的万物的区分，及回归本原的追求而成就的。

但是，《庄子》内篇对宇宙论的建构用力不多。《齐物论》甚至称：

有始也者，有未始有始也者，有未始有夫未始有始也者。有有也者，有无也者，有未始有无也者，有未始有夫未始有无也者。俄而有无矣，而未知有无之果孰有孰无也。③

这里，庄子对追寻"宇宙本始是什么"的宇宙论不免持有一种怀疑的态度。

---

① 陈鼓应：《庄子今注今译》（上册），中华书局1983年版，第66页。
② 陈鼓应：《庄子今注今译》（上册），中华书局1983年版，第181页。
③ 陈鼓应：《庄子今注今译》（上册），中华书局1983年版，第71页。

庄子对追寻宇宙本始的做法持怀疑的态度，实出于他对认知的可靠性的反省。庄子的境界追求显然更依持于他对知识论的反省。如果说通过回归宇宙本始的方式消解万物的对待性为"齐物"之"论"，那么依持对认知的反省而泯灭万物的差别相则为"齐"其"物论"。通过"齐"其"物论"而确认的"道"，我们又可称为"本体论"。

庄子是如何"齐"其"物论"的呢？

其一，在庄子看来，认知需要有对象，而就认知的对象——万物而言，它们都是在对待关系中才得以显现的，是非常不确定、非常不稳定的，《齐物论》所谓"物无非彼，物无非此""彼亦因是，是亦因彼"，指的正是这种不确定性与不稳定性。《大宗师》称"夫知有所待而后当，其所待者特未定也"也是。既然认知的客体就是不确定，那么，认知之真实可靠性如何可能呢？

其二，庄子认为，认知需要有认知者，而不同认知者面对同一对象，乃至同一认知者在不同心境下面对同一对象，都会有不同认识。我们又以哪一认知者、认知者在哪一情境下的认知为真确的呢？《齐物论》所编"一问三不知"的故事即表达了这一疑问：

> 啮缺问乎王倪曰："子知物之所同是乎？"曰："吾恶乎知之！""子知子之所不知邪？"曰："吾恶乎知之！""然则物无知邪？"曰："吾恶乎知之！虽然尝试言之。庸讵知吾所谓知之非不知邪？庸讵知吾所谓不知之非知邪？且吾尝试问乎汝：民湿寝则腰疾偏死，鳅然乎哉？木处则惴慄恂惧，猨猴然乎哉？三者孰知正处？民食刍豢，麋鹿食荐，蝍蛆甘带，鸱鸦嗜鼠，四者孰知正味？猨猵狙以为雌，麋与鹿交，鳅与鱼游。毛嫱西施，人之所美也；鱼见之深入，鸟见之高飞，麋鹿见之决骤。四者孰知天下之正色哉？自我观之，仁义之端，是非之涂，樊然淆乱，吾恶能知其辩！"①

这就是说，不同认知者对何谓"正处""正味""正色"会有非常不同的判定。可见，从认知主体看，认知之本真意义也无法确定。

其三，庄子还深深地意识到，认知需要借助语言词谓来表达，而语言

---

① 陈鼓应：《庄子今注今译》（上册），中华书局1983年版，第80页。

词谓在最初使用之时都具偶然性与随意性。即如《齐物论》所指：

> 道行之而成，物谓之而然。有自也而可，有自也而不可。有自也而然，有自也而不然。恶乎然？然于然。恶乎不然？不然于不然。恶乎可？可于可。恶乎不可？不可于不可。物固有所然，物固有所可。无物不然，无物不可。①

庄子所谓"物谓之而然"，即认为对某物的称谓是随意地给出的，人们既可以如是而然，又可以不如是而然。语言词谓既是如此主观随意，那么，它又如何可以给出事物之本真呢？

显然，庄子是通过暴露以认知的方式建构起来的经验事物与经验世界的不可靠性，而使人得以从经验事物与经验世界的对待与限定中剥离出来，超拔出来，成就逍遥游的。

这种逍遥之境，无疑即是道境。故庄子经常以"道通为一"为说：

> 以指喻指之非指，不若以非指喻指之非指也；以马喻马之非马，不若以非马喻马之非马也。天地一指也，万物一马也。②
> 道行之而成，物谓之而然……故为是举莛与楹，厉与西施，恢恑憰怪，道通为一。其分也，成也；其成也，毁也。凡物无成与毁，复通为一。③

庄子于此都从认知及其所用之语言词谓（指）的主观随意性，以及万物从认知的角度给出的差别相的不确定性，来暴露经验知识给出的世界的不可靠性。他借"齐"其"物论"——"道通为一"建立的本体论，和"本体"以"无"为言，也就是指的通过把经验世界——人间世"无"化，以开出本真世界，进入道境，成就逍遥之游。

经验事物的差别与对待，确认了各别之"我"；消解了差别与对待，即便消解了"我"。故庄子所证成的逍遥游——道境，实为"无我"

---

① 陈鼓应：《庄子今注今译》（上册），中华书局1983年版，第61页。
② 陈鼓应：《庄子今注今译》（上册），中华书局1983年版，第59页。
③ 陈鼓应：《庄子今注今译》（上册），中华书局1983年版，第61–62页。

之境。

及郭象注《庄子》，则直接从存在论提出问题。

如上所说，庄子的存在论有取于本原论。庄子揭示，在形而下的万物的层面上，不能不处于对待中；唯回归终极本原，进到"无"，才可以超越对待关系，成就逍遥之游。

郭象的问题意识就从这里开始：作为终极本原的"道"如果是"无"，那么，它对万物（含人类）有作用、有意义吗？郭象在《齐物论注》中称：

> 无既无矣，则不能生有。有之未生，又不能为生。然则生生者谁哉？块然而自生耳。①

于《知北游注》又称：

> 谁得先物者乎哉？吾以阴阳为先物，而阴阳者即所谓物耳。谁又先阴阳者乎？吾以自然为先之，而自然即物之自尔耳；吾以至道为先之矣，而至道者乃至无也。既以无矣，又奚为先？然则先物者谁乎哉？而犹有物无已，明物之自然，非有使然也。②

在这些话语里，郭象都认为，如果要追溯"物"的最终来源，那一定是"非物"的，此即所谓"至无"之"道"。然而，"至无"之"道"既然什么都没有，它又如何能够生"物"，如何可以给"物"以任何东西呢？

由是，郭象消解了作为万物的统一根基的"本原论"，也就消解了万物对同一本原的依待性。

进而，在郭象看来，宇宙万物不仅没有统一的源头，万物之间也不含有任何关联。《齐物论注》称：

> 世或谓罔两待景，景待形，形待造物者。请问夫造物者有邪？无

---

① 曹础基、黄兰发整理：《庄子注疏》，中华书局2011年版，第26页。
② 曹础基、黄兰发整理：《庄子注疏》，中华书局2011年版，第406页。

邪？无也则胡能造物哉！有也则不足以物众形。故明众形之自物，而后始可与言造物耳！是以涉有物之域，虽复罔两，未有不独化于玄冥者也。①

万物既不为统一的本原所化生，物与物之间也不存在任何对待关系，那么，它们各自从何而来，如何变易，归于何处呢？郭象确认，万物都是自生、自化、自本、自根的。他在《齐物论注》中称：

故天者，万物之总名也。莫适为天，谁主役物乎？故物各自生而无所出焉，此天道也。

寻夫生生者谁乎？盖无物也。故外不待乎物，内不资乎我，块然而生，独化者也。②

于《大宗师注》中也称：

然则凡得之者，外不资于道，内不由于己，掘然自得而独化也。③

郭象这些话语都在继续消解"天""道"作为万物共同本原、共同依据的意义，而凸显万物各各自生、自化、自本、自根的性状。郭象经常以"块然而生""掘然自得""冥然独化"为说，即指万物各各以单独个体无所对待的方式存在的绝对性。万物各各以单独个体无所对待的方式存在的绝对化所显示的，便是万物各各都是自足的，都具本体意义。

郭象不仅确认万物各各以单独个体无所对待的方式存在的绝对性及其本体意义，而且确认，万物各各以单独个体无所对待的方式变化的绝对性，从而凸显变化所取的任何样式都具本体意义。郭象称道：

物之变化，无时非生，生则所在皆本也。④

---

① 曹础基、黄兰发整理：《庄子注疏》，中华书局2011年版，第60页。
② 曹础基、黄兰发整理：《庄子注疏》，中华书局2011年版，第26页。
③ 曹础基、黄兰发整理：《庄子注疏》，中华书局2011年版，第138页。
④ 曹础基、黄兰发整理：《庄子注疏》，中华书局2011年版，第426页。

> 体夫极数之妙心，故能无物而不同。无物而不同，则死生变化无往而非我矣。故生为我时，死为我顺。时为我聚，顺为我散，聚散虽异，而我皆我之。①

"生则所在皆本也"，所指的正是生成什么样子，都是它自己，都具有自足性；"死生变化无往而非我矣"，则是指变化为何种样式，"我"都可以认同，都可以体认为"我"。

至此可见，郭象是通过确认个体任何存在方式与变化样式都是本体的，都具至当性这样一种或可称之为"万有独化"论的形上建构，来回归个体自我，凸显个体自我的绝对性的。

四、郭象的学派归属辨识

如上所述，庄子与郭象，无论在境界追求上还是在形上学建构上，都是有差别的。在境界追求上，庄子关切的是如何从经验世界的对待关系中剥离开来，超拔出来，成就一种"无我"的逍遥游；在形上学层面上，庄子则是通过暴露经验世界、经验知识的不可靠性，建构起"道通为一"的本原—本体论，用以支撑"无我"的境界追求的。郭象不同。在境界论上，郭象更有取于如何通过调适回落到现实生活中来，成就一种"有我"的逍遥游；在形上学层面上，郭象却是通过揭明"道通为一"的本原—本体建构上的缺失，使回落个体自我、确认个体自我的任何存在方式变化样式都具至当性而得以成立的。

诚然也可以说，庄子讲求"出世游"，郭象更重"现世游"。

但是，在学派归属问题上，必须注意以下两点：一是庄子与郭象的关联，二是郭象与裴頠的区别。

庄子与郭象虽有如上差别，但是也还有密切联系：首先，庄子要以剥离、走出经验世界（经验知识）成就逍遥游，那是因为经验世界为一充满对待关系备受限定的世界。郭象虽然并不认同在经验世界之外、之上另置一具超越性—先验性意义的本原—本体世界，却亦以消解对待关系为实现逍遥游之前提。此即同于庄子。而且郭象在否弃超越性的本原—本体世界之后回落于现实世界中的每个个体自我，也不是经验之我。经验之我是在

---

① 曹础基、黄兰发整理：《庄子注疏》，中华书局2011年版，第105页。

对待关系中给出的。郭象所凸显之个体自我既是超越对待性的,"冥然自生""掘然自得"的,必也是先验的。这就是说,追求先验性,郭与庄也显相同性。

其次,庄子在走出经验世界,于经验世界之外、之上另置一本原—本体世界,并以"一""无"来言说本原—本体世界的性状时,这本身已隐含有消解本原—本体世界对各别之人、物有任何统一性的与给定性的意义。也就是说,实即已为各别人、物之自我凸显打开了通道。只是,庄子讲"一""无",着重点放在对经验世界的批判上;郭象回落到各别存有,讲以"有"为体,才以理论形态的方式把捉到"我"。这就是说,必先有庄子的批判,才有郭象的"自我"的回归与凸显。郭象实是庄子思想的连续与延伸。

显然,从学派归属看,郭象仍为道家人物。

肯定郭象思想是庄子思想的连续与延伸,确认郭象为道家脉络中人,则涉及与郭象同主"崇有"之论却坚执儒家立场的裴頠的区别问题。

我们上面提及,郭象顾及不同存有其逍遥之境的不同,曾经提出"自然性分"的观念予以解释。承认"性分",必亦承认等级的区分。故郭象曾称:

> 臣妾之才而不安,臣妾之任则失矣。故知君臣上下,手足外内,乃天理自然,岂直人之所为哉![1]

这里,郭象就因以"性分"的观念为君臣上下等级统治提供说明,而经常被判认为主"自然即名教"而合于儒家或以儒道合一为说。[2]

其实不然。郭象的"自然性分"说,与裴頠的"君臣名教"说有着非常不同的进路。

---

[1] 曹础基、黄兰发整理:《庄子注疏》,中华书局2011年版,第30页。
[2] 持此论者较早当为汤用彤先生。其《魏晋玄学论稿》说:"向秀、郭象继承王、何之旨,发明外王内圣之论。内圣亦外王,而名教乃合于自然。"(《汤用彤学术论文集》,中华书局1983年版,第284页)此后学界如杨宪邦主编的《中国哲学通史》(中国人民大学出版社1988年版,详见第2册第3编第4章),冯契撰写的《中国古代哲学的逻辑发展》(上海人民出版社1984年版,详见中册第2编第6章),萧萐父、李锦全主编的《中国哲学史》(人民出版社1982年版,详见上册第3编第4章)等著作,多予认同。

首先，郭象"自然性分"的"自然"实指一种"偶然性"，含每个个体在生化过程中禀赋的偶然性和个体之间发生关联的偶合性。其《齐物论注》就称：

> 夫臣妾但各当其分耳，未为不足以相治也。相治者，若手足耳目，四肢百体，各有所司，而更相御用也。
>
> 夫时之所贤者为君，才不应世者为臣。若天之自高，地之自卑，首自在上，足自居下，岂有递哉！虽无错于当，而必自当也。①

就是说，每个个体在宇宙化生中成为什么，是偶然的，但也是自足的；个体依禀赋所得呈显自己，即成全了与周遭事物的和合性。显然，郭象是立足于个体自足来谈群己关系，并视这种关系为外在性的，在偶然—偶合中产生的。

裴頠与儒家学者不然。他们推重的"君臣名分"说强调的是群体及其秩序。个体没有自足性，需要依托群体才能定位，才能获得价值。"君臣名教"即以定位为"教"，体现着群体建构的合目的性。无疑，裴頠是立足于群体谈群己关系，视这种关系为内在的，依一定目的组构而成的。郭象与裴頠的区别可以标示如下：

```
郭象      个体 ——→ 群体
              偶然性

裴頠      群体 ——→ 个体
              合目的性
```

从精神心理的角度看，这个图标所表达的是：

对郭象而言，"偶然性"体现的是面对社会无规则的急剧变迁的一种无奈感，无奈感的积聚与迸发会导致绝望；但当郭象通过舍弃"小大之辨"回落到"性分自足"之后，无奈感得以化去，由绝望转出个体性的自足自乐；至于与他人的关系的协调，则仅被视为默生者之间的一种被动行为。

而对裴頠来说，却是坚执社会的变迁具有一种"合目的性"，这种

---

① 曹础基、黄兰发整理：《庄子注疏》，中华书局2011年版，第30页。

"合目的性"就体现在从祖辈到父辈,从父辈到儿孙辈的有秩的、一代一代承续的繁衍,和在繁衍中亲情的积淀与拓展之中。"家"是情感滋养的土地,也是构成社会的基石。由"家"到社会,显示人的生存方式的群体性。个人在群体中得以成长,由之心怀感恩;个人对曾经养育过自己的亲人、社会他人无法不牵挂,由之深感责任。个人与社群无法分离,个人的一切思想行为都必须立足于理性,考量着对群体的意义。

这表明,郭象与裴頠有不同的精神心理结构。

其次,从哲学层面看,郭象与裴頠都回落到现实,以"有"为体,但"有"指的什么,也大不相同。

如上所说,郭象之"有"是指的各别之存有,他是通过把各别存有赋予本体意义以凸显个体自我的绝对性的。郭象常称"至人不役志以经世"①,对社会群体建构十分冷漠;称"法圣人者,法其迹耳。夫迹者已去之物,非应变之具也"②,对效法圣贤取蔑视态度;又称"割肌肤以为天下者,彼我具失也"③,"天下之大患者失我也"④,等等,对舍己为他人与社会的奉献精神尤其排斥。这些观念,都显示了郭象对个体自我的绝对推崇。

而裴頠有别。裴頠称道:

夫总混群本,宗极之道也。方以族异,庶类之品也。形象著分,有生之体也。化感错综,理迹之原也。夫品而为族,则所禀者偏,偏无自足,故凭乎外资。是以生而可寻,所谓理也。理之所体,所谓有也。有之所须,所谓资也。资有攸合,所谓宜也。择乎厥宜,所谓情也。⑤

夫至无者无以能生,故始生者自生也。自生而必体有,则有遗而生亏矣。生以有为己分,则虚无是有之所谓遗者也。故养既化之有,非无用之所能全也;理既有之众,非无为之所能循也……由此而观,济有者皆有也,虚无奚益于已有之群生哉!⑥

---

① 曹础基、黄兰发整理:《庄子注疏》,中华书局2011年版,第74页。
② 曹础基、黄兰发整理:《庄子注疏》,中华书局2011年版,第189页。
③ 曹础基、黄兰发整理:《庄子注疏》,中华书局2011年版,第387页。
④ 曹础基、黄兰发整理:《庄子注疏》,中华书局2011年版,第196页。
⑤ 〔唐〕房玄龄等撰:《晋书·裴頠传》(第4册),中华书局1974年版,第1044页。
⑥ 〔唐〕房玄龄等撰:《晋书·裴頠传》(第4册),中华书局1974年版,第1046-1047页。

就"至无者无以能生"一说看，裴頠与郭象似有共同的出发点。然，裴頠并不以为各别之个体具有自足性。恰恰相反，他认为各别个体与物类都是"偏无自足"，需要相互资借的；相互资借使万物得以相互关联；唯相互关联之万物总体（"总混群本"），才构成为"宗极之道"，获得本体意义。以这种本体观考察社会，自当认群体优先于个体；群体之建构必有规则可寻，是谓"理"；群体中之个体相互资借必有合宜与否之问题，因而人必须"择乎厥宜"，是谓理性。"居以仁顺，守以恭俭，率以忠信，行以敬让，志无盈求，事无过用，乃可济乎！"① 这种思想与行为所体现的，正是立足于群体生活应取理性态度的基本精神。

比较之下，郭象既如此明显有别于裴頠，则视郭象之理论取向与裴頠一样同是为儒家之名教观立论，诚然不当。倒是《晋书·向秀传》说得妥帖：

> 向秀字子期，河内怀人也。清悟有远识，少为山涛所知，雅好老庄之学。庄周著内外数十篇，历世才士虽有观者，莫适论其旨统也，秀乃为之隐解，发明奇趣，振起玄风，读之者超然心悟，莫不自足一时也。惠帝之世，郭象又述而广之，儒墨之迹见鄙，道家之言遂盛焉。②

郭象使"儒墨之迹见鄙，道家之言遂盛"，难道还不足以说明他的道家倾向吗？③

[原载《中山大学学报》（社会科学版）2013 年第 1 期]

---

① 〔唐〕房玄龄等撰：《晋书·裴頠传》（第 4 册），中华书局 1974 年版，第 1044 页。
② 〔唐〕房玄龄等撰：《晋书·向秀传》（第 5 册），中华书局 1974 年版，第 1374 页。
③ 陈寅恪曾谓："故名教者，依魏晋人解释，以名为教，即以官长君臣之义为教，亦即入世求仕者所宜奉行者也。其主张与崇尚自然即避世不仕者适相违反，此两者之不同，明白已甚。而所以成为问题者，在当时主张自然与名教互异之士大夫中，其崇尚名教一派之首领如王祥、何曾、荀顗等三大孝，即佐司马氏欺人孤儿寡妇，而致位魏末晋初之三公者也。……其眷怀魏室不趋赴典午者，皆标榜老庄之学，以自然为宗。'七贤'之义即从论语'作者七人'而来，则'避世''避地'固其初旨也。然则当时诸人名教与自然主张之互异即是自身政治立场之不同，乃实际问题，非止玄想而已。"（陈寅恪：《陶渊明之思想与清谈之关系》，见《陈寅恪史学论文选集》，上海古籍出版社 1992 年版，第 119 页）陈寅恪从实际揭明名教与自然之互异，亦甚明白。

《淮南子》：道家式的"内圣外王"论

一、黄老思潮的发展与《淮南子》"要略"

黄老思潮是通过对老子思想的重新诠释发展出来的。在我个人的研究中，老子和后来的庄子对社会与文化是取批判立场的。他们以"无"为"道"的形上学建构支撑的即是对混乱、污浊的现实世界的批判与否弃，并希冀从中抽离出来价值取向。价值追求既已寄寓于形上世界，在形下现实世界之事用中便不再夹带有是非好坏的分判，只求顺其自然而已矣，是有老子"道法自然"之说。此即指在形下的现实世界的种种施设，持守的是一种客观化态度。

先秦时期的黄老思潮，涵括《黄帝四经》与《管子》一书中的《内业》《心术》《白心》《四时》《五行》诸篇，以及《吕氏春秋》之"十二纪"等著作。从《管子》诸篇看，它们是以"气"释"道"，把以"无"为言之"道"拽回现实世界的最初源头，以使现实世界获得正面的认肯；继而又引入"四时""五行"的观念以揭明现实世界变迁流转的时空节律，从而把"道法自然"之说法演绎为依从大自然时空变迁节律的一种行事方式。这样一来，原先老子与庄子对社会与文化的批判立场由之便被转变为正面建构的立场。而后，《吕氏春秋》之"十二纪"通过对时空节律做更进一步的细分，又对如何依时空节律行事做了更详尽的缕析。

显然，从《管子》诸篇到《吕氏春秋》，通过把"道法自然"之"自然"解释为自然变迁节律，而为现实世界（含社会与文化）做正面的更具客观意义的建构奠定了根基。然而，由于原先的形上之"道"由"无"落"有"，老庄之学在价值追求上超越性的一面便被淡化乃至消解了。就是说，形上之"道"以"无"为说作为一种精神境界，与"道法自然"作为形下世界在事用所取的客观态度，二者未能协和。如何使二者协和起来，就成为道家自身立论发展的内在要求。《淮南子》一书的编撰无疑满足了这种内在要求。

但是，一旦涉猎《淮南子》文本，便不能不面对三大问题：其一，

《淮南子》各篇的作者是谁？其二，《淮南子》的问世与当时的政治权力的争夺有什么关系？其三，《淮南子》在学派归属上，为哪一家？

关于《淮南子》各篇的作者问题，汉代高诱作注有所涉及，后人陆续也有种种探究。及《淮南子》在学派归属上为道家、儒家，还是杂家，亦有种种说法。① 我想，这些问题不可能有圆满的答案，因之，本文不着意做更多的探寻。

至于《淮南子》的写作与编撰，是否与淮南王刘安在政治上求进取的野心，或退而求自保的境况有关联，许多研究者也做过精细的分析。② 但该书侧重的是思想开展与变迁的内在理路及其建构方式，希冀以此还原在思想体系上大体的完整性。而《淮南子》的编撰者，是深信自己在体系上具有这种完整性的。至于与个别事件相关联的特殊论题，姑且也予舍弃。

《淮南子》的编撰者深信全书具有一种完整性，就见诸《要略》篇的提示中：

> 夫作为书论者，所以纪纲道德，经纬人事，上考之天，下揆之地，中通诸理。虽未能抽引玄妙之中才，繁然足以观终始矣。总要举凡，而语不剖判纯朴，靡散大宗，惧为人之惽惽然弗能知也；故多为

---

① 《汉书·艺文志》把《淮南子》归入"杂家"。然东汉高诱所著《淮南叙目》却称："（《淮南子》）其旨近老子，淡泊无为，蹈虚守静，出入经道……其义也著，其文也富，物事之类，无所不载，然其大较归之于道。"即视之为道家。近人徐复观所撰《两汉思想史》则称："儒家思想，在《淮南子》一书中所占地位，深入地看，并不次于道家。除大量引用了《诗》《易》之外，礼、乐、春秋，皆为其征引所及；且多发挥六经的微言大义。"［徐复观：《两汉思想史》（卷二），台湾学生书局1976年版，第186页］而儒、道并重的原因，则是因为《淮南子》各卷撰者的不同："刘安的宾客中，应分为两大类。第一类是高诱序中所说的'苏飞、李尚、左吴、田由、雷被、毛被、伍被、晋昌等八人'，是以道家思想为主，而又挟有纵横家之术，这是《淮南子》中老庄思想分野的人物。此外则属于儒家分野，有如高序所说的'诸儒大山、小山之徒'。"［徐复观：《两汉思想史》（卷二），台湾学生书局1976年版，第199页］

② 陈静所撰《自由与秩序的困惑——〈淮南子〉研究》一书揭明："《淮南子》为什么不能放弃儒家的立场和论域，只保留一个道家的立场呢？这里固然有淮南王作为'人'和作为'王'的双重身份的影响，更为重要的是，淮南王的这种双重身份，恰好呈明了人的观念在中国的思想传统中所具有的双重意蕴：真人和角色。真人是人之本然，角色是人在现实中的展开。角色因为已经进入了现实，所以受制于现实中不可避免的对象性关系，是不自由的，而真人则保持着自由。因此人的观念在中国的思想传统中所具有的双重意蕴，也可以说是人的理想属性和现实属性。"（陈静：《自由与秩序的困惑——〈淮南子〉研究》，云南大学出版社2004年版，第169页）陈静此分析甚精到。

之辞，博为之说，又恐人之离本就末也。故言道而不言事，则无以与世浮沉；言事而不言道，则无以与化游息。故著二十篇。

这段提示是说，《淮南子》全书一方面是要上究作为形上之"本"的"道德"，另一方面则又要下涉作为形下之"末"的"人事"。因为既上究于作为"本"的"道德"，而又下涉于作为"末"的"人事"，由之就不会悬空而得以"入世"（"与世浮沉"），此有别于老庄而有取于儒法；又因为虽下涉于作为"末"的"人事"，然必上究于作为"本"的"道德"，因之不至于沉落而得以"出世"（"与化游息"），此又不同于儒法而仍持守着道家。通读《淮南子》全书，诚然在整体上贯彻了这一指导思想。这一指导思想正好体现了《淮南子》力求把"形上"追求与"形下"用事二者整合起来的努力。

那么，什么是作为"本"的"道德"？什么是作为"末"的"人事"？二者又是如何得以贯通的呢？

二、"道体"与"道境"的再上提

作为形上之"本"的"道德"，毫无疑问是老子、庄子的宇宙论及其进一步的展开。《原道训》称：

> 夫道者，覆天载地，廓四方，柝八极，高不可际，深不可测，包裹天地，禀授无形……横四维而含阴阳，纮宇宙而章三光。甚淖而㶏，甚纤而微。山以之高，渊以之深，兽以之走，鸟以之飞，日月以之明，星历以之行，麟以之游，凤以之翔。

《原道训》这里把"道"置于天地宇宙终极本原的地位，显然与《庄子·大宗师》"夫道有情有信，无为无形；可传而不可受，可得而不可见；自本自根，未有天地，自古以固存"的描述相似。

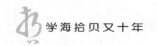

《天文训》又写道：

> 天地未形，冯冯翼翼，洞洞灟灟，故曰太昭。道始于虚廓，虚廓生宇宙，宇宙生气。气有涯垠，清阳者薄靡而为天，重浊者凝滞而为地。清妙之合专易，重浊之凝竭难，故天先成而地后定。天地之袭精为阴阳，阴阳之专精为四时，四时之散精为万物。积阳之热气生火，火气之精者为日；积阴之寒气为水，水气之精者为月。日月之淫为精者为星辰，天受日月星辰，地受水潦尘埃。

《淮南子》这里对宇宙生化过程所做的那样一种描述，是先秦所没有的。先秦之宇宙论，从《管子》诸篇到《吕氏春秋》之"十二纪"，更关切的是如何从宇宙生化节律转出"事用"，因之其宇宙论蒙有一层经验色彩。《淮南子》这里的宇宙源头却远离了经验。这种远离更体现为一种超越性的价值诉求。由此我们才看到，《管子》与《吕氏春秋》多讲黄老，而《淮南子》却倾心于老庄。①

《淮南子》以这样一种在经验上无法实证的宇宙论支撑起来的一种超越性的价值诉求，是怎样的呢？

《原道训》在描述作为本原的"道体"及其生化状况之后，接而论及"体道"开出的境界而称：

> 是故大丈夫恬然无思，澹然无虑；以天为盖，以地为舆，四时为马，阴阳为御；乘云陵霄，与造化者俱。纵志舒节，以驰大区。可以步而步，可以骤而骤；令雨师洒道，使风伯扫尘，电以为鞭策，雷以为车轮；上游于霄雿之野，下出于无垠之门，刘览偏照，复守以全。经营四隅，还反于枢。

这种境界，不受任何形限约束又可以役使任何形物，出于庄子，然比之庄子更夸张、更神妙。而这种神妙的境界在理论上的支撑，就源自具有超验色彩的"道体"论。

"道体"作为终极本原无所不生化，无所不包涉。然"道体"生化的

---

① 《淮南子·要略》有"考验乎老庄之术"一说，可见淮南王及其门客多倾心于老庄。

过程，依老子、庄子的观念实际上就是往下坠落的过程。因之，《俶真训》在演绎庄子《齐物论》所述"有始也者，有未始有始也者……"一段话时，把"有未始有夫未始有无也者"作为最终极、最具本真意义的"道体"。及人类社会，亦以越古久为越接近纯粹本真，越往后变迁为越下滑。因之"体道"所得之"道境"的追求便体现为"返性于初，游心于虚"的追求。《俶真训》写道：

> 至德之世，甘瞑于溷澜之域，而徙倚于汗漫之宇。提挈天地而委万物，以鸿蒙为景柱，而浮扬乎无畛崖之际。是故圣人呼吸阴阳之气，而群生莫不颙颙然仰其德以和顺。当此之时，莫之领理决离，隐密而自成，浑浑苍苍，纯朴未散，旁薄为一，而万物大优。是故虽有羿之知而无所用之。……
>
> 施及周室之衰，浇淳散朴，杂道以伪，俭德以行，而巧故萌生。周室衰而王道废，儒墨乃始列道而议，分徒而讼。于是博学以疑圣，华诬以胁众，弦歌鼓舞，缘饰《诗》《书》，以买名誉于天下。繁登降之礼，饰绂冕之服，聚众不足以极其变，积财不足以赡其费。于是万民乃始慲觟离跂，各欲行其知伪，以求凿枘于世而错择名利，是故百姓曼衍于淫荒之陂，而失其大宗之本。夫世之所以丧性命，有衰渐以然，所由来者久矣！
>
> 是故圣人之学也，欲以返性于初，而游心于虚也。达人之学也，欲以通性于辽廓，而觉于寂漠也。若夫俗世之学也则不然，擢德搴性，内愁五藏，外劳耳目，乃始招蛻振缱物之豪芒，摇消掉捎仁义礼乐，暴行越智于天下，以招号名声于世。此我所羞而不为也。

《俶真训》这大段文字，显然是《老子·三十八章》和《庄子·天下》篇的引申：以为宇宙从本始到万物，世间从上古到当今的变迁为坠落，为衰败。这种坠落和衰败就表现于纯朴的散失、伪诈的流行、欲望的极度扩张与争夺的不断加剧。乃至于有"缘饰《诗》《书》，以买名誉于天下""摇消掉捎仁义礼乐""以招号名声于世"等种种恶行泛滥。由是，回归本始之"道"的追求，进至"返性于初，而游心于虚"的"道境"，便必须要摈弃名利、剥落儒墨。这就是在《淮南子》的一些篇章中对儒墨名法多有批评的原因。这是从境界的追求上说的。《淮南子》由此开显的境界追求无疑更近于庄子。

三、从"类各自类"建立的"事用"观

然而,前面说过,《淮南子》同时又顾及作为形下之"末"的"事"或"事用"的。在《淮南子》那里,所讲的"事"或"事用"是指什么?是如何开出的?在顾及事用的同时,又如何确保心境不会从"道体"上坠落呢?

在涉及这一层面的问题上,《淮南子》显然认同了《管子》诸篇及《吕氏春秋》的黄老学:人生活于其中的世间是通过阴阳、四时、五行的交合变化开展的;由阴阳到四时、五行再到万物的变化过程虽然为一坠落过程,但毕竟是一自然而然的过程;因顺这种自然而然的过程,而不做过多的主观干涉,不以主观认取的价值喜好做出改变,这本身也就体现着"道体"的要求。

我们来看《原道训》对"无为"的解释:

> 是故圣人内修其本,而不外饰其末。保其精神,偃其智故。漠然无为,而无不为也;澹然无治也,而无不治也。所谓无为者,不先物为也;所谓无不为者,因物之所为。所谓无治者,不易自然也;所谓无不治者,因物之相然也。万物有所生,而独知守其根;百事有所出,而独知守其门。故穷无穷,极无极,照物而不眩,响应而不乏。此之谓天解。

《原道训》这里释"无为"为"不先物为",释"无不为"为"因物之所为";释"无治"为"不易自然",释"无不治"为"因物之相然"。此实都以因顺自然——物之所以然,为"无为"。

《泰族训》又直接释何为"因",称述:

> 天地四时,非生万物也,神明接,阴阳和,而万物生之。圣人之治天下,非易民性也,拊循其所有而涤荡之。故因则大,化则细矣。禹凿龙门,辟伊阙,决江浚河,东注之海,因水之流也。后稷垦草发菑,粪土树谷,使五种各得其宜,因地之势也。汤、武革车三百乘,甲卒三千人,讨暴乱,制夏、商,因民之欲也。故能因,则无敌于天下矣。

此亦在强调,因顺天地宇宙、社会人伦本来之自然情状与势态,而不做过多的人为改变,就体现了"道"的要求,并可以在事用上取得成功。《淮南子》的这些论说,无疑都承接了《管子》诸篇与《吕氏春秋》"十二纪"所述。

然而,《淮南子》与《吕氏春秋》"十二纪"也有不同之处。

《吕氏春秋》之"十二纪"强调的是对时间节律的"因顺",其在春季更有取于道家,夏季更有取于儒家,秋季更有取于兵家与法家,冬季更有取于墨家,依循的是春生、夏长、秋收、冬藏的时间变化。这种依循源自农业文明时代人们对大自然生生不息的无限创造的敬畏与感恩。《淮南子》的《时则训》也涉及时间问题,但几乎就是《吕氏春秋》"十二纪"的抄袭,没有多少创意。《淮南子》显然更关注在空间意义上的"类"的区分。我们来看《淮南子》之《地形训》:

> 凡地形,东西为纬,南北为经。山为积德,川为积刑。高者为生,下者为死。丘陵为牡,溪谷为牝。水圆折者有珠,方折者有玉。清水有黄金,龙渊有玉英。土地各以其类生。
>
> 是故山气多男,泽气多女。障气多喑,风气多聋……谷气多痹,丘气多狂。衍气多仁,陵气多贪。轻土多利,重土多迟。清水音小,浊水音大。湍水人轻,迟水人重。中土多圣人。皆象其气,皆应其类。

此都认为,不同的地形、不同的气候、不同的水土,会生成不同的物象,形成不同的物性。是为"类"。

不同的物类,便要有不同的管治方式。如果说《吕氏春秋》之"十二纪"是取时间变迁的节律以接纳各家成为"杂家",那么,《淮南子》却是依顺在空间(方位)上不同的"类别",容摄不同的学说,让不同的思想体系都得到相应的肯定,从而也得以被称为"杂家"的。

我们来看《主术训》:

> 人主之术,处无为之事,而行不言之教。清静而不动,一度而不摇。因循而任下,责成而不劳。是故心知规而师傅谕导,口能言而行人称辞,足能行而相者先导,耳能听而执正进谏……进退应时,动静

循理。不为丑美好憎，不为赏罚喜怒。名各自名，类各自类。事犹自然，莫出于己。

此所谓"类各自类"者，就指谓在朝廷上不同职位、不同角色自有不同承担，君主无须代劳。这里引入的便是法家的观念。

《主术训》又称：

主道员者，运转而无端，化育如神，虚无因循，常后而不先也；臣道员者，运转而无方，论是而处当，为事先倡，守职分明，以立成功也。是故君臣异道则治，同道则乱。各得其宜，处其当，则上下有以相使也。夫人主之听治也，虚心而弱志，清明而不暗。是故群臣辐凑并进，无愚智贤不肖，莫不尽其能者，则君得所以制臣，臣得所以事君，治国之道明矣。

这些提法已与韩非相近，但是韩非没有宇宙论支撑，只立足于人性"恶"，以为君臣之间完全不可以信任，故其"主术"多偏向于阴谋手段。《淮南子》依托于宇宙生化的类别区分，得以建基于认知上的可接受性；在其确认物类的区分仅只体现为宇宙生化的一种特殊形态，及依因形态不同而对治方式亦需有别时，人的精神生命因为还是可以上调而回归混一不分之道体的，因之，这种对治方式便不会蜕变为权谋术数。这就使《淮南子》与《韩非子》有别。

这种区别，更体现在《淮南子》对儒家的推重中。我们来看《泰族训》：

天地之道，极则反，盈则损。五色虽朗，有时而渝；茂木丰草，有时而落；物有隆杀，不得自若。故圣人事穷而更为，法弊而改制，非乐变古易常也，将以救败扶衰，黜淫济非，以调天地之气，顺万物之宜也。圣人天覆地载，日月照，阴阳调，四时化，万物不同，无故无新，无疏无亲，故能法天。天不一时，地不一利，人不一事，是以绪业不得不多端，趋行不得不殊方。五行异气而皆适调，六艺异科而皆同道。温惠柔良者，《诗》之风也；淳庞敦厚者，《书》之教也；清明条达者，《易》之义也；恭俭尊让者，《礼》之为也；宽裕简易者,《乐》之化也;刺几辩义者,《春秋》之靡也。故《易》之失,鬼;《乐》之失,淫;《诗》之失,愚;《书》之失,拘;《礼》之失,忮;《春秋》之失,訾。六者,圣人兼用而财制之。

这里也涉及时间变迁的问题,但是它侧重的还是古今不同所带来的"类"的差别。因之依然是从"类各自类"出发讨论管治方略的不同。因为"天不一时,地不一利,人不一事",万物在类上的不同是天地演化带出的,因顺这种情况,在管治上才有"不得不多端""不得不殊方"的做法。管治方法上的不同,在被赋予宇宙生化、天道自然的意义之后,便不仅不会坠落为"术数",更且使儒学得以被引入,六经得以"兼用而财制之"。

我们再看《泰族训》所述:

失本则乱,得本则治。其美在调,其失在权。水火金木土谷,异物而皆任;规矩权衡准绳,异形而皆施。丹青胶漆,不同而皆用,各有所适,物各有宜……关雎兴于鸟,而君子美之,为其雌雄之不乖居也;鹿鸣兴于兽,君子大之,取其见食而相呼也。泓之战,军败君获,而《春秋》大之,取其不鼓不成列也;宋伯姬坐烧而死,《春秋》大之,取其不逾礼而行也。成功立事,岂足多哉!方指所言而取一概焉尔。

这里乃是继续强调针对物类或对象的不同需要采取不同的治理方法或行事方式,然已更明确地回归到儒家及其经典所尚的贵族性的人格与风貌上来:情爱要讲求贤德,群居要讲求协同,君子面对殊死争斗要讲求精神气象,妇人面对生死选择要讲求不失礼节。这种种的行事方式虽有不同,但都体现着因顺自然的基本要求。

类的不同集中表现在"性"的特质上。就"人"这一族类而言,它的本性是什么,是怎样的,如何才可以得而治之?《泰族训》称:

故先王之制法也,因民之所好而为之节文者也。因其好色而制婚姻之礼,故男女有别;因其喜音而正雅颂之声,故风俗不流;因其宁家室、乐妻子,教之以顺,故父子有亲;因其喜朋友而教之以悌,故长幼有序。然后修朝聘以明贵贱,飨饮习射以明长幼,时搜振旅以习用兵也,入学庠序以修人伦:此皆人之所有于性,而圣人之所匠成也。

故无其性,不可教训;有其性,无其养,不能遵道……人之性有仁义之资,非圣人为之法度而教导之,则不可使乡方。故先王之教也,因其所喜以劝善,因其所恶以禁奸。故刑罚不用,而威行如流;政令约省,而化耀如神。故因其性则天下听从,拂其性则法县而不用。

《泰族训》这里无疑已经回到了儒家之性善论。我们知道,慎到、韩非曾认定人性本恶,故须取严刑峻法为治。《泰族训》宣示"人之性有仁义之资",因顺这种本性,自当以儒家的仁义之道导引之,"匠成"之,以使天下得以治理。立足于此,《泰族训》一反《主术训》重法术的取向,而称:

治之所以为本者,仁义也;所以为末者,法度也。凡人之所以事生者,本也;其所以事死者,末也。本末一体也,其两爱之,一性也。先本后末,谓之君子;以末害本,谓之小人。君子与小人之性非异也,所在先后而已矣。……

故仁义者,治之本也。今不知事修其本,而务治其末,是释其根而灌其枝也。且法之生也,以辅仁义,今重法而弃义,是贵其冠履而忘其头足也。故仁义者,为厚基者也……今商鞅之启塞,申子之三符,韩非之孤愤,张仪、苏秦之从衡,皆掇取之权,一切之术也,非治之大本。

依《泰族训》"本末一体也,其两爱之,一性也"之说,仁义与法度两者对于治理国家都是不可缺少的,只是必须以仁义为本,以法度为辅,才不会本末倒置,才能使国家长治久安。

《泰族训》是《淮南子》全书的末篇(《要略》为总结,不做末篇计)。《淮南子》开头的几篇如《原道训》《俶真训》《天文训》等,对道家多有张扬,及越往后以至于《泰族训》,儒家的色彩却越浓烈。这种情况,陈静所撰《自由与秩序的困惑——〈淮南子〉研究》一书称:"《淮南子》对待儒家的仁义礼乐至少有三种态度,其一是'羞而不为'的不屑,甚至贬斥……《淮南子》前面几篇道家意味浓重的篇目,往往持第一种否定的态度,如《俶真训》;或者完全漠视,闭口不谈,例如《原道训》就没有出现'仁义'二字。但是越往后,则态度的改变越明显,不仅谈得多了,口吻也在改变,到了最后一篇《泰族训》,已经完全是儒家的口吻。《淮南子》有在道家的立场安顿全书的意图,但是这个意图显然没有被贯彻到底,《淮南子》最终游移于道家的自由与儒家的秩序之间,这是它最基本的理论困境。"① 陈静此说诚然极有见地。

四、道家式的"内圣外王"论

但是,我想,对《淮南子》在理论上的这种矛盾与困惑,也可以从另一个角度审视:《淮南子》开启的也许就是道家式的"内圣外王"论。

尽人皆知,"内圣外王之道"的提法,本来就出自《庄子》,后来为儒家所承接,才构成儒学的理论架构与价值理想。在儒家的脉络里,"内圣"主要指心性的涵养,"外王"则指在个人心性涵养基础上价值信念的逐层向外推开,建构起有道德有秩序(礼)的理想社会。孟子所谓"亲亲而仁民,仁民而爱物"之说、《毛诗大序》"发乎情,止乎礼"之论,即是。《大学》之"八目",更被后人视为儒家"内圣外王之道"的完整表述。"八目"之前四目为"格物""致知""诚意""正心",即为"内圣"功夫,后三目"齐家""治国""平天下"则被认作"外王"追求。因为作为功夫起始的"格物""致知"具有认知的意义而与孔孟从心性涵养出发有别,《大学》开启了儒学的理性路向。但是知识的获取也是为了"修身"—心性涵养,"修身"—心性涵养又被认作"外王"—"齐家""治国""平天下"的基始("壹是皆以修身为本")。故,儒家的"内圣外王之道",总体上都可以归结为从人—主体出发,以人—主体执认的"仁义礼智"作为价值理想,去统一规范与引领外在社会的一套学问。

回过头来看《庄子·天下》篇:

> 不离于宗,谓之天人。不离于精,谓之神人。不离于真,谓之至人。以天为宗,以德为本,以道为门,兆于变化,谓之圣人。以仁为

---

① 陈静:《自由与秩序的困惑——〈淮南子〉研究》,云南大学出版社2004年版,第143页。

恩，以义为理，以礼为行，以乐为和，薰然慈仁，谓之君子。以法为分，以名为表，以参为验，以稽为决，其数一二三四是也，百官以此相齿，以事为常，以衣食为主，以蕃息畜藏为意，老弱孤寡皆有以养，民之理也。

这里《天下》篇把圣贤人物区分为三个层次："以天为宗"的"圣人"、"以仁为恩"的"君子"、"以法为分"的"法术之士"。《天下》篇对后两个层次的人物都有所肯定，但最高层次的"圣人"一定要是"不离于宗"的。这显然是认为，"内圣"并不仅仅是人—主体心性涵养的问题，更应该是上达于天，与天地宇宙贯通的问题，也就是《要略》篇所说的"本"的问题。

及"外王"——圣人之治，《天下》篇称：

古之人其备乎！配神明，醇天地，育万物，和天下，泽及百姓，明于本数，系于末度，六通四辟，小大精粗，其运无乎不在。其明而在数度者，旧法世传之史，尚多有之。其在于《诗》《书》《礼》《乐》者，邹鲁之士缙绅先生，多能明之……其数散于天下而设于中国者，百家之学时或称而道之。

这是说，古代的圣人之治是很完备的，因为它是贯通天地神明、和合天下万物、恩泽百姓万民的。也就是说，"外王"不是人—主体的道德理想外推造就的，而是"以天为宗"下贯于天地宇宙使天下万物获得融和成就的。

降及近世，"内圣外王之道"受阻。《天下》篇感叹：

天下大乱，贤圣不明，道德不一，天下多得一察焉以自好……判天地之美，析万物之理，察古人之全，寡能备于天地之美，称神明之容。是故内圣外王之道，暗而不明，郁而不发，天下之人各为其所欲焉以自为方。悲夫！百家往而不反，必不合矣！后世之学者，不幸不见天地之纯，古人之大体，道术将为天下裂！

在《天下》篇作者看来，"内圣外王之道，暗而不明，郁而不发"，

《淮南子》：道家式的"内圣外王"论

就表现在"天地之美""神明之容""古人之大体"已经丧失殆尽，"百家往而不反""道术将为天下裂"的状况中。在这里，庄子及其后学依然不是从人——主体及于外在社会，而是从天地神明下及人人物物，来省察"内圣外王之道"是否丧失的问题，也就是以宇宙论来审视世间治理的问题。

我们来看《淮南子》。《淮南子》几乎每篇都论及"圣人"，显然亦以成圣为最高追求。其《诠言训》更直接谈及"内圣外王之道"之称：

> 为治之本，务在于安民；安民之本，在于足用；足用之本，在于勿夺时；勿夺时之本，在于省事；省事之本，在于节欲；节欲之本，在于反性；反性之本，在于去载。去载则虚，虚则平。平者，道之素也；虚者，道之舍也。能有天下者，必不失其国；能有其国者，必不丧其家；能治其家者，必不遗其身；能修其身者，必不忘其心；能原其心者，必不亏其性；能全其性者，必不惑于道。

这段话显然就是对《大学》的一种新解。在这一新解中我们无疑看到，《淮南子》追求的"外王"与《大学》有某种相似性，而所说之"内圣"却大有区别。《淮南子》的"内圣"，讲求"节欲""反性"；而"节欲""反性"的功夫，又出于"道"的要求。"平者，道之素也；虚者，道之舍也。""道"以"平""虚"为言，正体现了老庄道家宇宙论的基本取向。如上所说，道家的成圣追求不是从心性开出，而是以宇宙论支撑的。而宇宙的终极本原——道体，被归结为"虚"为"无"，又是通过剥落、抽离散殊的万事万物实现的。《淮南子》借《原道训》《俶真训》等篇章把作为"本"的形上之"道体"推得愈高愈远，无非就是要把"道境"——圣人的境界从混杂的人间世中一层层剥离出来，一级级往上提升，使之变得愈加超拔，愈且深玄。是即道家与儒家不同的"内圣"追求。

及从这样一种"内圣"之境下俯人间世，回落到形下之"末"的"事用"即所谓"外王"层面上，虽与儒家有某种相似处，但不同处也显而易见。

首先，从认知的与操作的角度看，道家之"道体"既然是通过剥落万事万物的差异而求取，为"虚"为"无"的，则从此"道体"回落于万事万物，对万事万物便不会有任何给定。因之，就殊散的、"类各自类"的人间世的操持、导引而言，也自不会有统一的、既定的做法，而只求之因顺事物各自的情势而取不同的应对方式。这些应对方式应只具操作意义,并不体现有价值追求。这也许就是道、儒、法、墨各家在《淮南子》里均得以被引入的原因吧。《淮南子》由此建构的事用—"外王"世界,如同《吕氏春秋》,确实是混杂的,但也可以说是包容的世界。①

其次,从价值认取的角度看,儒家的"外王"追求讲求从人—主体内在本有的同情心、恻隐心向外推出,而成就一个有道德有秩序(礼)的理想社会。就每个个人而言,他既以对他人和社会的全身心的付出为责任、为价值理想,自不需要涉及个人与他人之间如何求得"公""平"的权利问题,故《论语》《孟子》都无涉于"公""平"论;就社群关系而言,同情心、恻隐心的外推是要区别亲疏远近的,且正是这种区别构成为秩序,因之儒家也讲求"爱有等差"。道家不然。道家之"道体"既是抽离了万事万物,也抽离了人—主体的价值信念而成就的,万事万物的差别、人—主体的任何主观喜好,既然都不可以进入"道体",那么,"道体"对万事万物、对人—主体的各别存在,便是无有偏私的。因之,道家在人间世的价值取向上不讲求"差等",而讲求"公""平"。这也是道家与儒家在"外王"问题上的一大差别。

道家与儒家在"外王"问题上,在价值取向上的这一大差别,在老子那里已经可以看到。《老子·五章》说:"天地不仁,以万物为刍狗;圣人不仁,以百姓为刍狗。"所强调的即是"道体"与"体道"的圣人要无所偏私。《老子·十六章》说:"夫物芸芸,各复归其根。归根曰静,是谓复命。复命曰常,知常曰明。不知常,妄作凶。知常容,容乃公,公乃王,王乃天,天乃道,道乃久。"这里所归的"根",也就是作为天地宇宙本原的"道体";从"道体"看万物,自当讲求"容"与"公"。《庄

---

① 《淮南子》"道体"与"事用"的这种关系有似于韩非子。《韩非子·解老》篇称:"道者,万物之所然也,万理之所稽也……万物各异理,而道尽稽万物之理,故不得不化。不得不化,故无常操。无常操,是以死生气禀焉,万智斟酌焉,万事废兴焉……凡道之情,不制不形,柔弱随时,与理相应。"在韩非子这里,也以"空""无"论"道"。但把"道"的内涵"空"去,是为了容纳万事万理的各种变化。在韩非子以"好利恶害"论人性并以此作为解释当时残酷争夺的格局的源头时,作为驾驭这种人性与格局的"道",便只能是"法"。《淮南子》以"空""无"论道,也使"道"面对"事用"的不同类型和不同状况而有不同的变易,但《淮南子》许多时候并不以为人性本恶,在《泰族训》里甚至认为人性本善,故多以儒家论治。更重要的是,韩非子不崇境界追求,而《淮南子》极重境界追求。"道体"以"空""无"为言,是要使"道境"从万事万物的困扰中一层层剥落出来,一重重地得以往上提升。

子·秋水》篇称:"以道观之,物无贵贱;以物观之,自贵而相贱;以俗观之,贵贱不在己。"又称:"以道观之,何贵何贱,是谓反衍;无拘而志,与道大蹇。……严严乎若国之有君,其无私德;繇繇乎若祭之有社,其无私福;泛泛乎其若四方之无穷,其无所畛域。兼怀万物,其孰承翼?是谓无方。万物一齐,孰短孰长?"① 庄子于此亦强调,从"道"的层面俯视万物,"万物一齐",不会出现"私德""私福"的差别,不存在贵贱或短长的价值区分。及《管子·心术下》称:"是故,圣人若天然,无私覆也,若地然,无私载也。私者,乱天下者也。"此又直接以"天无私覆,地无私载"论"公"。继之,《吕氏春秋·离俗览·上德》称:"故古之王者,德回乎天地,澹乎四海,东西南北,极日月之所烛,天覆地载,爱恶不臧,虚素以公,小民皆之,其之敌而不知其所以然,此之谓顺天。"《淮南子·原道训》称:"是故至人之治也,掩其聪明,灭其文章,依道废知,与民同出于公。"此都以"公"为所尚,且以"公"的价值追求上诉于"天覆地载"的无私性及作为本原的"道体"的"虚素"性。

显见,《淮南子》的理论建构,通过把形上之"本"与形下之"末"两端整合起来,其实也体现着一种"内圣外王"的追求,只是它展示的是与儒家有别的道家式的"内圣外王"而已。如把两种有别的"内圣外王"追求以简单的图示显示之,亦可以编排如下:

	形而上—内圣	形而下—外王	
孔孟儒学	仁爱之心	爱有等差	
			—一体之仁(宋明儒学)
道家—黄老学	虚无之境	公平公正	

这个图显示,孔孟儒学是讲"爱心"(亲亲之情、恻隐之心)的,但因为有亲疏远近之别而难免"爱有等差";道家—黄老学是讲"公平"(天无私覆,地无私载)的,但因过分强调"圣人不仁",不免有冷漠之嫌。及宋明儒学,自张载起多讲"一体之仁",此"一体"显然有取于道

---

① 陈鼓应:《庄子今注今译》,中华书局1983年版,第424-425页。

家①,彼"之仁"则无疑源出于儒学②。宋明儒学诚然为融汇儒道各家的产物。

附论

值得注意的是,西方近代所尚的公平、平等观念,也是通过"抽离"的方法确认:以"自然状态"把"人"从"神"那里抽离开来,以"单独个人"把"人"从"群"那里抽离出来,再以"权利个体"把"人"从种种在精神教养上的差别抽离,而还原"人"为一个个赤裸裸的利欲存在。西方在这一意义上求取的权利平等,必然把"人"卷入在权利上的激烈争夺与在精神价值上的陷落。如果说"上帝死了",那么还有什么力量支撑把人往上提升?道家不然。道家用"道体"把人往上提升,使个人不至于为利欲争夺所驱迫,才讲世间的公平、平等。如果说现代社会不可以不讲公平、平等,那么,道家的"内圣外王"之道实更具参照性。

(本文原为个人著作《道家哲学略述——回归自然的理论建构与价值追求》第二章中之一节,该书已于2015年由巴蜀书社出版,并提交由北京大学道家文化研究中心等单位举办的"老庄思想的多样性与道家文化的多元性"学术研讨会,略有改动)

---

① 依《庄子·天下》篇所记,惠施已有"泛爱万物,天地一体也"之说。惠施似乎已兼容儒道两家。

② 张载《正蒙·乾称篇》称:"乾称父,坤称母;予兹藐焉,乃混然中处。故天地之塞,吾其体;天地之帅,吾其性。民,吾同胞;物,吾与也。""民胞物与"即为"一体之仁";之所以可以视为"一体",即源于"天无私覆,地无私载"之宇宙论。

试论道家的"平等"观

一

先秦时期由孔子创立、孟子弘扬的儒家，不太涉及"公平""平等"这类权利观念。《论语·季氏》有称："丘也闻有国有家者，不患寡而患不均，不患贫而患不安。盖均无贫，和无寡，安无倾。"[①] 按，孔子这段话是就季氏已占有鲁国二分之一的领土，还想伐取属于鲁国辅臣的颛臾的一小块土地而提出批评。但因为孔子提升到"有国有家者"的普遍意义上说，也常被指认为孔子有"均贫富"[②] 的思想。即便如此，孔子也只是对施政者提出的要求，无关乎个人的权利问题。孔子、孟子都不太有权利意识。

孔子、孟子不太有权利意识，这不是他们的缺失，而是因为：就每个个人而言，他们认为只应关切"仁爱"的付出、"仁心"的推及，无须考量别人会如何回馈，自亦无意于要求别人如何给予平等的对待。也就是说，孔孟儒学有意于尽义务，无意于谋权利。

及"仁爱""仁心"如何向外付出、推及，则又不可避免关涉到亲疏远近、上下左右的区分。如孔子说的"君子笃于亲，则民兴于仁"[③]，孟子说的"亲亲而仁民，仁民而爱物"[④]，是即承认亲属远近区分的正当性。

---

① 朱熹注此句称："寡，谓民少。贫，谓财乏。均，谓各得其分。安，谓上下相安。季氏之欲取颛臾，患寡与贫耳。然是时季氏据国，而鲁公无民，则不均矣。君弱臣强，互生嫌隙，则不安矣。均则不患于贫而和，和则不患于寡而安，安则不相疑忌，而无倾覆之患。"（《四书章句集注》，中华书局1983年版，第170页）朱子以"均"对应"贫"，"寡"对应"安"，莫如钱穆说："不患寡而患不均，不患贫而患不安：此两句当作不患贫而患不均，不患寡而患不安。下文云均无贫，承上句言。和无寡，安无倾，承下句言。"（《论语新解》，生活·读书·新知三联书店2002年版，第428页）

② 然依朱熹释"均，谓各得其分"，则"均"并无"均贫富"之意，实指依各自的"名分"而得其所应得。

③ 《论语·泰伯》。

④ 《孟子·尽心上》。

由之便不能不允诺"爱有差等"。待这种差等一旦与权力相涉,甚至会滑落为确认等级统治。儒学后来多被诟病,盖源于此。

这就意味着,谈及"平等",必须抽离远近亲疏的区分,上下左右的差别,才得以确立。

道家学派就从这里,开启了自己关于"平等""公平"一类的独特的理论建构与价值追求。

二

由老子开创、庄子发扬的道家理论体系,毫无疑问并不是专门为了确认"平等""公平"这一类观念而建构起来的。它发源于春秋战国时期社会的激烈动荡及对引发动荡的原因的反省。

春秋战国时期社会的激烈动荡,在老庄看来是由人们欲望的释放引起,由智力的开启加剧,而表现为矛盾冲突的愈益加剧和战争的残酷性的愈益加码。面对现实的这种状况,老子以为孔子以"仁爱""仁心"去救世难有成效。他追求从充满争夺的污浊世间退出,去过隐居的生活,冷眼旁观世间的变幻,并对世间变幻持一种批判的态度。而支撑他这种追求的,便是他的以"无"为"道"的形上学—宇宙论。老子称:"天下万物生于有,有生于无。"[①] 这一说法确认的,就是这种以"无"为"道"的形上学—宇宙论。老子以"朴"指"无"称"道"[②],即表示唯有把心境上提到"无"的层面上,才得有价值的安顿。及宇宙之演化,"道生一,一生二,二生三,三生万物"[③],已意味着日渐散落于矛盾对待中,备受矛盾冲突的支使而失去本真,堕为器用。器用既为"朴散"而后生发,并无本真的意义,便不可寄寓有价值的取向。《老子·二十八章》称:"朴散则为器,圣人用之则为官长。"王弼注释:"朴,真也。真散则百行出,殊类生,若器也。圣人因其分散,故为之立官长。以善为师,不善为资,移风易俗,复使归于一也。"《老子·三十二章》又称:"始制有名,名亦既有,夫亦将知止,知止可以不殆。"王弼注释:"始制,谓朴散始为官长

[①] 《老子·四十章》。
[②] 《老子·二十八章》称:"朴虽小,天下莫能臣。"这里的"朴"即指"无"说"道"。以"朴"为说,实表达了价值上的认同。
[③] 《老子·四十二章》。

之时也。始制官长，不可不立名分，以定尊卑，故始制有名也。过此以往，将争锥刀之末，故曰：'名亦既有，夫亦将知止'也，遂任名以号物，则失治之母也，故'知止所以不殆'也。"老子和王弼的这些提法，都指认"朴散"而后生发的各别（殊类）之物，及为对应各别之物所取的种种施设（名分与官长），只是一种工具性的"器用"，并无真的意义。因为世间万物及施设都无真的意义，自当不取价值立场予以分判。

于此我们可以看到，老子借以"无"为"道"的形上学—宇宙论支撑，得以把心境从纷乱的世间万物抽离出来，往上提升而寄寓自己的价值追求；而从以"无"为"道"的层面俯看形下的世间万物，因为对世间万物不再做远近亲疏、上下尊卑的价值区分，便可取公平的态度；从公平的态度对待万物，万物如何发生发展，便只是顺其自然而已。《老子·十六章》称："夫物芸芸，各复归其根。归根曰静，是谓复命。复命曰常，知常曰明。不知常，妄作凶。知常容，容乃公，公乃王，王乃天，天乃道，道乃久，没身不殆。"

老子这里都指回归（或上提）到"道"（"无"）的层面，即回归到"静""常"（不变）的层面，也就回归到无所不包容、无不以公平的态度对待世间万物的层面。《老子·五章》又称："天地不仁，以万物为刍狗；圣人不仁，以百姓为刍狗。"此亦说的对万物、对百姓不再取远近亲疏的情感态度与价值区分。《老子·二十五章》"人法地，地法天，天法道，道法自然"，《老子·五十一章》"道之尊，德之贵，夫莫之命而常自然"等说法又指不以主观喜好对待万物，仅依万物的自然—本然状态行事。这也都是确认，对万物只应取客观的与顺适的态度。

显然，老子已经传递出对世间万事万物做"公平""平等"对待的意向，只是还没有以"一体""齐同"等观念标示之。来到庄子，这些观念被鲜明地凸显出来了。

三

庄子认为，世间万物的种种差别与区分，都是人从自己的认知或价值的需要做出的，因而都是不能成立亦且毫无意义的。

且先说认知。

庄子揭明人的认知就是靠不住的。世间所有事物，都是被放置于对待关系中，才得以成其为彼此的。但是，对待关系是复杂多样、变化不定的，彼此的区分又如何可定？庄子说："物无非彼，物无是非。自彼则不见，自是则知之。故曰彼出于是，是亦因彼……是亦彼也，彼亦是也。"①

庄子此间说的就是："夫知有所待而后当，其所待者特未定也。"② 既然认知的对象本身就是不确定的，认知的可靠性如何可能呢？

认知不仅有待于认知对象，还有待于认知主体。在现实世间人们经常会看到，不同人、不同认知主体，对同一认知对象，因为角度的不同就会有不同认识；即便同一个人、同一认知主体，面对同一认知对象，因为情景的不同也会有不同认识。然则，我们又当以哪一个人、哪一主体在哪一情景下给出的认识是确当的呢？庄子说：

> 以道观之，物无贵贱；以物观之，自贵而相贱；以俗观之，贵贱不在己。以差观之，因其所大而大之，则万物莫不大；因其所小而小之，则万物莫不小。知天地之为稊米也，知毫末之为丘山也，则差数睹矣。③

庄子这里说的就是认知角度的不同便会有认知上的不同。庄子又说道：

> 予恶乎知说生之非惑邪？予恶乎知恶死之非弱丧而不知归者邪？丽之姬，艾封人之子也，晋国之始得之也，涕泣沾襟。及其至于王所，与王同筐床，食刍豢，而后悔其泣也。予恶乎知夫死者不悔其始之蕲生乎？④

庄子于此以丽姬入王宫前后的不同感受喻生死之间也许会有不同的感知。其用意也在揭明同一个人、同一主体在不同情景下认知的不同，来暴露认知的不可靠性。

又且说价值。

---

① 《庄子·齐物论》。
② 《庄子·大宗师》。
③ 《庄子·秋水》。
④ 《庄子·齐物论》。

庄子认为,人对好坏善恶美丑的区分,其实更无真实意义。他举例说:

> 民湿寝则腰疾偏死,鳅然乎哉?木处则惴慄恂惧,猨猴然乎哉?……毛嫱西施,人之所美也;鱼见之深入,鸟见之高飞,麋鹿见之决骤。四者孰知天下之正色哉?①

就是说,既然不同主体对什么是好的住处(正处),什么是美的姿色(正色),看法极不相同,即见价值判断的绝对主观性。庄子还编"狙公赋芧"故事比喻之:

> 狙公赋芧,曰:"朝三而暮四。"众狙皆怒。曰:"然则朝四而暮三。"众狙皆悦。名实未亏而喜怒为用,亦因是也。②

"名实未亏"即谓每个猴子所得其实是一样的,"喜怒为用"则指由是却无端端地做出了价值的分判。价值之分判无真实意义于此甚明。

人世间的一切认知上的论定和价值上的判分既然都不可靠,都无真实意义,都是"师成其心"造作出来,更且是为了达到个人的种种功利的目的而渲染起来的,然则,我们何必为世间这些种种是与非、好与坏的争持所纠缠,所陷溺呢?庄子由是得以与老子一样,把自己的精神追求从污浊世间挣脱而往上提升。庄子醉心于"逍遥游"。"逍遥游"之境正是通过"无己""无功""无名",离弃世间种种名位的争夺才得以实现的。而一旦离弃世间种种争夺,把精神追求往上提升之后,再看世间是非好坏的分判,便觉得毫无意义了。庄子以"齐物"为论,反复申述:

> 以指喻指之非指,不若以非指喻指之非指也;以马喻马之非马,不若以非马喻马之非马也。天地一指也,万物一马也。

---

① 《庄子·齐物论》。
② 《庄子·齐物论》。

又谓：

> 物固有所然，物固有所可，无物不然，无物不可。故为是举莛与楹，厉与西施，恢恑憰怪，道通为一。其分也，成也；其成也，毁也。凡物无成与毁，复通为一。唯达者知通为一。①

这都是说，世间种种彼此、物我、成毁的区分，都是不足道说的。都可通而为一。亦即是说，都可以以"齐一"或"齐平"的眼光看待之、容含之。

《庄子·天下》篇概述庄子的思想称：

> 以天下为沉浊，不可与庄语。以卮言为曼衍，以重言为真，以寓言为广。独与天地精神往来而不敖倪于万物，不谴是非，以与世俗处。……其于本也，弘大而辟，深闳而肆；其于宗也，可谓稠适而上遂矣。虽然，其应于化而解于物也，其理不竭，其来不蜕，芒乎昧乎，未之尽者。

这是说，一方面，庄子因为深感世间的沉浊，而力求把自己的价值追求往上提升，达至"独与天地精神往来"的境界。另一方面，到达这种境界之后，往下即便可以"不敖倪于万物"，不以是非好坏对万物做区分，而得与平等地相处。所谓"其应于化而解于物"者，即谓可以因应万物的变化，一体地予以接纳，有以包容。

庄子的"齐物"之论、"一体"之说，把老子对万物的顺适观念所隐含的"公平""平等"意向做了进一步的拓展。

四

老子、庄子面对社会的激烈动荡取批判的态度，关切的是自身精神追求的往上提升；公平意识、一体观念，是自身精神追求往上提升之后对世间万物和人事所取的顺适性态度。他们并不着意于用这种观念对现实社会做正面的建构。及以老子的顺适自然思想为起点发展起来的黄老思潮，则

---

① 《庄子·齐物论》。

力图把老子对社会与文化的批判立场转换为正面建构的立场。与此相应，"公平""公正""平等"一类观念也被引为对社会与国家做正面建构的理念了。

《管子》一书中的《内业》《白心》和《心术》（上下）诸篇，被学界判认为早期黄老思潮的代表之作。①《内业》篇称："天主正，地主平，人主安静。"这种说法把世间的"正""平"观念上诉于天地，即在于使"正""平"观念获得客观化意义。《心术下》称："是故圣人若天然，无私覆也；若地然，无私载也。私者，乱天下者也。"这是从天无私覆地无私载的观念说明"公""平"的正当性，已有似于西方近代热衷讲的"人生而平等"的观念。《管子》以为治国的圣人当以之为效行，又即把"公""平"观念引为治国的基本理念。

降及《吕氏春秋》，更撰有《贵公》《去私》等篇专论"公平""去私"为治国之大要。《贵公》篇写道：

> 昔先圣王之治天下也，必先公，公则天下平矣；平得于公。尝试观于上志，有得天下者众矣，其得之以公，其失之必偏。凡主之立也，生于公……天下。非一人之天下也，天下之天下也。阴阳之和，不长一类；甘露时雨，不私一物；万民之主，不阿一人……故老聃则至公矣。天地大矣，生而弗子，成而弗有，万物皆被其泽，得其利，而莫知其所由始。此三皇五帝之德也。

吕子于此亦以天地阴阳生物无私论"公"，并以为唯"公"才可以得天下。"公"与"平"的关系，唯"公"才能"平"，又唯"平"才体现"公"。"平"者均平、均等。故公正与公平、平等，为同一层次的概念。及本篇称："天下非一人之天下，天下之天下也。"这诚然把"公平"观念推向了极致，体现了中国古典文明的伟大创意。

---

① 《管子》这四篇作品，作者是谁，学界有争论。郭沫若于1944年撰写的《宋钘尹文遗著考》一文曾认定为宋钘尹文所写。冯友兰、张岱年诸先生均不认同。冯友兰之考辨见所撰《中国哲学史新编》第二册第十七章，张岱年之考辨见所撰《管子的〈心术〉等篇非宋尹著作考》（见《道家文化研究》第二辑，上海古籍出版社1992年版），蒙文通撰有《略论黄老学》（见《古学甄微》，巴蜀书社1987年版），陈鼓应撰有《管子四篇诠释——稷下道家代表作》（三民书局2003年版），均认为管子四篇属黄老思潮，学界多予认同。

"公平""平等"的观念,又必然体现为对不同的学派、不同的理论与不同的利益追求的包容性。《吕氏春秋·十二纪》在强调政治运作与生活安排应该顺适天地宇宙——自然世界一年四季十二个月的变迁规律为导向时,在理论的认取上,以为春季讲"生",就应该引入道家以助"生";夏季讲"长",便可以引入儒家以助"养";秋季重"收",又可引入法家与兵家以助"收";冬季重"藏",则可以引入墨、儒等家以敛"藏"。由是,吕子得被指为"杂家"。这正好表明,吕子对各家都取兼容并蓄的一种"平等"的立场。

而把"公平""平等"观念直接应用于国家制度的建构的,则为深受老子和黄老思潮影响的法家。

五

引入黄老思潮作为法家思想资源之一的领先人物,当数慎到。据《庄子·天下》篇记,慎到一派主张"齐万物以为首"。其称述:

> 天能覆之而不能载之,地能载之而不能覆之,大道能包之而不能辩之。知万物皆有所可,有所不可,故曰:选则不偏,教则不至,道则无遗矣。

按,"齐万物"原为庄子所说。庄子是通过认知反省,消解万物的差别以确认万物的"齐同"或"齐一"的。慎到等人之说稍有不同,他们是承认天地万物各有差别,各有所可有所不可,人们应该对之不做价值上的分判与选择,而取在平等地对待、全体地予以包容的意义上讲"齐同""齐一"的。《庄子·天下》篇又论,慎到主张"弃知去己,而缘不得已",所强调的亦是客观地审视万物,对万物不以主观的喜好做主观的抉择。最客观、最公平地对待万物的做法便是一切依循于公共之法。故慎到称:

> 故有道之国,法立则私议不行,君立则贤者不尊。民一于君,事断于法,是国之大道也。①

---

① 《慎子·逸文》。

"民一于君",这在古典社会有所不免。但君主不可以听从各种"私议"的摆布,不能够听任各别"贤者"的纷扰,而一断于法。这就确保了国家管治的客观性与公正、公平性。慎到又称:

> 寄治乱于法术,托是非于赏罚,属轻重于权衡。不逆天理,不伤情性。不吹毛而求小疵,不洗垢而察难知。不引绳之外,不推绳之内;不急法之外,不缓法之内。守成理,因自然,祸福生乎道法,不出乎爱恶;荣辱之责在乎己,而不在乎人。①

这里,慎子"不引绳之外""不急法之外"的提法,简直把"在法律面前人人平等"的观念强调到了极点。

法家集成者韩非子显然对慎子多有承接。

孔子、孟子讲亲亲、仁民、爱物,立足于人在社群生活中孕育的情感与爱心,表现为一种理想人格与理想社会的追求。韩非子及其老师荀子直面当时残酷的利益争夺,已很难相信人与人之间还有爱心。他们认定人性本恶。人性本恶,意味着人与人是区隔的,不能用情感去融合,辖统手段只能一依于法。"性恶"论实际上为客观同一的法治管治制度奠定了理论基础。韩非称:

> 法不阿贵,绳不挠曲。法之所加,智者弗能辞,勇者弗敢争。刑过不避大臣,赏善不遗匹夫。②

这就是说,在法的面前,智者与勇者、大臣与匹夫,所有才能与身份的区分,都不顾及。唯一的衡量标尺是公开的、具客观划一意义的法。

韩非子又专门论及对执法的官员的监管问题。他承继申不害的主张,把监管手段称为"术"。韩非子称:

> 今申不害言术,而公孙鞅为法。术者,因任而授官,循名而责

---

① 《慎子·逸文》。
② 《韩非子·有度》。

实,操杀生之柄,课群臣之能者也。此人主之所执也。①

以往学界多用韩非子认定"术"为"人主之所执也"且带有阴冷的一面而对韩非子多予批评。然而,西方学者如顾立雅、葛瑞汉等均以为这其实可以算是文官考试(考核)制度的源头。葛瑞汉于所撰《论道者——中国古代哲学论辩》一书中指出,法家韩非一统于法的思想,已经实现了政府管治制度由儒家的人格化(依靠道德榜样)向非人格化的转变。及申不害、韩非的"术"的观念,葛瑞汉写道:

> 申不害所谓以能力而非宠信授官的学说,系出自墨家的"选贤与能"的原则。申不害的新鲜之处在于被韩非总结为"循名而责实","课群臣之能者也"的学说。能力的考察在中国开始变得与政府组成总是息息相关,并导致自汉以降的文官考试制度的发展。由于欧洲只是了解了被18世纪启蒙思想家(philosopher)理想化的中国制度之后才采用文官考试制度,人们也许会同意顾立雅(Creel)把申不害视作对当今世界性的官僚政治建构十分关键的文官考试制度的鼻祖。至于考核名实,考察执政者的实际行为与名分的文字规定[官职头衔,他应该服从的普通法(general law)或特殊命令,他保证履行的自己的任何计划],是把全部政府职能简化为客观与精确标准的自动运作的法家政治设计的基本内容。②

依葛瑞汉这里的论述,申不害、韩非等法家人物倡设的"术"(含法)的观念最重要的意义在于把全部政府职能简化为客观与精确标准且自动运作的"一套规则",而所谓"客观与精确标准"的,即是客观细密而划一的。自是,"法""术"的政治施设,体现有一种在权利上的人人平等(平均)性。顾、葛二氏由之对法家做了充分的肯定性评价。

---

① 《韩非子·定法》。
② [英]葛瑞汉著:《论道者——中国古代哲学论辩》,张海晏译,中国社会科学出版社2003年版,第325页。

六

降及西汉，黄老思潮在《淮南子》一书中又有进一步的发展。

按，原先在《管子》诸篇、《吕氏春秋·十二纪》那里，更多关注的是把老子的"道法自然"，释为如何依客观世界的自然节律行事，而较少顾及老子指"道"为"无"所给出的价值追求及韩非乃至把"道"指为治国之术，强调治国一依于客观统一之"法"。他把价值追求指之为"毒"，尤显对价值意识的极端排斥。

《淮南子》不然。《淮南子》重新回到老子并引入庄子，以大量文字论说天地宇宙在原初层面上的"无"，甚至把"无"推得更古久、更遥远。如《天文训》即称："天地未形，冯冯翼翼，洞洞灟灟，故曰太昭。道始于虚廓，虚廓生宇宙，宇宙生气。"天地万物的化生似乎经历了一个由虚廓到宇宙到气的过程。《淮南子》的编撰者们的这一说法显然并不着意于宇宙生化的客观性，而更用心于通过"返性于初"建立起价值追求。《俶真训》写道：

> 是故圣人之学也，欲以返性于初，而游心于虚也。达人之学也，欲以通性于辽廓，而觉于寂漠也。若夫俗世之学也则不然，擢德搴性，内愁五藏，外劳耳目，乃始招蛲振缱物之豪芒，摇消掉捎仁义礼乐，暴行越智于天下，以招号名声于世。此我所羞而不为也。

此以"返性于初，而游心于虚也"为至境，"羞而不为"于世俗社会的种种功名利禄（含仁义礼乐）。即显示《淮南子》重新回到老庄的价值本怀。

及回归到老庄的价值本怀，把精神追求安立于"返性于初"，再回落到世间，则只是"因循"而已。《主术训》称：

> 人主之术，处无为之事，而行不言之教。清静而不动，一度而不摇。因循而任下，责成而不劳。……进退应时，动静循理。不为丑美好憎，不为赏罚喜怒。名各自名，类各自类。事犹自然，莫出于己。

这里所谓"因循""不为丑美好憎，不为赏罚喜怒"，也即指在世间行事一切顺适客观状况，不取价值立场，不把好憎喜怒之主观情感夹带进去。

然而，不同类的事物，其性质、功能是不同的。对所有事物不做主观的情感区分与价值取舍意味着什么呢？意味着要一体地予以包容。《精神训》称：

> 夫天地运而相通，万物总而为一。能知一，则无一之不知也。不能知一，则无一之能知也。譬吾处于天下也，亦为一物矣，不识天下之以我备其物与，且惟无我而物无不备者乎。

这段话显然表达了对孟子思想的不满。孟子主"万物皆备于我"，《淮南子》本篇认为那是确认"有我"的。然而，"有我"必与"万物"有所区隔，只有"无我"才可以与万物"总而为一"。《淮南子》这里的用意就在于消解物我之分别而求物我之一体的平等性。

又，《淮南子·泰族训》写道：

> 圣人天覆地载，日月照，阴阳调，四时化，万物不同，无故无新，无疏无亲，故能法天。天不一时，地不一利，人不一事，是以绪业不得不多端，趋行不得不殊方。

此所谓"圣人天覆地载"者，指已经"返性于初"的得道者是可以平等地包容天地万物的。而之所以可以做到平等地对待与包容万物，是因为他对"故"与"新"、"疏"与"亲"不取价值的立场。平等的观念在这里再次被确认为对经验世界的一种客观的与包容的态度。

圣人的价值追求是通过"返性于初"获得的，他的精神境界是安顿在"无""虚"的层面上的。及回落到"有"的世界，回落到天地万物中，就可以取客观的态度，以"一体"地包容与"平等"地对待的方式处置之。于此，《淮南子》显然构造了相互区隔的两重世界，衍演出道家式的"内圣外王"说。《诠言训》写道：

> 为治之本，务在于安民；安民之本，在于足用；足用之本，在于勿夺时；勿夺时之本，在于省事；省事之本，在于节欲；节欲之本，

在于反性；反性之本，在于去载。去载则虚，虚则平。平者，道之素也；虚者，道之舍也。能有天下者，必不失其国；能有其国者，必不丧其家；能治其家者，必不遗其身；能修其身者，必不忘其心；能原其心者，必不亏其性；能全其性者，必不惑于道。

按，《大学》所讲的"内圣"，是从"格物致知"开始的。"格物致知"讲求对世间物事的区分。《大学》称"物有本末，事有始终"，即是一种区分。依此进入"诚意正心"乃至"修身"，必亦以区分为基础。及"修身"后之"外王"开显，从"齐家"到"治国"而"平天下"，也讲求"次第"。有区分，讲"次第"，自当不以"一体""平等"为所尚。《淮南子》这段话不然。在价值追求上，它讲"反性（之初）"；而"反性之本"在"去载"，去除个人各种欲望和族群与社会种种关系加于心性的负载；去除负载，心性得以"虚"化，"虚"化而后得以等"平"。其称"虚者道之舍"，即指"道"以"虚"为"体"；而"平者道之素"则指由"虚"，由去除对世间人人物物的价值区分与取舍，才可以有对世间人人物物的公平对待。"内圣"讲"虚"，"外王"讲"平"。《淮南子》所示即为道家式的"内圣外王"之道。从"平等"观念发生发展的角度看，也可以说，《淮南子》使道家的"平等"意识获得了比较完整的表述。

七

把道家如上所述的"平等"意识与西方近代以来提倡的"平等"观做一比较，是非常有趣的话题。

西方近代由政治自由主义建构的"平等"观，实际上是从以下三个论说出发的："自然状态""每个个人""利益个体"。"自然状态"的论说立意在与"神"切割，让人解放出来；"每个个人"的论说用心在与"群"切割，让个人独立起来；"利益个体"的论说则致力于把人的形上价值追求抹去，往下拽落，单一化与平均化为"好利恶害""趋乐避苦"的利欲追求者。洛克称：

> 为了正确地了解政治权力，并追溯它的起源，我们必须考究人类原来自然地处在什么状态。那是一种完备无缺的自由状态，他们在自然法的范围内，按照他们认为合适的办法，决定他们的行动和处理他

们的财产和人身，而毋需得到任何人的许可或听命于任何人的意志。①

洛克这里就从"人类原来自然地处在什么状态"出发讨论问题，并把这种状态视为"一种完备无缺的自由状态"。卢梭则称：

> 一切社会之中最古老而又唯一自然的社会，就是家庭。然而孩子也只有在需要父亲养育的时候，才依附于父亲。这种需要一旦停止，自然的联系也就解体。孩子解除了他们对于父亲应有的服从，父亲解除了他们对于孩子应有的照顾以后，双方就都同等地恢复了独立状态。如果他们继续结合在一起，那就不再是自然的，而是志愿的了；这时，家庭本身就只能靠约定来维系。②

卢梭这里把父子亲情关系也指为利益性的"契约"关系，是即把"个人"从"群"分离出来了。由之，"自然禀赋给每个个人的平等权利"的观念得以成立。所谓"天赋人权"即是。

按，西方政治自由主义由此建构的"平等"观，与道家的"平等"观不无相近之处。例如：借"自然状态"的论说否弃神的意志支配而回落到人的生存的现实处境；借"每个个人"的论说摆脱群族共同体的价值拘限而得以赋予公权力以客观划一的意义；等等。就是说，在追求把现实世界种种事理客观化，不允诺夹带价值喜好等方面，二者都有相似处。及把客观化的要求进一步落实，便有一切付诸无情且划一之律法，道家之走向变而为慎到、韩非法家，政治自由主义之走向乃至于把律法贯彻于"生活世界"而使之"殖民化"，两者之走向也有相似处。

然而，道家毕竟是古典学问。道家学者面对杂乱、庸俗乃至污浊的现实世界，深感情感与价值追求无以寄托，但并未放弃"至善"的追求。他们面对现实世界取客观、顺适、包容与公平的态度，但是他们每个个人又都以"无"的宇宙论为支撑，以"返性于初"的修持功夫，力求把自己往上提升。而西方政治自由主义却缺失了"无"的指引，在他们完全回落于"有"，并把"有"简单化为每个个人的权利与欲望时，残酷的争夺便

---

① ［英］洛克著：《政府论》（下篇），瞿菊农、叶启芳译，商务印书馆1993年版，第6页。
② ［法］卢梭著：《社会契约论》，何兆武译，商务印书馆2003年版，第5页。

必不可免。过去他们还执认有神的搭救，待一旦认定"上帝已死"，人们将如之何？

而且如果把我们以上的检讨做进一步的展开，我们可能还涉及包括道家中的黄老思潮在内的客观化追求带出的问题。现代社会热衷于舍弃价值追求，讲求"价值中立"，把一切交给客观知识去处理，意味着什么呢？客观知识讲求公共化与划一性，人的活泼泼的情感生活、人的爱与憎、人的不同的个性追求，本已失去正当性。及当人的一切行为由计算器操控都被转换为"数法"，每个个人就只不过是一组数字。我是谁？我在哪儿？我们还能找到答案吗？天地宇宙何等用心创造了人类，把人类弄成最有聪明才智的一族，可是人类却用聪明才智把自己埋葬。庄子当年感叹："悲夫，百家往而不反，必不合矣！"[①] 这果真会成为现实吗？

（原载《中国哲学史》2018 年第 1 期）

---

① 《庄子·天下》。

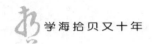

王弼《老子注》与王夫之《老子衍》的比较与评述

王弼的《老子注》,历来被认作从道家立场阐释《老子》最清晰的一种著作,而广受关注。王夫之作为儒家的圣贤人物,所写《老子衍》,人们却少有论及。王夫之于《老子衍·自序》中明确称道,其释读老子是要做到"入其垒,袭其辎,暴其恃,而见其瑕"的,又指认老子"其瑕"兼及三者:"激俗而故反之,则不公;偶见而乐持之,则不经;凿慧而数扬之,则不祥。"① 其批判老子之严厉,与王弼注对老子之高扬,形成强烈对比。出于对这种对比的兴趣,而有本文疏浅之评说。

一

我们还得先回到《老子》本文。

我们都知道,《老子》本文对道与物、无名与有名的区分,为形上与形下的区分。这种区分透显的价值意识,是以为物的、可以为经验知识(名)把捉的世界,是充满矛盾、极不确定,也极其污浊的世界;人的终极性的价值追求,只能寄寓于"与物反"的、经验世界之外之上的形上世界。这个世界老子以"道"为说。无疑,在中国哲学史上,老子是第一位建构了形上学的思想家。

那么,这个"与物反"的,在经验世界之外之上建构起来的形上之道,是从何开出的呢?《老子》本文从宇宙论和本体论两种途径开出。

所谓从宇宙论开出,就是追溯到天地万物生化的终极本原,把终极本原指认为形上之道。如《老子》所说:

> 道生一,一生二,二生三,三生万物。万物负阴而抱阳,冲气以

---

① 〔清〕王夫之:《老子衍·自序》,见《船山全书》(第13册),岳麓书社1996年版,第15页。

王弼《老子注》与王夫之《老子衍》的比较与评述

为和。①

天下万物生于有，有生于无。②

老子的这些话语，均属宇宙论。老子把由道到物、由无到有的变迁视为坠落，以"朴散则为器"③ 揭明之，即表达了只有"复归于无物"④ 之道才可以安顿价值的基本立场。

而所谓从本体论开出，则是借知识建构所取的共相与殊相在内涵与外延的关系区分而确立。道要涵盖所有以殊相的方式显示的人人物物，在外延上自是最大的；外延最大，大到无所不包，可称为"有"，则内涵必须最少，以至于"无"。道被指称为"无"，是即取共相内涵而确立。⑤ 在这方面老子亦多有表达。如《老子·一章》开头所说："道可道，非常道；名可名，非常名。"即以对知识建构的反省为入路，确认作为共相的道因为"无"（无殊相的任何特征），而不可以在经验认知上给出。看老子以下提法：

道常无名，朴虽小，天下莫能臣也。⑥

---

① 《老子·四十二章》，王弼注本。以下所引《老子》，凡未注明其他版本，均取王弼注本。
② 《老子·四十章》。
③ 《老子·二十八章》。
④ 《老子·十四章》。
⑤ 冯友兰于其所著《中国哲学史新编》第四册第三十七章"通论玄学"部分中写道："'有'是一个最大的类名，它的内涵就很难说了。因为天地万物除了它们都'存在'以外，就没有别的共同性质了。所以这个最高类，只能称为'有'，这个最高类的规定性，就是'没有规定性'。所以'有'这个名的内涵也就是没有规定性。实际上没有，也不可能有没有任何规定性的东西。这就是说实际上没有，也不可能有不是任何东西的东西，这样也就是无了。直截了当地说，抽象的有就是无。"（人民出版社1980年版，第31页）于此，冯先生也把王弼"以无为本"的本体论架构看作一个逻辑问题。依逻辑推测，其谓"抽象的有就是无"诚是。但冯先生的某些表述尚待商榷。如称"'有'这个名的内涵也就是没有规定性"，殊不知"有"作为确认万物的"存在"的概念本身即可构成万物共同而唯一的规定性。说"有"即同于"无"只可以就"有"作为一大共名没有任何具体规定性而论，不可以"有"即指没有任何规定性而言。再者，冯先生把玄学之"有""无"问题完全归于知识论中共相与殊相、一般与特殊的关系问题，此亦不妥。虽然，依逻辑抽象而言，"有"由于无任何具体规定性可以转"无"，但把"本体"归之于"有"或归之于"无"还是不同的。归之于"有"，更倾向于入世，更容易容纳知识论；归之于"无"，却力求遁世或出世，为此又需超越知识论，其本体追求最终要归结为境界追求。
⑥ 《老子·三十二章》。

这里的"道常无名",就因为"道"没有任何具体内涵,无法命名;没有内涵不能以种种花式表现出来,自亦为"朴"。"朴"之"道"因为没有任何内涵为最小(少),然而,天下没有任何东西能够使之臣服,无疑又是最大的。最小(少)和最大,便属内涵与外延的关系。

又,《老子·三十四章》称:

> 常无欲,可名为小;万物归焉而不为主,可名为大。

这里的小与大,同样取认知逻辑上的内涵与外延为说:"常无欲",概因得道者以"无"为归属;"道"为"无"即可无所不包,自又为"大"。

老子此间从知识建构所取的共相与殊相、内涵与外延的区分关系,以共相无内涵论"道",均属本体论话语。在老子这里,本体论建构指"无"为体,同样支撑着他离弃杂乱的、污浊的经验世界的价值诉求。

二

王弼的《老子注》十分明显地承接着老子的本体论,且在知识的建构与反省的向度上,做了极有价值的推演。

王弼认为,知识的成立必须以认知对象的确定性与限定性为前提。他写道:

> 名必有所分,称必有所由。有分则有不兼,有由则有不尽;不兼则大殊其真,不尽则不可以名,此可演而明也。①

这里的"有所分"即有区别,"有所由"即有根据。"有分则有不兼"者,就指认知对象的确定性也即是限定性,不能兼及全体;"有由则有不尽"者,则指认知对象的各别性也即是片面性,不能涵括一切。因而,这种认知不具有真确性。兼及全体、涵括一切的"道",是"不可以名",不可能从经验认知中给出的。

经验认知讲求的这种确定性与限定性,王弼以"形"(形限)指称

---

① 〔魏〕王弼著,楼宇烈校释:《王弼集校释》(上册),中华书局1980年版,第196页。

之。故他又称述:

> 夫不能辩名,则不可以与言理;不能定名,则不可与论实也。凡名生于形,未有形生于名者也。故有此名必有此形,有此形必有其分。仁不得谓之圣,智不得谓之仁,则各有其实矣。①

王弼这段话便是继续确认:经验认知上所使用的"名"一定是"生于形",以"形"的确定性和限定性为对象的。"形"既然是有确定性与限定性的,则"名"也必有确定性与限定性。如"仁"这一名,便不得指谓"圣";"智"这一名,也不得指谓"仁"。因为不同的"名",各有不同的"实"与之对应。

王弼对经验认知的这种判识,揭示了认知的基本特质:经验认知对应的是"形",讲求认知对象的确定性与限定性。确定性就是指它是什么,限定性则是指它既然只是什么,就不能又是别的什么。也就是说,经验认知关注的其实是事物的殊相,此一事物与别一事物的差别。认知概念(名)从"种差加属"的方式给出,即显示了认知的这一特点。

但是,"道"不是任何一物,它是"万物之宗",是"苞通天地,靡使不经"的。也就是说,它是被赋予万物的"共相",万有的共同依据的意义的。它必是"无形",不具确定性与限定性的,自也是"无名",不可以为经验认知所指称。这一点,王弼《老子指略》一文有非常明晰的介说:

> 夫物之所以生,功之所以成,必生乎无形,由乎无名。无形无名者,万物之宗也。不温不凉,不宫不商;听之不可得而闻,视之不可得而彰,体之不可得而知,味之不可得而尝。故其为物也则混成,为象也则无形,为音也则希声,为味也则无呈。故能为品物之宗主,苞通天地,靡使不经也。②

这里所谓"不温不凉,不宫不商",即指不具任何特性;所谓"不可

---

① 〔魏〕王弼著,楼宇烈校释:《王弼集校释》(上册),中华书局1980年版,第199页。
② 〔魏〕王弼著,楼宇烈校释:《王弼集校释》(上册),中华书局1980年版,第195页。

得而闻""不可得而彰"等,即指不可为经验认知所把捉。只有不具任何特性——"无形",不可为经验认知所把捉——"无名",才得以构成为"品物之宗主,苞通天地,靡使不经"。唯是才得以被称为"道"。王弼称:

  道者,无之称也。无不由也,况之曰道。①

此"无不由""苞通天地"者,为"万有";"无之称"、没有任何特性者,为"至无"。"万有"指外延,"至无"指内涵。王弼从共相与殊相、内涵与外延的区别与关联上,论形上与形下的区别与关联,这便是形上学建构的本体论形态。

王弼注释《老子·四十二章》"道生一,一生二,二生三,三生万物"一说称:

  万物万形,其归一也。何由致一?由于无也。由无乃一,一可谓无。已谓之一,岂得无言乎?有言有一,非二如何?有一有二,遂生乎三。从无之有,数尽乎斯,过此以往,非道之流。②

老子"道生一"句,本是宇宙论表述,及至王弼这里,也转换为认知问题而构成为本体论:"万物万形,其归一也",指的是从殊相的万有如何可以给出作为归一的共相;"由无乃一",则指没有任何殊相的内容才可以给出归一的共相;共相既然"由无乃一",则"一可谓无","道生一"的关系不再是生化关系,而是认知上的逻辑关系:及如何从"无"到"有",也只是认知问题。"已谓之一",便已"有言";有本来的"一",有言说的"一",即便为"二";有本来的"一",有作为言说对象的"一",还有言说的"一",于是有"三"。"道"与"一、二、三"的关系,在这里都不具生化意义,而只具认知意义。王弼从认知反省建构起"道"的形上本体,于此足见。

---

① 〔魏〕王弼:《论语释疑》。
② 〔魏〕王弼著,楼宇烈校释:《王弼集校释》(上册),中华书局1980年版,第117页。

王弼《老子注》与王夫之《老子衍》的比较与评述

三

与王弼不同，王夫之的整个思想体系显然更有取于宇宙论。但他的《老子衍》并不以"道"、以"无"为生化本原。我们看他对"道"，对"形上"与"形下"、"有"与"无"的几个概念的介说。

关于"道"，王夫之《老子衍》释"有物混成，先天地生"章称：

> 形象有间，道无间。道不择有，亦不择无，与之俱往。往而不息于往，故为逝，为远，与之俱往矣。往而不悖其来，与之俱来，则逝远之即反也。①

王夫之这里就没有回应老子所说"道"是否先天地生的问题。"形象有间"者，为有形之物有所区分，道存在于不同形物之间，故"道无间"。道不择"有""无"，不息"往""反"，亦指道存在于不同形物的任何状态中。但是，"道"是以生物之本原，还是成物之规则存在，王夫之未做说明。

再看王夫之释"反者道之动"章：

> 流而或盈，满而或止，则死而为器。人知器之适用，而不知其死于器也。若夫道，含万物而入万物，方往方来，方来方往，蜿蟺希微，固不穷已。乃当其排之而来则有，当其引之而去，则托于无以生有，而可名为无。故于其"反"观之，乃可得而觌也。②

一个东西一旦成"器"而下落为"用"，那就完了（死于器），这一判认倒近于老子"朴散则为器"之说。但下面"若夫道，含万物而入万物"一语也仅指道的遍在性，却并不言明"道"是什么而得以遍在。本段话与上段话均已涉及"道"与"无""有"的关系，但也都只从来去往返指点之，并未提及"道"属"有"属"无"。

倒是与《老子衍》同期成书的王夫之的《周易外传》对"乾"卦的

---

① 〔魏〕王弼著，楼宇烈校释：《王弼集校释》（上册），中华书局1980年版，第117页。
② 〔清〕王夫之：《老子衍》，见《船山全书》（第13册），岳麓书社1996年版，第41页。

· 255 ·

解释,明确地否定了"道"先天地生的本原性,而以"规则"介说之。王夫之在该书写道:

> 曰:"老氏之言曰:'有物混成,先天地生。'今曰'道使天地然',是先天地而有道矣;'不偏而成',是混成矣。然则老子之言信乎?"

> 曰:"非也。道者天地精粹之用,与天地并行而未有先后者也。使先天地以生,则有有道而无天地之日矣,彼何寓哉?而谁得字之曰道?……若夫'混成'之云,见其合而不知其合之妙也。故曰'无极而太极',无极而必太极矣。太极动而生阳,静而生阴,动静各有其时,一动一静,各有其纪,如是者乃谓之道。……道有留滞于阴阳未判之先而混成者,则道病矣,而恶乎其生天地也!"①

王夫之这里明确指认"道"不是"先天地生"的本原性存在物,而只是"与天地并行"的天地阴阳一动一静之"纪",是即以"规则"论"道"。

然则,天地万物从何生化,"道"作为规则依何运作?王夫之归于"一气"。他的宇宙论为"气化"宇宙论。他称道:

> 天人之蕴,一气而已。从乎气之善而谓之理;气外更无虚托孤立之理也。②

王夫之取气化宇宙论为言说,于此可见。"道"在王夫之那里被下调为气化之理则了。

那么,"气"或"道"还具形上意义吗?在王夫之那里,还有没有形上与形下的区分呢?

我们先看《老子衍》所写。

---

① 〔清〕王夫之:《周易外传》,见《船山全书》(第1册),岳麓书社1996年版,第822–823页。

② 〔清〕王夫之:《读四书大全说》(卷十),见《船山全书》(第6册),岳麓书社1996年版,第1052页。

王弼《老子注》与王夫之《老子衍》的比较与评述

其释《老子·十四章》"其上不皦"称:"未有色声形以前,不可分晰。"释"其下不昧"称:"逮有色声形以后,反而溯之,了然不昧。"释全章称:

> 物有间,人不知其间,故合之,背之,而物皆为患。道无间,人强分其间,故执之,别之,而道仅为名。以无间乘有间,终日游,而患与名去。患与名去,斯"无物"矣。①

其释《老子·三十三章》"道常无名"各句称:

> 因于大始者无名,止于已然者有名。然既有名而能止之,则前名成而后名犹不立,过此以往,仍可为大始。②

按王夫之这里"有间""无间""有名""无名"的区分,也有形下与形上区分的意味,但毕竟未明确指出这种区分依据是什么。及释《易传·系辞上》"形而上者谓之道,形而下者谓之器"句称:

> 形而上者,非无形之谓。既有形矣,有形而后有形而上。无形之上,亘古今,通万变,穷天穷地,穷人穷物,皆所未有者也。③

又称:

> 老氏瞀于此,而曰道在虚,虚亦器之虚也。释氏瞀于此,而曰道在寂。寂亦器之寂也。淫词炙輠,而不能离乎器,然且标离器之名以自神,将谁欺乎?
>
> 器而后有形,形而后有上,无形无下,人所言也。无形无上,显

---

① 〔清〕王夫之:《读四书大全说》(卷十),见《船山全书》(第6册),岳麓书社1996年版,第24页。
② 〔清〕王夫之:《读四书大全说》(卷十),见《船山全书》(第6册),岳麓书社1996年版,第36页。
③ 〔清〕王夫之:《周易外传》(卷五),见《船山全书》(第1册),岳麓书社1996年版,第1028-1029页。

然易见之理，而邪说者淫曼以衍之而不知惭。则君子之所深鉴其愚而恶其妄也。①

按，上所引"流而或盈，满而或止，则死而为器。人知器之适用，而不知其死于器也"一说，王夫之诚然对器用的贬斥极近于老子。何以同时期写作的《周易外传》却对老氏如此鞭挞呢？其以"器而后有形，形而后有上"释形而上，与老子、王弼殊为不同。王弼从对认知的特质与反省出发，以"虚""无"为说建构形上学，在学理上是可以成立的。王夫之极力贬斥老子与王弼建构形上学的努力，无非是要把哲学的视域转回到经验世界中来。

王夫之在《周易外传》里对"有""无"关系的论说，明确地表达了他在哲学上这种转向。在该书里，王夫之写道：

天下之用，皆其有者也。吾从其用而知其体之有，岂待疑哉！用有以为功效，体有以为性情，体用胥有而相需以实，故盈天下而皆持循之道。故曰："诚者物之始终，不诚无物。"

何以效之？有者信也，无者疑也。昉我之生，洎我之亡，祢祖而上，子孙而下，观变于天地而见其生，有何一之可疑者哉？桐非梓，梓非桐；狐非狸，狸非狐。天地以为数，圣人以为名。冬不可使炎，夏不可使寒，葆不可使杀，砒不可使活。此春之芽蘖彼春之苗，而不见其或贸。据器而道存，离器而道毁。其他光怪影响，妖祥倏忽者，则既不与生为体矣。不与生为体者，无体者也。夫无体者，惟死为近之。不观天地之生而观其死，岂不悖与！②

王夫之这是从"用"讲"体"：所"用"者必为"有"，则可以"从其用而知其体之有"。王夫之这是从经验知识的立场认肯世界万有的存在性；经验知识讲求确定性，"桐非梓，梓非桐，狐非狸，狸非狐"，这即是

---

① 〔清〕王夫之：《周易外传》（卷二），见《船山全书》（第1册），岳麓书社1996年版，第861页。

② 〔清〕王夫之：《周易外传》（卷二），见《船山全书》（第1册），岳麓书社1996年版，第861页。

经验之理路;"据器而道存,离器而道毁""道不离器"和"不与生(有)为体者,无体者也。夫无体者,惟死为近之"等提法,均指以"无"为"体"是荒唐的。

在《老子衍》中,王夫之还是让"道"游移于"有""无"之间的。在《周易外传》里,却如此明确地认定"道"作为"体"为"有"而非"无"。前面说过,王弼是通过揭明认知及其对应的天地万物的确定性与限定性(如王夫之所说"桐非梓,梓非桐"即是),而在共相的意义上与建构起形上世界的。共相必舍弃万物的所有殊相才得以确立,故以"无"为"道"有知识论上的根据。王夫之虽也讲形而上,却否弃"以无为体",仅以成器使之有用之效称"道","道"的先验性被减杀了。

四

以上所及为存在论问题。存在论上的差别,表现于价值论,也自有不同。

又得先回到老子。我们说过,老子建构的形上学内含有宇宙论和本体论两种形态。但老子似乎更重宇宙论。在宇宙论上,老子以"道生一,一生二,二生三,三生万物"为坠落,乃因为"道生一"已由"无"入"有","一生二"落入矛盾对立,"二生三,三生万物",更被卷进重重矛盾冲突与争斗之中,人不再有自我与自由。因之,老子取"出世"为价值趋归。这是弃"有"而返"无"。他以"婴儿之未孩"为人格理想,以"小国寡民"为社会理想,均体现了他以宇宙论为依托开启的价值诉求。

王弼展开的是老子的本体论。本体论的形上学建构,是通过舍弃天地万物的差别性而建立的。形上本体作为共相,既以"无"为说,在个人精神提升的意义上,便是指通过排拒世间纷乱的是非对错的困扰,而求取精神上的自我与自由。但另一方面,共相既以"无"为说,则对于作为殊相的天地万都也无所给予,无所限定,天地万物由之得以依其特殊的性状自由地发展,自我做主去实现其自己。王弼注《老子·十章》"生而不有,为而不恃,长而不宰,是谓玄德"句称:

不塞其原,则物自生,何功之有?不禁其性,则物自济,何为之恃？物自长足，不吾宰成，有德无主，非玄而何？①

这里的"不塞""不禁"，即把公共的宰制"无"去；"自生""自济""自长足"，则指顺任形物自由自主地发展，成其自己。

王弼在注《老子·五章》"天地不仁，以万物为刍狗"句称：

> 天地任自然，无为之造，万物自相治理，故不仁也。仁者必造立施化，有恩有为。造立施化，则物失其真。有恩有为，则物不具存。物不具存，则不足以备载。……无为与万物而万物各适其所用，则莫不赡矣。②

这是批评儒家的价值观的。儒家以"仁""恩"为公共道德准则，"造立施化"加给社会每个个人，每个个人必须改变其自己，是谓"失真"；不接受公共道德规约便会受到排斥，使有的物事不能自存，是即无法兼容。只有放任万物，使万物自由发展自成其用，世界才是圆足的。

王弼注《老子·二十七章》"善行无辙迹"各句再次强调：

> 顺自然而行，不造不（始）［施］，故物得至，而无辙迹也。
> 顺物之性，不别不析，故无瑕谪可得其门也。
> 因物之数，不假形也。
> 因物自然，不设不施，故不用关楗绳约，而不可开解也。此五者皆言不造不施，因物之性，不以形制物也。③

这里所谓"顺自然而行""顺物之性""因物之数""因物自然"，也都指任由万物依其本性自由地发展；"不假形也""不以形制物"，则是指不以任何公共的施设去限定、范畴万物使其归一。

显见，王弼的价值观是要以"无"去成全"有"，又以"有"证入"无"。

---

① 〔魏〕王弼著，楼宇烈校释：《王弼集校释》（上册），中华书局1980年版，第24页。
② 〔魏〕王弼著，楼宇烈校释：《王弼集校释》（上册），中华书局1980年版，第13页。
③ 〔魏〕王弼著，楼宇烈校释：《王弼集校释》（上册），中华书局1980年版，第71页。

王弼的自我与自由追求，为后来的魏晋风度奠定了基础。①

五

王夫之的理论架构不取本体论而取气化宇宙论，不纯然出自对《老子》开启的宇宙论形态的承接，其中有宋明儒学的背景。

宋明儒学中，借助本体论为儒学的价值信念提供支撑，最有成就的当是朱熹。朱子把存在世界明确地做了殊相与共相的区分，而把能够涵盖天地万物且具稳定不变意义的共相认做形上本体，且亦以"道"或"理"指称本体，近于王弼。朱子反复强调：

> 理是有条瓣逐一路子。以各有条，谓之理；人所共由，谓之道。②
> 道者，古今共由之理，如父之慈，子之孝，君仁，臣忠，是一个公共底道理。③
> "吾道一以贯之"，譬如聚得散钱已多，将一条索来一串穿了。所谓一贯，须是聚个散钱多，然后这索亦易得。④

朱子这些话语，都是强调道或理的公共性。

> 未有天地之先，毕竟也只是理。有此理，便有此天地；若无此理，便亦无天地，无人无物，都无该载了！有理，便有气流行，发育万物。⑤

朱子此说即在强调道或理的先在性与永恒性。

道或理作为共相（古今共由）既然是遍在的、永恒的，自当是形上本体。故朱子又说：

---

① 关于王弼、郭象的理论建构与魏晋风度的关联，详见拙著《早期中国哲学略论》（巴蜀书社2015年版）。
② 〔宋〕黎靖德编，王星贤点校：《朱子语类》（卷六），中华书局1986年版，第99页。
③ 〔宋〕黎靖德编，王星贤点校：《朱子语类》（卷十三），中华书局1986年版，第231页。
④ 〔宋〕黎靖德编，王星贤点校：《朱子语类》（卷二十七），中华书局1986年版，第684页。
⑤ 〔宋〕黎靖德编，王星贤点校：《朱子语类》（卷一），中华书局1986年版，第1页。

> 天地之间，有理有气。理也者，形而上之道也，生物之本也。气也者，形而下之器也，生物之具也。是以人物之生，必禀此理然后有性，必禀此气然后有形。①

朱子把"气"拽落为形而下，即贬斥宇宙论；以"理"为形而上，即高扬本体论。

那么，以"共相"之"道"或"理"做本体，何以可以为儒学的价值观提供支撑呢？此中关键在于"道"或"理"的内容是什么。在王弼那里是以"无"说"道"的，但朱子却以仁义礼智指"道"与"理"的。他明确认定：

> 气则为金木水火，理则为仁义礼智。②
> 盖性中所有道理，只是仁义礼智，便是实理。吾儒以性为实。③

仁义礼智为"理"的内容，仁义礼智便具形上本体意义，而具足遍在性与永恒性。朱子是以此把儒学的价值意识推向极致的。

但是，取本体论架构为儒学的价值意识做这样一种支撑，在理论形式上是不成立的。在讨论王弼哲学时已经说及，本体以知识论为入路，讲求共相与殊相、内涵与外延的区分，共相在外延上关涉越广，至于全有，则在内涵上必至越少，以至于全无。"有"与"无"的这种关系运用于价值观，以"无"的精神心态成全"有"，以"有"的自由发展证入"无"，这便是成立的。

可是，朱子既认"理"为遍及万有的共相，却不以"理"的内涵为"无"，而把仁义礼智这些产生于特定时期特定人群的价值意识置入"理"中，使特殊的观念获得普遍的与绝对的意义。此可见其用本体论支撑儒家的价值论诚有困难。

降及清初，包括王夫之在内的一批思想家不得不重回气化宇宙论。原

---

① 〔宋〕朱熹：《答黄道夫书》，见《朱子全书》，上海古籍出版社、安徽教育出版社2002年版，第2755页。
② 〔宋〕黎靖德编，王星贤点校：《朱子语类》（卷四），中华书局1986年版，第67页。
③ 〔宋〕黎靖德编，王星贤点校：《朱子语类》（卷四），中华书局1986年版，第64页。

王弼《老子注》与王夫之《老子衍》的比较与评述

先,老子的宇宙论讲"无"生"有",并视这种生由"无"生"有"为坠落。"无"与"有"的关系为背离关系。及《易传》、董仲舒《春秋繁露》等论作,不以"无"为本原而以"气"为本原,"气"与万物的关系得以转换为相互确认的关系,构成为儒家系统的宇宙论。以"气"为宇宙生化源头的理论建构有两大特点:一是确认天地宇宙是流动的,天地宇宙的永恒性并不是因为它有某一永恒不变的"理"做支撑,而只体现在永不停滞的生生不息中;二是确认生生不息必有载体,因之,"气"论同时也必承认作为生生不息的载体——种种形物存在与发展的正当性。

"气"化宇宙论的这两点,正好修正了朱子学的缺失,而为王夫之等学人所承接。

前面已经说及,王夫之是不同意朱子以"理"为本,而主以"气"为源的。他力主"气"的生化宇宙论的流动性,特见于他的"性"学中。他指出,"性"不是天命之理一次性给定,而是"日生则日成"的。他写道:

> 夫性者,生理也。日生则日成也。则夫天命者,岂但初生之倾命之哉!……夫天之生物,其化不息。初生之顷,非无所命也。何从知其有所命?无所命,则仁义礼智无其根也。幼而少,少而壮,壮而老,亦非无所命也。何以知其有所命?不更有所命,则年逝而性亦日忘也。形化者化醇也,气化者化生也。二气之运,五行之实,始以为胎孕,后以为长养,取精用物,一受于天产地产之精英,无以异也。形日以养,气日以滋,理日以成;方生而受之,一日生而一日受之。受之者有所自授,岂非天哉?故天日命于人,而人日受命于天。故曰性者生也,日生而日成之也。
>
> 天命之谓性,命日受则性日生矣。目日生视,耳日生听,心日生思,形受以为器,气受以为充,理受以为德。……是以君子自强不息,日乾夕惕,而择之、守之,以养其性也。①

原在朱子那里,性之理是天命一次性给定,修德便只是一种复性功

---

① 〔清〕王夫之:《尚书引义》(卷三),见《船山全书》(第2册),岳麓书社1996年版,第299—301页。

夫。王夫之这里从气之生化出发，确认人之性命与品德都处于发展过程中。生命成长与自强不息的观念凭借"气"的宇宙论得以肯定。

及王夫之称：

> 形之所成斯有性，性之所显惟其形。故曰："形色，天性也，惟圣人然后可以践形。"

> 夫阳主性，阴主形。理自性生，欲以形开。共或冀夫欲尽而理乃孤行，亦似矣。然而天理人欲同行异情，异情者异以变化之几，同行者同于形色之实，则非彼所能知也。①

> 圣人有欲，其欲即天理。学者有理有欲，理尽则合人之欲，欲推即合天之理。于此可见：人欲之各得，即天理之大同；天理之大同，无人欲之或异。②

王夫之此又依"气"化宇宙论肯定形构与物欲追求的正当性。朱熹从知识论出发，推共相形上为本体而指气化之殊相为形下之物，为回归本体必主"革尽人欲，复尽天理"③。王夫之借"气"化宇宙论，认取气化所生人物及其欲求的正当性。这就是对经验性的存有世界的充分肯定。

但回过头来看《老子衍》却有与上面不同的说法。王夫之释《老子·四十二章》称：

> 当其为道也，函三以为一，则生之盛者不可窥，而其极至少。当其为生也，始之以"冲气"，而终之以"阴阳"。阴阳立矣，生之事繁，而生之理亦竭矣。又况就阴阳之情才，顺其清以贪于得于天，顺其浊以坚于得地，旦吸夕餐，呕酌充闷以炫多，而非是则恶之以为少，方且阴死于浊，阳死于清，而讵得所谓"和"者而仿佛之乎？又况超于"和"以生"和"者乎？有鉴于此，而后知无已而保其少，损"少"致"和"，损"和"得"一"。夫得"一"者无"一"，致

---

① 〔清〕王夫之：《周易外传》（卷一），见《船山全书》（第1册），岳麓书社1996年版，第836—837页。
② 〔清〕王夫之：《读四书大全说》（卷四），见《船山全书》（第6册），岳麓书社1996年版，第639页。
③ 〔宋〕黎靖德编，王星贤点校：《朱子语类》（卷十三），中华书局1986年版，第225页。

"和"者无致。散其党,游其宫,阴阳在我,而不叛其宗,则"益"之最盛,何以加哉!①

王夫之此解释以为,由浊气而阴阳,由阴阳而天地,由天地而人物,由人物而是非,这种生化过程,为下落;修道者应以"损"为事,"损'少'致'于'和,损'和'得'一'",显见所谓"损"即取老子"损之又损"一说,而求"复归";"夫得'一'者无'一',致'和'者无致",也即"复归"于"无"。王夫之这里实也认同老子以为由道散落为万物为坠落。

又,再引王夫之释《老子·十四章》"视之不见名曰希"各句:

物有间,人不知其间;故合之,背之,而物皆为患。道无间,人强分其间;故执之,别之,而道仅为名。以无间乘有间,终日游,而患与名去。患与名去,斯无物矣。夫有物者,或轻,或重;或光,或尘;或作,或止;是谓无纪。一名为阴,一名为阳,而冲气死。一名为仁,一名为义,而太和死。道也者,生于未阴未阳,而死于仁义者与!②

于此,王夫之实也认同老子所说"大道废,有仁义",仁义所表征的儒家价值信念亦被贬落了。

王夫之的这些说法不仅与他在《周易外传》等著作的理论主张与价值信念大不相同,而且亦与于《老子衍·自序》所表露的"入其垒,袭其辎,暴其恃,而见其瑕矣,见其瑕而后道可使复也"的意图不相对应。

看来,王夫之的精神心理似乎是备受困扰的。面对现实的混乱,作为认信儒学价值观的学者,自怀有强烈的拯救世艰的意愿。但是,个人的努力毕竟不足以改变历史变迁的轨迹,老子从污浊的世间退出以求取心灵境界的"静""一"的价值诉求,也不无吸引力。王夫之论作上的歧义,本文做这样一种解释,大概也备为一说吧!

(原载《道家文化研究》第22辑,2020年出版)

---

① 〔清〕王夫之:《老子衍》,见《船山全书》(第13册),岳麓书社1996年版,第43页。
② 〔清〕王夫之:《老子衍》,见《船山全书》(第13册),岳麓书社1996年版,第24—25页。

早期道教的宇宙论及其价值

中国本土宗教——道教，与世界上几大流行的宗教有一个很重要的区别，那就是：几大流行的宗教原则上都从人生的价值反省出发，并借神话与传说架构起来，不具认知意义。道教不然。道教特别是早期道教是立足于农业社会的观察与经验，极富认知性的。[①] 因而，如何看待道教乃至农业文明时期认知的特质，如何评价这种认知方式与途径提供的价值，就是一个很需要讨论的问题。本文有意就这一问题谈一点看法，以就教于各位同人。

一、早期道教的宇宙论

道教特别是早期道教立足于农业社会的观察与经验，就见诸它的神仙论在理论基础上所依托的宇宙论。

所谓宇宙论，是指从宇宙生化的来源、生化过程与规则，来说明现存万物包括人类生存与活动的正当性（与否）的一种理论。

宇宙论思想，在中国先秦时期已经流行。如《老子·四十二章》所说：

> 道生一，一生二，二生三，三生万物。万物负阴而抱阳，冲气以为和。

[①] 早期道教理论奠基人葛洪称："浑茫剖判，清浊以陈，或升而动，或降而静，彼天地犹不知所以然也。万物感气，并亦自然，与彼天地各为一物也。……子以天不能使孔孟有度世之祚，益知所禀之有自然，非天地所剖分也。圣之为德，德之至也。天若能以至德与之，而使之所知不全，功业不建，位不霸王，寿不盈百，此非天有为之验也。"（《抱朴子·内篇·塞难》）葛洪此即不以天地为神物，而直指宇宙之生化为"自然"。葛洪又称："明德惟馨，无忧者寿，啬宝不夭，多惨用老，自然之理，外物何为？若养之失和，伐之不解，百疴缘隙而结，荣卫竭而不悟，太牢三牲，曷能济焉。"（《抱朴子·内篇·道意》）葛洪于此即从养生的经验出发论"道"，极具认知色彩。

此即以为宇宙生化经历着一个由无到有，由单一到多样的过程。
于《易传》则称：

> 易有太极，是生两仪，两仪生四象，四象生八卦，八卦定吉凶，吉凶生大业。①

《易传》这里的提法，源于占筮所需的一种程序。《易传》把这种程序放在宇宙论的框架下予以解释：宇宙生化，经历着由"太极"到"两仪"、到"四象"，再到"八卦"的过程。"两仪"为天地阴阳，"四象"为春夏秋冬四时，"八卦"拟为天地山泽风雷水火八种自然之物。《易传》的宇宙论与《老子》不同处，在于它引入了"四时"的观念。

及《管子》之《五行》篇，则进而将四时与五行相配搭，称春季"睹甲子木行御"，夏季"睹丙子火行御"，季夏"睹戊子土行御"，秋季"睹庚子金行御"，冬季"睹壬子水行御"，更且将五声、五色、五味、五脏与五行相关联，由是建构起一个宇宙万物生生化化的总图景。

以元气（道、太极）、阴阳、四时、五行等观念建构起来的这种宇宙论，无疑即是环绕着自然世界特别是农业生产中种种农作物的生息而开展的。农业生产、农作物的生息，是与时间、空间（方向、方位）相联系的，所以，四时、五行（五方）成为继阴阳之后宇宙论的基本概念。而生命的生生化化正是在时间与空间中进行，借时间与空间得以实现的。故而，宇宙论作为一种形而上学形态，其最重要的特点，便是凸显了"生命意识"。

以凸显生命意识为特征的宇宙论确立之后，人们进一步从两个方向加以延伸与拓展：其一，以《礼记·月令》篇为肇始，至汉代董仲舒，宇宙论被引入社会国家之政治建制与管治的运作系统，而架构为具有生态色彩的政治哲学；其二，在两汉至魏晋时期出现的河上公《老子章句》、《太平经》（《太平青领书》）、《老子想尔注》、《周易参同契》、《抱朴子·内篇》等著作中，宇宙论被引入道教信仰系统，成为追求生命恒久性的神仙学说的基础理论。

《礼记·月令》、董子《春秋繁露》如何以宇宙论架构起具生态意义

---

① 《易传·系辞上》。

的儒家式的政治哲学，不在本文评介之列。下面我们仅就道教学者如何借宇宙论建立其神仙学说做简略的讨论。

道教学者引入宇宙论作为基础理论，这是毋庸置疑的。如《太平经》称：

> 天地开辟贵本根，乃气之元也。①
>
> 元气恍惚自然，共凝成一，名为天也；分而生阴而成地，名为二也；因为上天下地，阴阳相合施生人，名为三也。三统共生，长养凡物名为财。②

《太平经》这段话直接就是老子"道生一，一生二，二生三"的宇宙论思想的引申。葛洪作《畅玄》篇一开头称：

> 玄者，自然之始祖，而万殊之大宗也。眇昧乎其深也，故称微焉；绵邈乎其远也，故称妙焉。……乾以之高，坤以之卑，云以之行，雨以之施。胞胎元一，范铸两仪，吐纳大始，鼓冶亿类。③

葛洪此所谓"玄"亦即混沌未分之气。气混沌未分，故为"胞胎元一"；分而生天生地，故为"范铸两仪"；再而交合变化，"吐纳大始，鼓冶亿类"，便有千差万别之品物流形于中。

无疑，人作为万物中之一类，自是同样为气禀所生。葛洪称：

> 夫人在气中，气在人中，自天地至于万物，无不须气以生者也。④

---

① 王明：《太平经合校》，中华书局1960年版，第12页。
② 王明：《太平经合校》，中华书局1960年版，第305页。
③ 〔晋〕葛洪：《抱朴子·内篇·畅玄》。
④ 〔晋〕葛洪：《抱朴子·内篇·至理》。

又谓：

> 人之吉凶，制在结胎受气之日，皆上得列宿之精。其值圣宿则圣，值贤宿则贤，值文宿则文，值武宿则武，值贵宿则贵，值富宿则富，值贱宿则贱，值贫宿则贫……为人生本有定命。①

葛洪是即以人禀气受命（偶然性）的差别性，论人在才质、贵贱、夭寿上之差别性。

《周易参同契》更详述：

> 人所秉躯，体本一无，元精云布，因气托初。阴阳为度，魂魄所居，阳神日魂，阴神月魄，魂之与魄，互为室宅。性主处内，立置鄞鄂，情主营外，筑垣城郭。城郭完全，人民乃生，当斯之时，情合乾坤。乾动而直，气布精流，坤静而翕，为道舍庐。刚施而退，柔化以滋，九还七返，八归六居。男白女赤，金火相拘，则水定火，五行之初。……纵横一寸，形为始初，四肢五脏，筋骨乃俱。弥历十月，脱出其胞，骨弱可卷，肉滑若饴。②

这就是说，一人之身，从无而有，乃"因气托初"；气分阴阳，阳聚为魂，阴聚成魄，犹如日为阳精，月有阴精，相互交感，得以有生；生而有性有情，性主于内，情发于外，二者完美结合，方成为人（"人民乃生"）。这是从人类生命的源头说的。就个体生命而言，则发端于男女的交合。男施女受，男白女赤，如金火相合，归藏于水，胎儿于中发育，经历十月，脱出得成一小生命。当中所谓"九还七返，八归六居"，为五行方位之数。金数九，属西方；火数七，属南方；木数八，属东方；水数六，属北方。依《周易参同契》，男白女赤交合，金火相须，最后归藏于北方水位，才能结养成胎，化育为人。

显然，《周易参同契》比之于《抱朴子》更关切到作为生命来源的阴

---

① 〔晋〕葛洪：《抱朴子·内篇·辨问》。
② 《五相类校释》，见萧汉明、郭东升《〈周易参同契〉研究》，上海文化出版社2001年版，第283页。按，《五相类》在托名阴长生的注本里，为《周易参同契》中篇。

阳交感的时间与空间性。

这就是早期道教依托于宇宙论讨论人类生命来源与变迁的大致情况。宇宙论凸显的是"生命意识",而人即是宇宙生命变迁的正常的产物,因之,道教自亦认允人的生命的正当性。葛洪称:"天地之大德曰生。"①生,好物者也。是以道家之所至秘而重者,莫过乎长生之方也。

崇敬生命,诚然为道教与别的宗教不同的一大特色。

二、早期道教的炼养说

道教既确认人的生命作为天地宇宙生化产物的正当性,则如何回护生命,使生命得以延续乃至久长,亦具正当性。

如何回护生命,使生命得以久长呢?

依道教学者的看法,人为阴阳二气聚合而生,养生的关键处自当是使所禀得的元气不受损耗。葛洪称:

> 养生以不伤为本,此要言也。②

葛洪以"不伤为本"即是。如何可以做到"不伤"呢?葛洪续称:

> 是以养生之方,唾不及远,行不疾步,耳不极听,目不久视,坐不至久,卧不及疲;先寒而衣,先热而解;不欲极饥而食,食不过饱;不欲极渴而饮,饮不过多;凡食过则结积聚,饮过则成痰癖;不欲甚劳甚逸,不欲(起早)起晚……五味入口,不欲偏多。故酸多伤脾,苦多伤肺,辛多伤肝,咸多则伤心,甘多则伤肾,此五行自然之理也。③

葛洪这里开创的养生之方,诚然有得于中医家的种种经验之谈吧!

然而,道教学者亦知道,人在生活与活动过程中,其所禀得之气终究要有所损耗。因之,养生的又一个要领,便是想方设法把损耗的元气补回

---

① 〔晋〕葛洪:《抱朴子·内篇·勤求》。
② 〔晋〕葛洪:《抱朴子·内篇·极言》。
③ 〔晋〕葛洪:《抱朴子·内篇·极言》。

来。葛洪谓：

> 夫人所以死者，诸欲所损也。老也，百病所害也，毒恶所中也，邪气所伤也，风冷所犯也。……今医家通明肾气之丸，内补五络之散，骨填苟杞之煎，黄蓍建中之汤，将服之者，皆致肥丁。漆叶青蓁，凡弊之草，樊阿服之，得寿二百岁，而耳目聪明，犹能持针以治病，此近代之实事，良史所记注者也。①
>
> 夫五谷犹能活人，人得之则生，绝之则死，又况于上品之神药，其益人岂不万倍于五谷耶？②

葛洪此处同样取医家的经验证实，服食草药，即可使人损耗的元气得到补充，至于"上品之神药"使人得以延年益寿更不待言。

草药乃至五谷，何以有补充元气的功能呢？在道教学者看来，那是因为人与万物都是由作为宇宙生命力的元气——阴阳之气，在特定的时间（四时）、空间（五方）中交合变化而生成的，因之，源自相同的生命力、在相同的时间空间中衍生而成的人与物便都具有一种类的相关性，借着这种类的相关性，人与物之间便是可以相互通感与相互补充的。③ 故而，道教学者特别重视"类"的观念。《周易参同契》称：

> 欲作服食仙，宜用同类者。植禾当以粟，覆鸡用其子，以类辅自然，物成易陶冶。鱼目岂为珠，蓬蒿不成槚，类同者相从，事乖不成宝。④

---

① 〔晋〕葛洪：《抱朴子·内篇·至理》。
② 〔晋〕葛洪：《抱朴子·内篇·金丹》。
③ 汉儒董仲舒曾撰有《同类相动》等文，称："今平地注水，去燥就湿；均薪施火，去湿就燥。百物去其所与异，而从其所同。故气同则会，声比则应，其验皦然也。"又称："阴阳之气，固可以类相益损也。天有阴阳，人亦有阴阳。天地之阴气起，而人之阴气应之而起；人之阴气起，而天之阴气亦宜应之而起。其道一也。""明于此者，欲致雨则动阴以起阴，欲止雨则动阳以起阳。故致雨非神也，而疑于神者，其理微妙也。"（《春秋繁露·同类相动》）此即可见，以为人与物具有类的通感性与互补性，为宇宙论者的共同看法。
④ 《参同契校释》，见萧汉明、郭东升《〈周易参同契〉研究》，上海文化出版社2001年版，第259页。

> 言不苟造,论不虚生,引验见效,校度神明,推类结字,原理为证。①

这里都是强调,只有同类之物,才具相感相通性与互补互济性。从养生的角度看,如何弄清人与物在"类"上的同异关系,就是显得极为重要。

如何区分人与物在"类"上的同异性呢?依宇宙论,人与物的化生过程是由一阴一阳两种生命力在时间与空间中展开的,时间与空间对人与物的化生有着制约的作用,因之,人与万物的"类"的相关性既可以从空间(方位、方向等)上说,也可以从时间(四季、月、日、昼夜等)上说。然而,人与万物之化生固受时间与空间的制约,更且受阴阳二气的制约,与阴阳二气的禀受状况有关。② 就人与一般的自然物类比较而言,人禀得的,自是元阳元阴之气,因而较一般自然物类优胜。然而人所禀受的元阳元阴之气毕竟会消散。在天地宇宙中,唯金丹最为精纯。因之,道教学者认定金丹为使元气不会消散的最上品之药物。葛洪称:

> 夫金丹之为物,烧之愈久,变化愈妙。黄金入火,百炼不消;埋之,毕天不朽。服此二物,炼人身体,故能令人不老不死。③

《周易参同契》亦称:

> 以金入猛火,色不夺精光;自开辟以来,日月不亏明,金不失其重,日月形如常。……巨胜尚延年,还丹可入口,金性不败朽,故为万物宝,术士服食之,寿命得长久。……金砂入五内,雾散若风雨,

---

① 《五相类校释》,见萧汉明、郭东升《〈周易参同契〉研究》,上海文化出版社2001年版,第275页。
② 从元气——阴阳之气禀受的状况说明人与万物的类同或类别性,为元气宇宙论者的共同见解。东汉著名元气论者王充就称:"俱禀元气,或独为人,或为禽兽;并为人,或贵或贱,或贫或富;富或累金,贫或乞食;贵至封侯,贱至奴仆,非天禀施有左右也,人物受性有厚薄也。"(《论衡·幸偶》)葛洪引《玉钤经》称:"人之吉凶,制在结胎受气之日,皆上得列宿之精。其值圣宿则圣,值贤宿则贤,值文宿则文,值武宿则武……为人生本有定命。"(《抱朴子·内篇·辨问》)此都从禀气状况论人与物的"类"特性。
③ 〔晋〕葛洪:《抱朴子·内篇·金丹》。

早期道教的宇宙论及其价值

薰蒸达四肢,颜色悦泽好,鬓发白变黑,更生易牙齿,老翁复丁壮,耆妪成姹女,改形免世厄,号之曰真人。①

此都认定,服食金丹,散入于体内,即可炼形固体,得为长生不老。

然金丹之为物,在世上难以求得,于是道教学者有志于自己去炼丹。如何炼制呢?按,金丹既为天地宇宙最精纯之生化物,炼丹自当效法宇宙生化的过程方可成就。由是,如何盗取宇宙生化之天机,以人工的方法炼制金丹,成为道教学者的一大宏愿。

依《周易参同契》等丹道典籍的看法,天是圆的,地是方的,因之,炼丹之鼎炉当以上圆下方为宜;铅、汞为阴阳凝结之精品,炼丹当以铅、汞为基本材料;铅、汞被置于鼎中并注之以水,有似金火相须而归藏于北方水位;鼎下加火,开始炼丹;炼丹过程,关乎阴阳消息,故火候的掌握至关重要。《周易参同契》引入汉代《易》学的纳甲说、十二消息说、卦气说等理论说明如何才能依阴阳顺逆、四时替轮、五行生克之理去调节火候,炼取金丹。其称:

以金为堤防,水入乃优游。金计有十五,水数亦如之。临炉定铢两,五分水有馀,二者以为真,金重如本初。其三遂不入,火二与之俱,三物相含受,变化状若神。下有太阳气,伏蒸须臾间,先液而后凝,号曰黄舆焉。……偃月法炉鼎,白虎为熬枢,汞日为流珠,青龙与之俱,举东以合西,魂魄自相求。朱雀为火精,气平调胜负,水盛火消灭,俱死归厚土,三性已会合,本性共宗祖。②

本段文字述说得比较晦涩,大意即谓,真铅(金)、真汞(水)加上火之烧炼,温度之掌握得当,炼冶自可成功。

道教学者以此模拟宇宙生化之机炼制金丹,其想象力、好奇心与实验精神,多么令人惊叹!

---

① 《参同契校释》,见萧汉明、郭东升《〈周易参同契〉研究》,上海文化出版社2001年版,第260—261页。
② 《参同契校释》,见萧汉明、郭东升《〈周易参同契〉研究》,上海文化出版社2001年版,第263页。

三、早期道教宇宙论的价值重评

诚然,道教炼冶金丹并通过服用金丹求得长生的追求并不成功。

一方面,由于炼金丹求长生之追求并未成功;另一方面,在炼丹过程中又还引入许多巫术与禁咒,这就使道教常常受到责难。近代科学兴起,这种责难尤加严厉。

然而,道教真的一无是处吗?早在20世纪中叶,老一辈学者唐君毅先生已经做出反省。他在论"道教之地位与自然生命之超化"时写道:

> 中国尚有一宗教,最为知识分子之所轻,亦为我素所忽视者,即为道教。吾人平日对道教之观感,是觉其道德感不够深厚,且与各种术数迷信相结合。符咒、扶乩、星相、堪舆,皆与道教相结合。其所信之神,如杂而无统。……遂成为一大杂烩的宗教,为知识分子及其他宗旨明朗的宗教所看不起。然我尝参观此地之数道观,见此情形,却反生出一大同情。此大同情乃对中国下层民众之被压迫之宗教心情而发。此心情,对于居上层而自外来之宗教,无法抗拒,只有为之遍设神位,此实深堪哀悯。然哀悯之余,我复觉此为一切宗教之遍设神位、遍供香火之精神中,有一极敦厚博大之气度在。此气度是要包涵一切宗教,而承载一切宗教。宗教要人谦卑,然无一宗教徒能对其他宗教谦卑。而道教则发展出一对一切宗教之谦卑,任一切宗教之神,在其坛上横行。而道教徒视若淡然,将其宗教精神,遍施于十方神圣。此即大敦厚、大谦卑。而此大卑谦中,蕴藏一大尊严。……道教乃遥本中国原始的古代宗教之宗教,而此心情所表现之地德,即通于中国宗教精神之核心,亦通于数千年之中国文化之一核心。①

唐君毅先生于此即因道教面向下层被压迫之劳苦大众并甚具谦卑与包容精神而给予了同情的理解乃至认肯。

然而,仅从这一角度予以认肯,实际上是很不够的。本文以为,对道教特别是它以宇宙论支撑的神仙学说,还应该从以下几点做充分的开展与

---

① 唐君毅:《中国人文精神之发展》(第五部之十四),台湾学生书局1988年校订版,第354－356页。

深入的讨论。

其一，需要为道教做出辩解的是，它是不是显得过于"迷信"？我以为，如果以知识理性的眼光审视，则哪一种宗教不都是"迷信"的？基督宗教认定宇宙世界是上帝用六天时间创造的，难道可以为知识理性所接受？佛教经典常说佛陀宣教，常有虚空神天、四天王天、三十三天、炎摩天、兜率天、化乐天、他化自在天展转传颂，难道可以为事实所证成？比较之下，道教不讲神如何创世，不多谈神如何法力无边，而更多地依托于农业生产过程中的观察与经验，其所取的宗教禁忌亦多与农业生产的风雷雨雪山林障阻相关，这不是显得理性得多、经验得多吗？

其二，尤需予以突显的，是道教依托于在农业文明中形成的宇宙论及宇宙论所看重的"生命意识"。我们知道，许多宗教都把人的生命看作负面的，以为生命个体被抛落到世间是因为有了"罪性"、受了"无明"之熏染，灵魂之获救需要摆脱肉体生命进入另一重世界才有可能。这种把灵与肉认作对立的观点毫无疑问增强了道德感，高扬了神性，然而却轻忽了人性。道教不然。它确认人的肉体生命是天地宇宙正常运化的创造物，它具有天然的正当性。它重视人的肉体生命，不离人性而谈神性，不离肉体生命而谈德性修习。这样一种宗教信念，不是更契合于重视个体生命的现代人的价值观吗？

其三，还需强调的是，道教宇宙论及其所推重的"生命意识"与近代机械观比较提示的意义。机械观把大自然看作可以任由人们去取舍去蹂躏或去重组的"质料"，实即否认它的生命性。这种机械观固然突出了人的所谓的主体性，却把人与自然的对立推到了极其严重的地步，造成了当今严重的生态危机。道教不然。道教重视人的生命，同时把人的生命看作大自然的整体生命的组成部分，对大自然及其化出的种种生命形态怀抱着敬崇、敬畏与敬祈之情。道教及其所取宇宙论用阴阳、四时、五行的观念把宇宙万物纳入一个相互关联、相互感通的大系统，不免被"科学的眼光"判为荒唐可笑。然而，这种系统观念的背后隐含的却是在确认天地间的一事一物作为宇宙大生命的产物与构成，都有生命性并对别的生命乃至整个宇宙生命具有影响力。由是，我们对任一自然物事，就都不应该是随意的、轻忽的，而应该是珍爱的、顾惜的。在这里我们看到，道教由宇宙论支撑形成的"生命意识"，很自然地为现代人的生态意识奉献了丰富的思想资源。

其四，还需指出的是，道教的宇宙论及其支撑的"生命意识"，绝不仅仅只是农业文明时期形成的一种特定价值信念，它作为源于对农业生产、农作物生长收藏过程的观察和经验形成的思想体系，实际上还提供了一种独特的认知视角与认识价值。关于这一点，至今学界触及并不多，故本文尤须做若干专门性的讨论与辨明。

上文我们已经提及，道教徒坚信生命炼养的可行性，出于他们对宇宙生化过程的"类"的认识。宇宙论确认，宇宙万物的生化，是由阴阳两种生命力，在特定的时间、空间中相互激荡、相互交合而实现的。因之，万物（含人类）分别地都有一种在时间、空间（五行）乃至阴阳上的相关性。依从这种相关性，万物分别得以"类归"。以"类归"的方式把捉万物的性质与功能，便构成为宇宙论的基本的认知方式。

所谓"类归"的认知方式，我这里是指的把单个事物归入一类，把小类归入大类，通过类的逐层归入，对单个事物做出判认的一种方式。如中国古人常常把五方、五声、五味、五色等归入五行，把五行挂搭于四时，再把五行、四时归入阴阳；道教外丹道把汞、火、日归入阳类，把铅、水、月归入阴类，后来发展起来的内丹道把心、火归入阴类，把肾、水归入阴类；等等。通过归入说明各别事物的类层关系和同类之间在性质与功能上具有的通感性与互补性，所表现的即是"类归"的认知方式。

这种"类归"的认知方式，如借与近代兴起的分解—分析的认知方式做一比较，更可揭明它的独特性。① 以"人是什么"这一问题为例。分

---

① 英国著名汉学家李约瑟在其所著《中国古代科学思想史》、葛瑞汉所著《论道者——中国古代哲学论辩》中，均把中国古典宇宙论所体现的认知方式称为"关联思维"。李约瑟称："从原始的参与式思想发展出来的（至少）有两条路，一条（希腊人走的）是将因果概念加以精炼，这种态度引出如德谟克利特（Democritus）那种自然对现象的解说；另外一条路，是将宇宙万物万事都有系统地纳入于一个结构形式，这个结构决定各部分间的相互影响。如果有一个质点占据了时空中的某一点，依前者的看法，这是因为另外有一个质点把它推到那里；而依后者的看法，则是因为它与别的一些质点构成一个'力场'，由于相互影响的结果，才把它送到那一点。如此，因果关系已不是'质点的'，而是'围绕的'。"（[英] 李约瑟著：《中国古代科学思想史》，陈立夫等译，江西人民出版社1999年版，第356-357页）李约瑟认为，中国人的这条思想路数即是"关联思维"，由之形成的宇宙论他又称之为"有机宇宙论"。李氏对"有机宇宙论"有很好的分析与评价。葛瑞汉没有给"关联思维"下过定义。他认为在现实的日常生活中大多属于关联思维，只有面对选择的机会时才需要分析思维。葛瑞汉对中国古典宇宙论提供的认知意义似乎估量不足。（参见 [英] 葛瑞汉著《论道者——中国古代哲学论辩》，张海晏译，中国社会科学出版社2003年版，第359-424页）

解—分析的认知方式大概会说:"人是有智慧的两足动物。"这是以"种差加属"的方式做出回答,着眼点在人与其他动物的"差别"。在把"差别"做得越来越精细的时候,便可以量化,可以操作化,由之成就了近代的技术科学。而中国古典宇宙论的"类归"的认知方式,也许会回答说:"人是动物。"这就是把"人"这一小类归入"动物"那一大类。在做这种归入之后,我们思考"人"的问题,则不仅只顾及"人"自己的特性与功能,又且要顾及猪、牛、马、羊等各种同类与"人"的关联,对"人"的影响。这样一来,尽管"人"这一小类的特殊性被模糊了,但因为把小类归入大类,即意味着小类与大类中的各种事物有了更多的联结、更多的面向、更多的承接与转换关系,我们思考的空间无疑是更广阔了,这岂不是更能够容纳我们的想象力与创造性吗?

可见,包括道教徒在内的中国古代学人坚持的宇宙论,自有其在认知上的独特价值。

又需指出的是,"类归"作为宇宙论所取的基本的认知方式,不仅出于在认知上想象力、创造性的需要,它同时还有客观的依凭。关于这一点,我在《中国哲学的探索与困惑:殷商—魏晋》[①] 和《理性与觉性——佛学与儒学论丛》[②] 两书的有关章节中有过专门的讨论。今将前一书中的有关章节抄录如下,供学术同仁批评与指正:

> 元气本源论—宇宙生成论作为一种自然哲学,一种对世界的把握方式,有没有可取之处?

如上所述,依照这种宇宙生成论及这种理论所体现的类归性的认识原则,那么,宇宙万物不管在具体形态上有多么大的差别,在时间、空间上有多么大的距离,但它们之间都具有某种类的相关性、通感性,都具有互相生发、互相转化的可能性。这里提供的,是把世界万物视为不可分割的一个整体的宇宙观。对于这样一种宇宙观的价值评价,也许不一定要过分

---

① 参见冯达文《中国哲学的探索与困惑:殷商—魏晋》(中山大学出版社 1989 年版)第五章第三节"道教:在科学与神学之间"。修订本书名易为《早期中国哲学略论》(广东人民出版社 1998 年版)。

② 冯达文:《理性与觉性——佛学与儒学论丛》,巴蜀书社 2009 年版。

强调它与现代系统论思想的可比性。从宇宙自然生成（而不是构成）的角度看，这种宇宙观所触及的，主要是自然界和社会领域中客观、普遍存在着的一种共生现象：生活在同一圈层的事物，有可能获得某种共同的物质、能量和信息，从而形成某种共同的特性（成为某一类）。由于有了这种共同特性，就使这些事物不管在后来的发展过程中、在外观形态上已有多大的差别，都仍然共同地受制于原有的共生条件，或在原有的共生条件一旦再现时，都仍然会做出某种相似的反应。例如，生活于同一个星球——地球的所有生物体，由于地球的自转关系而都受着大体上的24小时为一周期的生物钟的制约。又如，生活在同一地理环境下的人，在体形、肤色、气质上都具有相似性；生活于同一时代里，人的心理结构都具有某种接近性；等等。这些都可以说表现了这种共生性。中国古代的宇宙生成论依阴阳立论，阳表示向日，与白天、夏季、干燥、温热等相关；阴表示背光，与黑夜、冬季、潮湿、寒冷等相联。古人把在白天、夏季较活跃、性喜干燥、温热等的事物归入阳类，与之相反的事物归入阴类，这种自然观本质上就是以农作物的兴衰为价值取向的宽泛意义上的共生论。从农业生产的角度看，以阴（背光）、阳（向日）来标识两大类型的共生性，无疑是十分客观的，是符合人们的普遍经验的。

自然界和社会中普遍存在的共生现象使宇宙万物得以联结在一起，并使人们依一定的类属关系、从类的归入的角度予以把握的方式得以成立。而类的归入又意味着什么呢？譬如说，把个人归入人类圈，把人类归入动物类圈，把动物类归入生物类圈，把生物类归入有机物类圈，把有机物类归入无机物类圈以至现存万物的最初本原，这种类的归入、圈层不断拓大的过程，不就是向历史的源头处追溯自然演化的过程吗？如图：

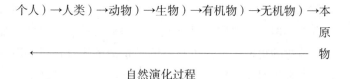

显见，单独个体越是往大类、总类归入、寻找规定的过程，也就是越向其古老的本原求取解释的过程。正是在这里，中国古代本原论的自然哲学又获得了它的立足之地：尽管这种自然哲学具体给出的本原（气）和演化阶段不一定正确，但是溯源法作为一种认识方法，却并不是毫无根据

早期道教的宇宙论及其价值

的。像我们所知道的，现存自然万物确实就是从某种共同本原演化而来的。这种演化过程，一方面固然体现为一种物种不断由低级向高级进化的趋向；但另一方面，高级物种在其发生发展过程中，又并没有把在它以前的物种演化所经历的各个阶段和过程"遗忘"掉。以往的物种演化过程，已经作为遗传密码储存于每个个体的"记忆"中，并对个体的发生发展起着某种规范的作用。个体（种）的发生史重演着类（属）的进化史。这也许就是各种生物尽管在具体形态上千差万别但仍然具有某种结构的相似性（如生物属性）的基本原因。即使在高等物种中，低等物种所经历的那些阶段、所具有的那些特性，已经被压缩了、简化了，甚至消退了，但作为一种潜在因素（一种记忆），却并未完全被抹去，在一定条件下，还会被唤醒。特异功能即是一例。在低等动物那里，感知能力并不是集中于少数几个器官的。高等动物和人把与世界交换信息的能力集中于几个器官并使之专门化，结果是身体的其他部分的感知能力消退了。儿童专门的感知器官还没有充分发展，原始的能力便能够再现，能够被唤醒。特异功能显然可以归属于返祖还原现象。在高等动物发生、发展的特定阶段上，仍然受着自然演化过程中以往各个阶段一些特质的制约，仍然可以重新显现以往物种的某些特征。这些情况，都为中国古代本原论形态的自然观的确立提供了依据。这种本原论的自然哲学作为中国传统的人体科学、医学、化学的理论基础，使这些科学在世界文明发展史上得以占有一席之地，绝不是偶然的。它的成功显然就根植于客观世界本身固有的类的相关性、本原的共同性之中。道教型的创新追求及其所提供的价值，恰恰就把握着客观世界这一方面的特性。

当然，也只能说，道教和宇宙生成论仅仅把握着客观世界的这一方面。客观世界还有另一方面的问题。这就是：每个个体（个别事物）的特殊属性是否都能够从它所依从的类中得到解释？每个个体的现时状况是否都可以溯还到它的古老的本原去得到说明？

这是宇宙生成论这种哲学形态及其对世界的把握方式走向失误的一个关键问题。

我们知道，自然物种个体的发生史固然要重演它的类的进化史，但是自然界每向一个新的更高层次的突进过程，同时又表现为个体突破原先的类的规范而获得新质，进而成为新类的过程。既然个体获得了新质，成为新类，当然再也不可能完全地以它原先所从属的类的特性予以说明；特别

· 279 ·

是进化的层次越高、离开原先的本原越远，用回溯的办法去解释就越显得软弱无力。

依照客观世界在这一方面的特点，相应地需要突出的就不是类的归入、类的共通性，而是对原有的类的规范的挣脱，是个体与类的不同的特殊性。如果说社会的发展也同样具有这一方面的特点的话，那么，这一观点横移过来，需要突出的就不是既定的群体性，而是力图从既定群体关系中超越的个体性。

在认知方式上，为了把握到客观世界（包括人类社会）在这一方面的特性，相应地就需要引入分解、分析的方法。要把个体及其特殊的生存条件从世界的整体联系中单独抽离出来，要把它从类的连续发展链锁中一环一环地拆解开来，经过从本原（总类）到个体的逐层剥落，它的个体特征、现时存在样态才能显露出来，才能从"种差加属"的严格性上对它予以厘定。

对这方面的问题，两汉宇宙生成论显然是忽略了。

（原载《开拓者的足迹：卿希泰先生八十寿辰纪念文集》，巴蜀书社2010年版）

禅道汇通的观念建构与境界追求

本文的"禅",主要指由惠能(638—713)开创的禅宗南宗顿教;"道",则指由老子、庄子、王弼、郭象等人发展起来的道家。

学界大多承认,禅宗由菩提达摩从印度传入,历经二祖慧可、三祖僧璨、四祖道信、五祖弘忍,至六祖惠能,得以更进一步地被中国化,从而构成为中国古典思想信仰的重要组成部分。而在禅宗中国化的过程中,道家思想的影响具有至关重要的意义。

一、禅宗顿教的"道"观与"本无"说

禅宗特别是惠能所创的禅宗顿教,对道家思想多所认受从而得以使佛教更加被中国化,见诸哪些方面呢?

首先就见诸"道"的观念的广泛引入,并以"本无"(虚空)论"道体"。关于"道",方立天称:

> 道家的"道"观念对于慧能一系禅宗的影响是巨大而久远的,"道"几乎是和"佛""禅"在同一意义上使用的、出现频率极高的词。禅师们还称"道"为"真道""大道",称禅宗以外的流派为"外道",致力于禅修的人称为"道流",佛性也称为"道性",依禅修而得识见、眼光,称为"道眼",禅宗的古则也称为"道话",等等。道家"道"的观念深刻地影响了禅宗的世界观、人生观、心性论和修持方式。①

方立天此说诚是。

究其实,"道"观念的大量引入不自惠能一系禅宗始。中土禅宗初祖达摩的《二入四行论》已有"入道多途""修道行人""喜风不动,冥顺

---

① 方立天:《道与禅——道家对禅宗思想的影响》,见陈鼓应主编《道家文化研究》(第6辑),上海古籍出版社1995年版,第252–253页。

于道""判知无求，真为道行"等提法，① 四祖道信以"道"为号，所撰《入道安心要方便法门》又以"入道"为修禅教法，此都以"道"为说。

尤其重要的是，禅宗诸师不仅以"道"为说，而且以"本无"、以"虚空"论"道"，从而更透显道家色彩。四祖道信（579—651）称：

> 若初学坐禅，于一静处，直观身心：四大五阴、眼耳鼻舌身意，及贪嗔痴，若善若恶，若怨若亲，若凡若圣，及至一切诸法，应当观察，从本以来空寂，不生不灭，平等无二；从本以来无所有，究竟寂灭；从本以来清净解脱。不问昼夜，行往坐卧，当作此观，即知自身犹如水中月，如镜中像，如热时炎，如空谷响。若言是有，处处求之不可见；若言是无，了了恒在眼前。诸佛法身皆亦如此。②

这段话后面一句论及"有""无"，亦不无"缘起性空"之意，但讲"从本以来空寂""从本以来无所有""从本以来清净解脱"，则明显地沿袭了道家"以无为本"的形上架构。

相传曾师从道信的牛头宗创始人法融（594—657）撰写有《绝观论》③。该论作写道：

> 缘门起问曰：道究竟属谁？答曰：究竟无所属，如空无所依。道若有系属，即有遮有开，有主有寄也。
> 问曰：云何为道本？云何为道用？答曰：虚空为道本，参罗为法用也。
> 问曰：于中谁为造作？答曰：于中实无作者，法界性自然。

---

① 〔唐〕释净觉：《楞伽师资记》，见《大正藏》（第85卷），第1285页上－中。
② 〔唐〕释净觉：《楞伽师资记》，见《大正藏》（第85卷），第1288页下。
③ 法融所撰《绝观论》久佚，现存本论为20世纪30年代由日本学者从敦煌遗书中发现。本文所引均从杨曾文《唐五代禅宗史》，中国社会科学出版社1999年版，第298－299页。

禅道汇通的观念建构与境界追求

又记述：

> 问曰：既言空为道本，空是佛不？答曰：如是。
>
> 问曰：若空是者，圣人何不遗众生念空，而令念佛也。答曰：为愚痴众生，教令念佛；若有道心之士，即令观身实相，观佛亦然。夫言实相者，即是空无相也。
>
> 觉了无物，谓之佛；通往一切，谓之道。

法融这里处处都以"道"称"佛"，以"虚空为道本"。在"虚空"作为"道"被推上绝对本体的位置后，便再也不取"缘门"所理解的，以"缘起无自性"为言了。① 牛头宗的这种本体观后来被禅宗顿教广泛地接纳。

看禅宗顿教开创者六祖惠能。惠能"得法偈"称：

> 菩提本无树，
> 明镜亦非台。
> 本来无一物，
> 何处惹尘埃？

这"本无"其实也就是"虚空"。杨曾文校写《敦煌新本六祖坛经》本"得法偈"作"菩提本无树，明镜亦非台。佛性常清静，何处有尘埃"②。学界认为讲"本来无一物"为般若学，讲"佛性常清净"才属如来藏学。本书以为两句提法有别，但思想并不两立。只有以"无"为"本"，才可以确保佛性之"常清净"。"清净"实际上就是"本无"的一

---

① 宗密《禅源诸诠集都序》把牛头宗归为"泯绝无寄宗"。他写道："泯绝无寄宗者，说凡圣等法，皆如梦幻，都无所有，本来空寂，非今始无。即此达无之智，亦不可得。平等法界，无佛无众生。法界亦是假名。心既不有，谁言法界？无修不修，无佛不佛。设有一法胜过涅槃，我说亦如梦幻。无法可拘，无佛可作，凡有所作，皆是迷妄。如此了达本来无事，心无所寄，方免颠倒，始名解脱。"（《大正藏》第48卷，第402页下）依"缘起性空"说，"空"当从"无自性"解入，没有说以"空"为本原或本体的。因而印顺称："《绝观论》以'大道冲虚幽寂'开端，立'虚空为道本'，牛头禅与南朝玄学的关系，是异常密切的。"（释印顺：《中国禅宗史》，上海书店1992年版，第119页）

② 杨曾文校写：《敦煌新本六祖坛经》，上海古籍出版社1993年版，第11页。

种诠释。如老子说:"致虚极,守静笃,万物并作,吾以观复。"王弼注称:"言致虚,物之极笃;守静,物之真正也。动作生长,以虚静观其反复。凡有起于虚,动起于静,故万物虽并动作,率复归于虚静,是物之极笃也。"① 老子、王弼以"虚无"为"本","虚无"意味着没有矛盾冲突,没有往复变化,故亦必"静"。王弼以"虚静"连属即是。禅宗与老子、王弼的区别仅在于,"虚静"是从存在状况讲,"清净"则隐含有价值取向。但是,他们都有相似的本体论建构,却是无疑的。

禅宗特别是惠能一系之所以不以"因缘无自性"说"空",而直接赋予"空"(虚空)以绝对本体的意义,乃因为他们所指的"空"为"心",他们要赋予"心"以绝对本体的意义。而且,正因为"心"作为本体,它"本来无一物",本来是清净的,因之才可以说它不是"无明",而是佛性。每个众生因为具足佛性,成佛也就是必然的。我们不难看到,正是在这一点上,如来藏学显示了与般若学的一大区别。

我们且引惠能一系的阐述。② 惠能说:

> 何名摩诃?摩诃者是大,心量广大,犹如虚空。若空心禅,即落无记空。世界虚空,能含日月星辰、大地山河、一切草木、恶人善人、恶法善法、天堂地狱,尽在空中。世人性空,亦复如是。性含万法是大,万法尽是自性。见一切人及非人,恶之与善、恶法善法,尽皆不舍,不可染著,犹如虚空,名之为大。③

惠能于此即以"虚空"说"心体"。"虚空"作为"心体"与万法的关系,不是"因缘"关系,而是"含容"关系。"虚空"之"心体"因为可以"含容"万法,平等地对待万法,因而才不会落入"无记空"。但"心体"必以"虚空"为言,才切合禅旨。

---

① 〔魏〕王弼著,楼宇烈校释:《王弼集校释》(上册),中华书局1980年版,第35—36页。

② 按般若学主"缘起性空",凡缘起的,均"无自性",既无自性,便是"空"。"性空"是就"缘起"而言,依"缘起"而成就的,便不具绝对本体义。如果回到"十二因缘"说看"缘起性空",实指"我"和"我"所执认知"法"都是由缘起而"有",因为是"空"的。然则"性空"只是一种"观法",更不具本体意义。不从"缘起"讲"空",把"空"(无)认作绝对主体,实为禅宗顿教有取于道家而证成。

③ 杨曾文校写:《敦煌新本六祖坛经》,上海古籍出版社1993年版,第26—27页。

禅道汇通的观念建构与境界追求

尔后，菏泽神会（684—758）在与礼部侍郎苏晋的问答中有更明确的说明：

> 礼部侍郎苏晋问："云何是大乘？何者是最上乘？"答曰："菩萨即大乘，佛即最上乘。"问曰："大乘最上乘，有何差别？"答曰："言大乘者，如菩萨行檀波罗蜜，观三事体空，乃至六波罗蜜，亦复如是，故名大乘。最上乘者，但见本自性空寂，即知三事本来自性空，更不复起观。乃至六度亦然，是名最上乘。"又问："假缘起否？"答曰："此中不立起缘。"又问："若无缘起，云何得知？"答："本空寂体上，自有般若智能知，不假缘起。若立缘起，即有次第。"①

在神会看来，从"缘起"来讲"性空"（观三事体空），会落入前因后果的先后次第中，所证得之"空"亦只会是相对的，这仅属"大乘"。"最上乘"之教，乃"不立缘起"，当下证入"本自性空寂"。神会此亦以"空寂"言心体—性体。宗密《中华传心地禅门师资承袭图》评介神会菏泽宗称：

> 空寂之心，灵知不昧。即此空寂寂知，是前达摩所传空寂心也。任迷任悟，心本自知，不藉缘空，不因境起。迷时烦恼亦知，知非烦恼；悟时神变亦知，知非神变。然知之一字，众妙之源。②

神会是以"知"论佛性的，然也认"知"所赖之"体"为"空寂之心"。这一"空寂之心""不藉缘生，不因境起"，无所对待，是即以"空寂"指"心"为绝对本体。

往下再看洪洲一系之黄檗希运：

---

① 〔唐〕释神会：《南阳和尚问答杂徵义》，见杨曾文编校《神会和尚禅话录》，中华书局1996年版，第67页。
② 〔唐〕释宗密：《中华传心地禅门师资承袭图》，见《大藏新纂卍续藏经》（第63册），第33页下。

> 心本是佛，佛本是心。心如虚空，所以云佛真法身犹如虚空。
> 但无一切心，即名无漏智。汝每日行往坐卧、一切言语，但莫著有为法。出言瞬目，尽同无漏。如今末法向去多是学禅道者，皆著一切声色。何不与我心心同虚空去，如枯木石头去，如寒灰死火去，方有少分相应。若不如是，他日尽被阎老子拷你在。你但离却有无诸法，心如日轮，常在虚空，光明自然，不照而照。不是省力底事。到此之时，无栖泊处，即是行诸佛路，便是应无所住而生其心。此是你清净法身，名阿耨菩提。①

这里黄檗师更把无漏智、清净法身、本心与"虚空"等同起来。以"我心心同虚空去""常在虚空"，为证成佛道之判准。

如果说，从"缘起"讲"性空"不具本体论意义而仅为印度佛教的一种教法，那么，直指本体之"心"为"本无""虚空"，则诚然体现了佛教有取于道家本体论得以实现中国化的基本路向。

二、禅宗顿教的"自然观"

印度佛教由"缘起"讲"性空"，必以修为乃至"苦行"作为证得佛道的入路。以禅宗顿教为主导的中国化的佛教既直指"心体"为"空"，便不可以"起心修为"。故证入佛道只以"无念""无修"为修。此亦即以"任心而行""任自然"而行为是。

惠能所倡之法就以"无念为宗"。他称道：

> 善知识，我此法门从上已来，顿断皆立无念为宗，无相为体，无住为本。何名为相无相？于相而离相。无念者，于念而不念。无住者，为人本性，念念不住，前念、今念、后念，念念相续，无有断绝。若一念断绝，法身即离色身；念念时中，于一切法上无住；一念若住，念念即住，名系缚；于一切法上念念不住，即无缚也。此是以无住为本。……然此教门立无念为宗，世人离境，不起于念。若无有念，无念亦不立。②

---

① 《古尊宿语录》（卷二），见《大藏新纂卍续藏经》（第68册），第16页。
② 杨曾文校写：《敦煌新本六祖坛经》，上海古籍出版社1993年版，第16–17页。

在惠能看来，人之为人不可以"一念断绝"，修持方法上所说的"无念"，是指的"离相"，不住于相，因为清净性体，即以"离相"才能证得。惠能又以"不起心"论无念功夫：

> 善知识，此法门中坐禅原不著心，亦不著净，亦不言不动……不见自性本净，起心看净，却生净妄。妄无处所，故知看者却是妄也。净无形相，却立净相。言是功夫，作此见者，障自本性，却被净缚。①

"自性本净"者，即"本来无一物"；"起心看净"，则落入"有物"生起"净妄"了。

"无念""不起心"的修持方法，也就是"无修""不修之修"。惠能称："一行三昧者，于一切时中行住坐卧，常行直心是。"② 此所谓"直心是"也即"不起心"做理性考量，以任心（直心）而行为确当。洪州马祖道一（？—788）进而演绎：

> 道不用修，但莫污染。何为污染？但有生死心，造作趣向，皆是污染。若欲直会其道，平常心是道。何谓平常心？无造作，无是非，无取舍，无断常，无凡无圣。经云：非凡夫行，非圣贤行，是菩萨行。只如今行住坐卧，应机接物，尽是道。道即是法界，乃至河沙妙用，不出法界。若不然者，云何言心地法门？③

这是说，"道"既是"虚空"的，自也是"清净"的。"污染"源自"起心"做生与死、是与非乃至圣与凡的种种分别，以为做种种分别才可以去修行。"道不用修"，就是要去掉"分别"，不做种种修行。唯不做种种修行，才可以回归清净本心。然则，从"道"的角度看，应该如何行事呢？以"平常心"行事，故亦可以说"平常心是道"。何谓"平常心"？"无造作，无是非，无取舍，无断常，无凡无圣"，即不做任何分别，在日常"行住坐卧，应机接物"中任心而行。"任心而行"，也就是"道"，也

---

① 杨曾文校写：《敦煌新本六祖坛经》，上海古籍出版社1993年版，第18－19页。
② 杨曾文校写：《敦煌新本六祖坛经》，上海古籍出版社1993年版，第15页。
③ 邢东风辑校：《马祖语录》，中州古籍出版社2008年版，第110页。

就是"法界",也就是"菩萨行"。

而所谓"任心而行",即道家所主的"任自然""因顺自然"行事。因之,佛家也经常引入"自然"这一概念。早在西晋竺法护三国时期之支谦所译经典就已提及:"一切诸法,本净自然,悉虚无实,为诸客尘之所玷污。"① "自然之故,心本清净。"② 此都把"清净"认作心性自然——本然具足。较早于中土传播佛性论的竺道生也曾说:"夫体法者,冥合自然。一切诸佛,莫不皆然,所以法为佛性也。"③ 此进而以"冥合自然"为证入佛性的通途。

及惠能禅宗。惠能自己虽然没有直接使用"自然"一词,然而他经常提到的"自心""心性""自净""自修""自行""自成"一类话语,把佛性归于自心,把证入佛境归于"自行",并以"直心"为"道场",实亦以本心本性得之自然从而因顺自然本心本性即可证得为说。由是,才有刘禹锡在《曹溪六祖大鉴禅师第二碑》碑文中的评价:"无修而修,无得而得。能使学者还其天识,如黑而迷,仰见斗极。得之自然,竟不可传。口传手付,则碍于有。留衣空堂,得去天授。"④ 刘禹锡这里所谓"天识""天授",实都以天然——自然——本然为说,认惠能禅学实主"无修而修,无得而得",亦即以"得之自然"为成佛通途。

稍后,菏泽神会则说得更直截了当:

> 僧家自然者,众生本性也。⑤
> 佛性与无明俱自然。何以故?一切万法皆依佛性力故。所以一切法皆属自然。⑥

我们知道神会是以"空寂"为"佛性"的,说"一切万法皆依佛性

---

① 〔西晋〕竺法护译:《度世品经》(卷五),见《大正藏》(第10卷),第645页下–644页上。
② 〔西晋〕竺法护译:《大方等顶王经》,见《大正藏》(第14卷),第593页下。
③ 〔梁〕释宝亮纂集:《大般涅槃经集解·狮子吼品》,见《大正藏》(第37卷),第549页上–中。
④ 〔清〕董诰等编:《全唐文》(卷六一〇),中华书局1983年版,第2730页中。
⑤ 杨曾文编校:《神会和尚禅话录》,中华书局1996年版,第91页。
⑥ 杨曾文编校:《神会和尚禅话录》,中华书局1996年版,第118页。

禅道汇通的观念建构与境界追求

力故",实即以为万法是无所依从、自然而然地存在与变迁的,故可以说"一切法皆属自然"。宗密于《禅源诸诠集都序》中评价菏泽思想称:

> 即此空寂之知,是汝真性。……故虽备修万行,唯以无念为宗。但得无念知见,则爱恶自然淡泊,悲智自然增明,罪业自然断除,功行自然增进。既了诸相非相,自然无修之修,烦恼尽时,生死即绝。生灭灭已,寂照现前,应用无穷,名之为佛。①

此都确认菏泽神会一切唯求"自然",以为惠能所主"无念"亦即以"无修"为"修"。唯以"自然无修之修",才能"自然地"化去一切妄业,证入佛道。

及洪州马祖一系。马祖道一称:"只如今行住坐卧,应机接物,乃至河沙妙用,不出法界。"此亦即"顺其自然"。马祖道一弟子大珠慧海深契师门,其《语录》记述:

> 有源律师来问:"和尚修道,还用功否?"师曰:"用功。"曰:"如何用功?"师曰:"饥来吃饭,困来即眠。"曰:"一切人总如是,同师用功否?"师曰:"不同。"曰:"何故不同?"师曰:"他吃饭时,不肯吃饭,万种须索;睡时不肯睡,千般计较,所以不同也。"②

"万种须索""千般计较",便是"起心看净",便会被分别智遮蔽;唯"饥来吃饭,困来即眠",无所用心,顺其自然,才能证入空门。

宗密以为洪州宗与菏泽宗都属"直显心性宗"。他评介洪州宗在修持论上的基本主张是:

> 即今能语言动作,贪嗔慈忍,造善恶受苦乐等,即汝佛性;即此本来是佛,除此无别佛也。了此天真自然,故不可起心修道。道即是心,不可将心还修于心;恶亦是心,不可将心还断于心。不断不修,

---

① 〔唐〕释宗密:《禅源诸诠集都序》(卷上之二),见《大正藏》(第48卷),第402页下-403页上。
② 〔唐〕释慧海:《诸方门人参门语录》,见《大藏新纂卍续藏经》(第63册),第25页中。

· 289 ·

任运自在，方名解脱。性如虚空，不增不减，何假添补？但随时随处息业，养神圣胎，增长显发，自然神妙，此即是为真悟、真修、真证也。①

此即认为洪州追求"天真自然""任运自在"。之所以以此为"修"，乃由于本体观上主张"性如虚空，不增不减"。"起心"作"修"，即"有增有减"。唯"天真自然""任运自在"，才可以证入"虚空"，证成佛道。

印度佛家本讲"因缘"，不讲"自然"。"自然"为道家观念。② 依佛家的"因缘"说，众生是被三世轮回报应锁定的，必须刻意起心修持，方可求得解脱；而依道家之"自然"观，所谓"道"以"无"为"本"，则"道"对人（物）无所给定，人（物）或只以"自然而然"的方式处世（如老子、庄子、王弼、郭象），或仅以因顺自然变迁的节律行事（如黄老学），其都以不着意、不主观妄为为追求。可见，"因缘"与"自然"原属不同文化传统的观念。汤用彤先生曾经指出：

自然一语本有多义。王（弼）主万象之本体贞一。故天地之运行虽繁，而有宗统。"物无妄然，必由其理。故繁而不乱，众而不惑。"（《易略例·明象》）故自然者，乃无妄然也。至若向、郭则重万物之性分。物各有性，性各有极。物皆各有其宗极，而无使之者。故自然者即自尔也，亦即块然、掘然、空然也。由王之义，则自然也者并不与佛家因果相违。故魏、晋佛徒尝以二者并谈，如释慧远之《明报应论》是矣。由向、郭义，则自然与因果相悖。故反佛者亦尝执自然以破因果，如范缜之《神灭论》是矣。自然与因果问题，为佛教与世学最重要争论之一。③

汤用彤以为王弼讲"理"之"必然"，并不见得完全。王弼所认可的

---

① 〔唐〕释宗密：《禅源诸诠集都序》（卷上之二），见《大正藏》（第48卷），第402页下。
② 北周甄鸾所撰《笑道论》曾称："佛者以因缘为宗，道者以自然为义。自然者无为而成，因缘者积行乃证。"〔唐〕释道宣集：《广弘明集》（卷九），见《大正藏》（第52卷），第143页下〕此说为是。
③ 汤用彤：《魏晋玄学流别略论》，见《汤用彤学术论文集》，中华书局1983年版，第238－239页。

统众之"理",多见于对《论语》《周易》的注释。两书所涉实为"有物"的层面。及《老子注》以"无"为"道",所谓"无",就是放开自己,一切以"任自然"为尚。而"任自然",即是不做任何理性的选择,不取既定的目的,只顺随自然—本然给出的状态或心意自然流出的欲念去行事,去实现其自己。这是魏晋士人所共推的价值追求,王弼也不例外。但汤用彤以为"由向、郭义,则自然与因果相悖","自然与因果问题,为佛教与世学最重要争论之一",却是极有见地的;以为郭之"自然"是指"自尔",即偶然,亦十分确当。唯属偶然,无法前知过去,预知未来,才不得不全体地认受现世当下。

如上我们已经看到,佛教发展至禅宗,已经大量引入"自然"观念了。这意味着什么呢?我们看神会的一个有趣的解释。《神会语录》记述:

> 马别驾(马择)遂问:"天下应帝廷僧,唯说因缘,即不言自然;天下应帝廷道士,唯说自然,即不言因缘。"答曰:"僧唯独立因缘,不言自然者,是僧之愚过。道士唯独立自然,不言因缘者,道士愚过。"马别驾言:"僧家因缘可知,何者即是僧家自然?若是道家自然可知,何者即是道家因缘?"和尚答:"僧家自然者,众生本性也。又经文所说:'众生有自然智、无师智。'此是自然义。道士家因缘者,道得称自然者。道生一,一生二,二生三,三生万物。从道以下,并属因缘。若其无(道),一从何生?今言一者,因道而立。若其无道,万物不生。今言万物者,为有道故,始有万物。若其无道,亦无万物。今言万物者,并属因缘。"①

神会与马别驾的这番对答其趣在于:在神会认为僧家也要讲"自然"并以"自然"为"众生本性"时,即意味着,他其实并不过多地强调佛家的"因缘"说。如果强调"因缘",讲求"三世轮回报应",是不可以不"起心看净"的;而在神会认为道家也应讲"因缘"并以"道生"来解释"因缘"时,这种"因缘"同样还是指的"自然而然",而无"三世轮回报应"的意义。这就可见禅家是如何以"自然"为重。

"自然"(偶然)观念的引入,以"三世轮回报应"为核心内容的

---

① 杨曾文编校:《神会和尚禅话录》,中华书局1996年版,第90-91页。

"因缘"说的淡化,其深刻意义在于:它使禅家的价值追求得以消削过去、现在、未来的重重连锁,而回归到现世当下的生命情怀。而现世当下的生命情怀,正是"魏晋风度"之所尚。

三、禅宗顿教回落"见闻觉知"的"心"论

特别是,在禅家对如何是"心"做重新演绎之后,禅家与魏晋士人的风情更加难分难解。前面说到,禅家讲"道",是把"道"收摄归"心"的。道家以"道"为绝对本体,禅家即指"心"为绝对本体;道家以"道"为"虚空",禅家即指"心"为"虚空"("空寂");道家以"自然"论"道",禅家即以"自然"论"心";等等。凡道家以"道"为说,禅家都以"心"为言。但是,"心"是什么?

我们再看看洪州宗。

我们知道,马祖道一承接惠能说法,明确认定:"一切法皆是心法,一切名皆是心名。万法皆从心生,心为万法之根本。"① 马祖道一再传弟子黄檗希运进而阐明:

> 世人闻"道诸佛皆传心法",将谓心上别有一法,可证可取,遂将心觅心。不知心即是法,法即是心。不可将心更求于心,历千万劫,终无得日。不如当下无心,便是本法。②

又谓:

> 诸佛菩萨与一切蠢动众生同大涅槃性。性即是心,心即是佛,佛即是法。一念离真,皆为妄想。不可以心更求于心,不可以佛更求于佛,不可以法更求于法。故修道人直下无心默契,拟心即差。以心传心,此为正见。③

希运于此亦以佛、法、性、心为一,而归于"一心"。

---

① 邢东风辑校:《马祖语录》,中州古籍出版社2008年版,第110–111页。
② 〔宋〕释道原纂:《景德传灯录》(卷九),见《大正藏》(第51卷),第271页中。
③ 〔宋〕释道原纂:《景德传灯录》(卷九),见《大正藏》(第51卷),第272页上。

禅道汇通的观念建构与境界追求

而有所谓"将心更求于心"者,无疑是指一种对象性的认知心。洪州宗以为一定要打掉这种心才能悟道。《古尊宿语录》记述马祖道一事:

> 问:"和尚为什么说即心即佛?"师曰:"为止小儿啼。"曰:"啼止时如何?"师曰:"非心非佛。"曰:"除此二种人来,如何指示?"师曰:"向伊道不是物。"曰:"忽遇其中人来时如何?"师曰:"且教伊体会大道。"问:"如何是西来意?"师曰:"即今是什么意?"
>
> 僧问:"如何得合道?"师曰:"我早不合道。"问:"如何是西来意?"师便打曰:"我若不打汝,诸方笑我也。"①

马祖道一这种有似"文不对题"的回答,用意即在打掉学道者的认知心。认知心亦今人所说理性心。理性心把"本心"对象化、知识化了,便是"将心更求于心"。洪州诸师讲"当下无心",就是要废弃这种认知心、理性心。

认知心、理性心既不可作"本体心",那么,"本体心"究竟是什么?《景德传灯录》记载有达摩弟子波罗提为王说法的一番对答:

> 问曰:"何者是佛?"答曰:"见性是佛。……"王曰:"性在何处?"答曰:"性在作用。"王曰:"是何作用?……"波罗提即说偈曰:"在胎为身,处世为人,在眼曰见,在耳曰闻,在鼻辨香,在口谈论,在手执捉,在足运奔。遍现俱该沙界,收摄在一微尘,识者知是佛性,不识唤作精魂。"②

眼、耳、鼻、舌、身、意,为见闻觉知,在原始佛教那里,乃造罪造恶的根源。到了达摩禅宗这里,已被看作"性"的作用。而后,如所引马祖道一称"平常心是道""谓平常心无造作,无是非,无取舍,无断常,无凡无圣。……只如今,行住坐卧,应机接物尽是道",实际上也指日常见闻觉知为"心"、为"性"、为"佛道"。

---

① 〔宋〕赜藏主编集,萧𨑢父、吕有祥点校:《古尊宿语录》(上册),中华书局1994年版,第5页。
② 〔宋〕释道原纂:《景德传灯录》(卷三),见《大正藏》(第51卷),第218页中。

《景德传灯录》记有石头希迁一系的天皇道悟的一番对答：

> （崇信）问曰："某自到来，不蒙指示心要。"悟曰："自汝到来，吾未尝不指汝心要。"师曰："何处指示？"悟曰："汝擎茶来，吾为汝接。汝行食来，吾为汝受。汝和南时，吾便低头。何处不指示心要？"师低头良久。悟曰："见则直下便见，拟思即差。师当下开解。"①

可见，石头希迁一系亦回落下来，以"直下"的见闻觉知为"心体"。

牛头宗法融创教，深受道家影响，往后发展又与禅宗顿教合流。《宗镜录》记牛头宗第六代传人慧忠（683—769）宣教：

> 学人问："夫入道者，如何用心？"答曰："一切诸法本自不生，今则无灭。汝但任心自在，不须制止；直见直闻，直来直去；须行即行，须住即住，此即是真道。"②

慧忠以"直见直闻，直来直去"为"任心自在"，无疑也回落认肯"见闻觉知"。

显然，以"见闻觉知"为"本心本性"，为禅宗顿教在唐代发展的基本路向。其中洪州宗尤其明显。宗密在《中华传心地禅门师资承袭图》中曾这样评介该宗：

> 洪州意者，起心动念，弹指动目，所作所为，皆是佛性全体之用，更无别用。全体贪嗔痴，造善造恶，受乐受苦，此皆是佛性。如面作种种饮食，一一皆面。意以推求此身，四大骨肉，喉舌牙齿，眼耳手足，并不能自语言、见闻、动作。如一念命终，全身都未变坏，即便口不能语，眼不能见，耳不能闻，脚不能行，手不能作。故知能言语动作者，必是佛性。且四大骨肉，一一细推，都不解贪嗔烦恼，

---

① 〔宋〕释道原纂：《景德传灯录》（卷十），见《大正藏》（第51卷），第313页。
② 〔宋〕释延寿集：《宗镜录》（卷九十八），见《大正藏》（第48卷），第945页。

禅道汇通的观念建构与境界追求

故知贪嗔烦恼并是佛性。佛性体非一切差别种种，而能造作一切差别种种。体非种种者，谓此佛性非圣非凡，非因非果，非善非恶，无色无相，无根无住，乃至无佛无众生也。能作种种者，谓此性即体之用，故能凡能圣，能因能根，能善能恶，现色现相，能佛能众生，乃至能贪嗔等。若覆其体性，则毕竟不可见，不可证，如眼不自见眼等。若就其应用，即举动运为，一切皆是。更无别法而为能证所证。……故所修行，理宜顺此，而乃不起心断恶，亦不起心修道。道即是心，不可将心还修于心；恶亦是心，不可将心还断于心。不断不造，任运自在，名为解脱人。无法可拘，无佛可作，犹如虚空，不增不减，何假添补！何以故？心性之外，更无一法可得故。故但任心即为修也。①

依宗密之概述，洪州宗之教旨，即在以"见闻觉知"说"性"论"佛"（"起心动念……皆是佛性全体之用"）。其所持的根据（论证方式）是：依祖师所说，"万法在自性"，然在一人之身（"四大骨肉"）中真正能生起、分别与支配万法的，不是别的，只是一心。此正说明"心"便是"性"，便是"佛"。然，如"心"即是"佛"，则起心动念、造善造恶无不是"心"，亦且无不是"佛"。依以往的见解，或只认"性"是"佛"，而指"心"为"妄"；或虽以"心"论"性"，然将一心分判为"真心"与"妄心"。这实际上都只承认众生之部分"性"或部分"心"之"佛体"意义，此也即认于"性"外有"性"，"心"外有"心"，而使"性"与"心"落入相对有限中。唯认起心动念全体皆"心"，全"心"是"性"，此"心"此"性"才具无限自足性。又唯于此"心"此"性"上"不断不造，任运自在"，才可做"解脱人"。"起心动念，弹指动目""全体贪嗔痴，造善造恶，受乐受苦"，作为"随缘应用"者，自是感性知见乃至感性欲求，故以之指"心"说"佛"，无疑即体现了对众生本然具有、自然萌发的见闻觉知（含贪嗔痴）的全幅认可。

由是，经洪州宗发扬禅宗顿教回归到活泼泼的生命存在与生活世界，这是"有"的世界。

---

① 〔唐〕释宗密：《中华传心地禅门师资承袭图》，见《大藏新纂卍续藏经》（第63册），第33页上－中。

四、走向禅道汇通的生命境界

回顾佛学在中国的传播与变迁史。

我们说过，僧肇及其心仪之般若学，以"缘起"说"空"，自使"空"与"有"都处于一种对待关系中，以至"空"为"不真空"，"有"亦非"真有"，在践行上难有落脚处。及来到禅宗顿教，借得了"道"的本体论，直指"道体"为不依赖于"缘起有"之"真空""真无"；此"真空""真无"之"体"既不先行地预定什么、给定什么，则依自然—本然行事便具正当性；未经理性分别筛选过（不起心动念）的见闻觉知及见闻觉知直接感受的生命存在与生活世界才是最自然—最本然的，也是最本真的。因此，回归到现世当下的生命存在与生活世界便具终极追求的意义。这是由"真空"成就"妙有"，由"妙有"证得"真空"。如来藏学所谓"真空妙有"说，至禅宗顿教才得以圆成。

方东美所撰《中国大乘佛教》一书称：

> 道家最高的哲学智慧，向上面发展可以玄之又玄，到达"本无"；但是那种精神修养锻炼成功之后，还要回顾下层世界，也不毁它的真实。这是庄子所了解的原本的道家。
>
> 在大乘佛教方面，假使我们真正就各种般若经讲到究竟的时候，譬如在大般若经里面……一切空了之后，哲学的思想向上直透宇宙究竟，那是"真空"领域；但是我们到达那个真空领域之后，还是要像尼采的超人查拉图斯特拉一样，他本身的智慧高了之后，所面临的还是要拯救现实世界，所以他的精神之光还要回照人间。因此在真空的境界之外，智慧还可以流行在下层世界。……所以在大乘佛学里面，他要为下层的现实世界留余地，然后拿智慧之光回照现实世界。因此那个现实世界不仅仅是"有"，而且在精神智慧之光照耀之下，变成

禅道汇通的观念建构与境界追求

"妙有"。①

方东美把佛教与道家连接在一起谈"真空妙有"甚是!

不难看出,禅宗在中国化过程中所走过的路子,极有似于魏晋玄学所走过的路子。魏晋玄学原本就是通过王弼的"贵无"论,把先行设定的公共的一切规限"无化"、消解,而得以回落到每个个人现世当下的生活方式与生命情调的。不同之处仅在于:魏晋人士因为深深感受到没有过去与未来,所谓"自然——本然",均为"偶然",因之,要人紧紧把捉现世当下"偶然"给出的机会,尽可能地释放出去;而禅家以"不起念"(也是"无化")为训,对"自然"——"偶然"发生的一切并不着意,且可当下承受。显见,名士的风流是极其自我、极为张狂的,禅家的心态是十分自由、十分闲适的。

《宋高僧传·惟俨传》记唐李翱见禅师惟俨事:

(李翱)又初见俨,执经卷不顾。侍者白曰:"太守在此。"翱性褊急,乃倡言曰:"见面不似闻名。"俨乃呼,翱应唯。曰:"太守何贵耳贱目?"翱拱手谢之,问曰:"何谓道邪?"俨指天指净瓶曰:"云在青天水在瓶。"翱于时暗室已明,疑冰顿泮。寻有偈云:"练得身形似鹤形,千株松下两函经。我来相问无余说,云在青天水在瓶。"又偈:"选得幽居惬野情,终年无送亦无迎。有时直上孤峰顶,月下披云笑一声。"②

---

① 方东美:《中国大乘佛学》,黎明文化事业股份有限公司1984年版,第95-96页。又,牟宗三在释华严宗"法界缘起"说也称:"此法身即空不空之如来藏身。空者空却一切烦恼,一切迷染,离一切相,唯是一真心之'如'——'如'即是真心之实相,实相一相,所谓无相,即是如相。不空者,即此离一切相同时即具有无量无边之清净功德。此'空不空'即是真空妙有也。妙有之清净功德而言无量无边者,以此如来藏自性清净心原初即意许为'如来藏恒沙佛法佛性'也。此具有恒沙佛法之佛性即如来藏性证显后即曰法身。故恒沙佛法在法身上即是无量无漏功德。此无量无漏功德是由随缘起现之一切法通过这灭后而转成者。当初随缘起现之一切法不得直名曰佛法。只当通过这灭后转成功德时始得名曰佛法。"[牟宗三:《佛性与般若》(上册),台湾学生书局1990年版,第517页]此以"无量无漏功德"说"妙有",有别于禅宗。禅宗更似于道家,以"让开",使各别之人人物物自有发展谈"妙有"。

② 〔宋〕赞宁撰,范祥雍点校:《宋高僧传》(上册),中华书局1987年版,第424页。

"云在青天水在瓶",这是多么自在、多么闲适的心灵意境。禅、道在此汇通,乃至儒者李翱也当下受用。

(本文原为冯达文《道家哲学略述——回归自然的理论建构与价值追求》一书中之一节,经加工后载于《学术研究》2015 年第 8 期)